독서논술
초등 3, 4, 5학년 때 잡아야 한다

독서논술 초등 3, 4, 5학년 때 잡아야 한다
© 임성미 2006

1판 1쇄	2006년 6월 19일
1판 7쇄	2018년 8월 20일

지은이	임성미
펴낸이	김정순
책임편집	변경혜 이명진 이주엽
마케팅	김보미 임정진 전선경

펴낸곳	㈜북하우스 퍼블리셔스
출판 등록	1997년 9월 23일 제406-2003-055호
주소	04043 서울특별시 마포구 양화로 12길 16-9 (서교동 북앤빌딩)
전자우편	editor@bookhouse.co.kr
홈페이지	www.bookhouse.co.kr
전화번호	02-3144-3123
팩스	02-3144-3121

ISBN 89-5605-151-8 (13370)

이 도서의 국립중앙도서관 출판예정도서목록(CIP)은 서지정보유통지원시스템 홈페이지(http://seoji.nl.go.kr)와 국가자료공동목록시스템(http://www.nl.go.kr/kolisnet)에서 이용하실 수 있습니다.
(CIP제어번호: CIP2006001219)

독서논술 초등 3, 4, 5학년 때 잡아야 한다

독서논술 실력을 잡아주는 독서지도법

임성미 지음

북하우스

추천의 글

김봉군(가톨릭대 교수 · 한국독서학회 초대 회장)

　스스로 자라는 사람만이 자라나는 사람을 가르칠 자격을 누린다는 교육 명언이 있습니다. 이것은 학교와 사회교육기관의 선생님들뿐 아니라 자녀를 기르시는 부모님들께도 큰 깨우침을 주는 말이라고 생각됩니다. 어린이는 끊임없이 자라고 변화하는데, 어른의 생각은 제자리걸음을 하고 있어서는 안 될 것입니다.

　학부모님과 선생님들을 위하여 좋은 책이 나왔습니다. 독서로 시작하여 논술의 왕도까지 보여주는 길잡이 구실을 할 책입니다.

　저자는 '독서는 취미가 아니다! 독서는 훈련이다'라는 적극적인 표어를 내세우고 있습니다. 이 책은 학부모님과 선생님이 올바른 방법과 절차에 따라 훈련시키면 아이들의 독서능력이 크게 향상된다는 확신을 갖고 집필되었습니다. 이것은 한갓 가설에 지나지 않는 것이 아니라 실증적인 연구와 경험의 산물입니다.

　이 책의 저자는 대학원에서 독서교육을 전공하여 석사 학위와 독서교육전문가 자격을 얻은 전문가입니다. 또 사회교육 현장에서 풍부한 독서교육 경험을 쌓은 분이기도 합니다. 이 같은 전문지식과 현장지도 경험을 바탕으로 하여 쓰였으므로, 독서교육의 실질적인 길잡이가 되기에 충분한 책이라고 생각합니다.

　특히 독서력의 발달 단계에서 보아 매우 중요한 시기인 초등 3, 4, 5학년 과정의 어린이를 지도하실 부모님과 선생님들께 이 책이 모쪼록 큰 도움이 되기를 바랍니다.

머리말

"어떻게 하면 우리 아이가 책을 좋아하고 스스로 읽을 수 있을까요?"

많은 부모들이 이구동성으로 하는 말입니다. 사실 책을 좋아하고 스스로 읽을 줄 아는 사람이 되도록 하자는 것이 독서교육의 목표입니다. 평생 책을 가까이하고 책읽기를 사랑한다면 그는 훌륭한 독자인 것입니다.

책을 좋아하는 것과 책을 스스로 잘 읽는 것은 동전의 양면처럼 하나입니다. 어떤 부모님은 아이가 책을 읽지 않으려고 하면 원래부터 책을 싫어하는 아이라고 생각해버립니다. 하지만 대부분의 아이들은 책을 싫어한다기보다 책을 읽고 이해할 만한 자신감이 부족하여 책을 읽지 않으려고 합니다. 한 번도 보지 못했거나, 자기의 흥미나 수준에 맞지 않아서 책에 얼른 손이 가지 않는 것입니다.

따라서 독서는 취미라기보다 훈련이라고 할 수 있습니다. 자기가 왜 독서를 싫어하는지를 스스로 생각해보고, 책을 잘 읽는 방법을 배워야 합니다. 책을 잘 읽도록 도와주는 것이 바로 독서교육입니다. 그렇다면 어떻게 아이들이 책을 즐겁게 읽고 스스로 읽도록 지도할 수 있을까요?

　가장 중요한 일은 아이의 발달 과정에 맞게 적절히 이끌어주는 것입니다. 어떤 시기이든 다 중요하지만, 독서에서는 특히 초등학교 3, 4, 5학년 시기가 중요합니다. 비교적 쉬운 책에서 조금 까다로운 책으로 넘어가는 이 시기에 많은 아이들은 책읽기에 좌절감을 느낍니다. 초등 저학년까지는 책을 좋아하던 아이들도 학년이 올라가면서 점점 책을 멀리하거나, 흥미 위주의 만화만 보려고 합니다.

　그래서 초등 3, 4, 5학년 시기는 독서 발달 과정에서 매우 중요한 전환점입니다. 다양한 종류의 책을 읽어 풍부한 배경지식을 쌓아야 하는 때입니다. 또한 책을 많이 읽는다고 해서 제대로 이해하였다고 볼 수 없으므로 반드시 이해력을 점검해야 하는 때입니다. 책을 제대로 이해하려면 책을 어떻게 읽을 것인지 그 방법도 배우기 시작해야 합니다. 특히 이 시기의 독서력은 학습능력과 밀접한 연관이 있습니다. 학업 성적이 너무 떨어져 고민인 중학생의 독서력을 검사해보면 초등 4학년 수준에 멈추어 있는 경우가 많습니다. 그 이유는 초등 3, 4, 5학년 시기에 적극적인 독서교육을 받지 못했기 때문입니다.

　최근 들어 교육부는 독서교육에 큰 관심을 가지고 여러 가지 정책을 내놓고 있습니다. 독서이력서, 독서인증제 도입, 독서전문가 영입, 교과와 관련된 독서지도 등이 주된 내용이며, 이를 위한 구체적인 방안들이 모색되고 있습니다. 이중 독서인증제는 미국의 공교육에서 이미 20여 년 전부터 체계적으로 실시해오고 있는 제도입니다. 아이들이 책을 읽은 후 제대로 이해하였는가를 진단하는 독해력 향상 프로그램으로 현재 우리나라 몇몇 학교에서 시범적으로 운영하고 있는 중입니다.

필자는 3년째 독서인증 사이트를 운영하면서 초등학생들의 적극적인 참여에 새삼 놀라고 있습니다. 아이들은 책을 읽고 인증을 받는 과정에서 책을 꼼꼼히 읽게 되고 독해하는 능력이 생겼다고 스스로 말합니다. 책을 재미로만 읽는 데에 머물지 않고 생각하면서 읽는 습관이 생겼다는 것입니다. 그래서 독서인증제는 책읽기에 자신감을 높이고 배경지식을 넓혀야 하는 초등 3, 4, 5학년 시기에 더욱 적합한 프로그램입니다.

최근 대학 입시에서 논술이 중요해지면서 독서를 통한 논술교육에 대한 관심도 부쩍 커졌습니다. 많은 논술전문가들은 논술을 잘하려면 어려서부터 체계적이고 효과적인 독서교육을 받아야 한다고 말합니다. 논술에서 가장 중요한 사고력은 하루아침에 형성되지 않기 때문입니다. 인생에서 중요하지 않은 때란 없지만, 독서에서 특히 중요한 시기를 꼽으라면 앞에서도 말했듯이 초등 3, 4, 5학년 시기입니다. 이 시기의 독해력과 배경지식은 논술의 기초가 되는 사고력 형성에 큰 영향을 줍니다. 그러므로 적극적인 독서지도가 필요한 시기라고 할 수 있는 것입니다.

사고력은 단순히 대학 입시에만 필요한 능력이 아닙니다. 살면서 무엇을 하든지 우리는 깊이 생각하고 행동해야 합니다. 자신이 알고 있는 지식을 상황에 따라 창의적으로 활용할 줄 알아야 합니다. 다른 사람과 대화를 할 때, 직장에서 일할 때, 사업을 구상하고 진행할 때, 새로운 작품을 창조할 때 우리는 지식을 이해하고 표현하며, 활용할 줄 알아야 합니다. 이 모든 사고능력의 바탕은 결국 이해력, 곧 독서능력입니다. 그래서 그 나라의 독서능력이 곧 그 나라의 국력이라는 말을 합니다. 많은 선진국이 앞장서서 독서교육에 온 힘을 쏟는 것도 이러한 중요성을 깊이 인식하고 있기 때문입니다.

    이탈리아의 사제이며 뛰어난 교육자였던 요한 보스코는 "교육은 마음의 일이다"라는 말을 했습니다. 독서교육이야말로 책을 사랑하고 아이들을 사랑하는 마음으로 하는 일이라고 생각합니다. 이 책은 지난 10여 년간 책을 통해 만난 수많은 아이들의 생각을 독서교육의 이론을 토대로 하여 정리한 것입니다. 아무쪼록 이 책이 자녀를 좋은 독자로 키우고 싶어하는 많은 부모들과 독서교육에 대한 정보를 얻고자 하는 일선 교사들에게 작은 도움이라도 될 수 있기를 바랍니다.

차례

1장 3, 4, 5학년, 못 읽는 걸까? 안 읽는 걸까? 13
1. 3, 4, 5학년은 중요한 과도기
2. 과도기 독서는 일생에 두고두고 영향을 끼친다
3. 사고력과 창의력, 과도기에 잡는다
4. 과도기 독서가 성적을 좌우한다
5. 과도기에 키운 독서력으로 대입 논술 잡는다

2장 3, 4, 5학년, 부모 책임이 반이다 41
1. 아이의 독서력, 부모에게 달려 있다
2. 부모야말로 가장 좋은 독서지도사
3. 모든 공부의 우선순위를 독서에 두자
4. 최상의 독서지도는 책을 읽어주는 것이다
5. 초등 3, 4, 5학년 독서지도의 원칙

3장 우리 아이 수준은 어떨까? 89
1. 아이의 독서수준을 알아야 제대로 지도할 수 있다
2. 독립수준의 독서지도
3. 지도수준의 독서지도
4. 문제수준의 독서지도
5. 노력수준의 독서지도

4장 제대로 읽었는지 독서인증으로 확인하재! 129

1. 제대로 이해했는지 알아보자
2. 독서인증이란 무엇인가?
3. 독서인증을 활용하면 아이의 독서력이 향상된다
4. 독서인증에서 체크하는 아이의 독서력은 무엇인가?
5. 독서인증을 집에서 간편하게 활용하는 법

 5장 독서교육의 핵심은 교과서에 있다 155

1. 교과서는 독서교육의 좋은 길잡이
2. 3학년 읽기교과서를 활용하여 사고력을 높여라
3. 4학년 읽기교과서를 활용하여 독서전략을 가르쳐라
4. 5학년 읽기교과서를 활용하여 논술의 기본을 만들어라
5. 6학년 때는 무엇을 배울까?

 6장 골고루 읽혀서 논술의 배경지식을 쌓자 181

1. 장르별로 골고루 읽도록 지도하자
2. 동화책을 읽기 위한 독서방법
3. 인물이야기를 읽기 위한 독서방법
4. 역사책을 읽기 위한 독서방법
5. 과학책을 읽기 위한 독서방법

 7장 이제는 독서도 전략이다 205

1. 열심히 읽었는데 왜 기억이 안 날까?
2. 잘 읽는 비법은 전략에 달려 있다
3. 책을 읽기 전에 미리 생각하면 책의 절반은 읽은 셈이다
4. 어떤 점을 생각하며 읽어야 할까?
5. 다 읽은 후에는 어떻게 생각을 정리해야 할까?

8장 텔레비전도 책처럼 읽어내자 255

1. 텔레비전은 독서의 적이 아니다
2. 미디어도 책처럼 읽어내는 독해력을 길러야 한다
3. 미디어 리터러시란 무엇인가?
4. 텔레비전을 어떻게 읽을까?
5. 신문을 어떻게 읽을까?
6. 영화, 애니메이션은 어떻게 읽을까?
7. 광고는 어떻게 읽을까?

9장 독서문제 어떻게 해결할까? - 초등 3, 4, 5학년 엄마들이 가장 궁금해하는 독서문제 289

Q 만화만 읽어요
만화에 푹 빠져서 글이 많은 책은 거들떠도 안 봐요
학습만화 어떻게 읽혀야 할까요?
만화 어떻게 제대로 보게 할까요?

Q 편독을 해요
자기가 좋아하는 책만 읽으려고 해요
귀신 이야기를 너무 좋아해요
판타지 동화만 읽어요

Q 읽기를 못해요
3학년인데 아직도 글을 더듬거리며 읽어요
읽는 속도가 너무 느려요
읽을 때 오류가 많아요

Q 정리를 못해요
읽은 내용을 조리 있게 말하지 못해요
책읽기는 좋아하는데 감상문은 못 써요
어휘력이 달려서 말을 유창하게 못해요

1장

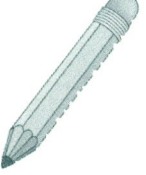

3, 4, 5학년, 못 읽는 걸까?
안 읽는 걸까?

1 │ 3, 4, 5학년은 중요한 과도기
2 │ 과도기 독서는 일생에 두고두고 영향을 끼친다
3 │ 사고력과 창의력, 과도기에 잡는다
4 │ 과도기 독서가 성적을 좌우한다
5 │ 과도기에 키운 독서력으로 대입 논술 잡는다

1 3, 4, 5학년은 중요한 과도기

올해 중학교 1학년인 가영이가 어머니 손에 이끌려 상담을 받으러 왔다. 가영이는 이미 심리상담실에서 인성검사를 비롯한 여러 심리검사와 지능검사까지 받은 상태였다. 가영이는 지능도 평균 이상이고 성격도 활발하여 내가 묻는 질문에도 씩씩하게 대답했다. 어머니가 걱정하는 부분은 바로 가영이의 학교 성적이었다. 초등학교 5학년 때부터 열심히 학원에도 보내고 중학교 때에는 개인과외까지 시켰지만 전혀 성적이 오르지 않는다는 것이다. 가영이의 평균 점수는 55점 정도로 반에서 중하위권에 속했다.

그렇다면 가영이의 독서수준은 어느 정도일까? 어휘력과 독해력을 중심으로 검사를 한 결과 가영이는 초등 4학년 수준에서 멈춰 있었다. 그동안 읽었던 책들을 살펴보니 주로 창작동화와 같은 문학 중심의 책이었고, 그나마 학원에 다니면서부터는 독서할 시간이 거의 없었다.

그러다보니 중학교 교과서를 펴면 한 페이지에 모르는 낱말이 절반 이상이어서 교과서 내용 자체를 이해하는 데에만 한참이 걸렸다. 가영이의 학습을 지체시키는 결정적인 원인은 바로 독서력이었던 것이다.

중학교 1학년인 가영이의 독서수준이 초등학교 4학년에 멈추어 있다는 것은 무엇을 의미할까? 독서에서 매우 중요한 과도기를 제대로 보내지 못했다는 뜻이다. 과도기는 어떤 시기에서 다음 시기로 넘어가는 건널목과 같은 시기를 말한다. 독서전문가들은 이 시기를 초등 3, 4, 5학년으로 보고 있다. 초등 3, 4, 5학년 3년은 초등 저학년에서 중학생 사이에 놓인 다리인 것이다. 이 시기를 과도기라고 이름 붙인 까닭은, 이 시기를 제대로 보내야 본격적인 독서의 궤도에 오르기 때문이다. 일선 선생님들과 학부모들이 뼈저리게 느끼는 것도 독해력에서 뒤처지면 학습이 뒤처진다는 사실이다. 책이 조금만 두꺼워도 질겁하는 중학생이 있다면 그 학생은 과도기라는 다리를 못 건넜거나 엉뚱한 곳으로 건넌 바람에 가야 할 길을 못 찾고 헤매고 있다고 봐야 한다.

어떤 학자는 과도기를 전환 시기라고 말하기도 한다. 무엇인가 바뀌는 시기, 변화되어야 하는 시기라는 말이다. 그렇다면 무엇이 바뀌어야 하는 것일까? 한마디로 말하면 독서하는 태도, 독서습관, 독서방법이 변화해야 한다는 뜻이다. 그리고 초등 3학년 과도기부터는 초등 1, 2학년과는 다른 독서방법을 배워야 하는 시기라는 뜻이다. 오랫동안 독서교육 경험을 통해 알게 된 사실은 아이들이 3학년 때부터 책읽기에 부담을 느낀다는 것이다. 초등 1, 2년까지는 책의 기본적인 내용만 이해하면 되지만, 초등 3학년부터는 복잡한 책들을 이해해서 생각을 정리할 줄 알아야 한다. 이 시기가 되면 읽어야 할 글의 양이 늘어나고, 구성도 복잡해지며, 어휘도 어려워지기 때문에 여러 지식들을 서로 관련시켜서 정리하지 못하면 점점 사고력이 뒤처치게 된다.

초등 3학년이라면 책을 소리 내서 잘 읽고 줄거리만 잘 말하면 걱정 없던 때는 이미 지난 것이다. 초등 3학년부터는 자기가 좋아하는 책은 아니지만 공부에 필요하기 때문에 책을 읽을 수 있어야 하며, 그 책에서 얻은 정보들을 잘 수납 정리할 수 있어야 한다. 책을 좋아하니까 제가 알아서 읽겠지, 혹은 3학년이나 되었으니까 혼자서 스스로 읽겠지 하고 내버려두다가는 쉽고 가벼운 책만 읽으면서 허송세월할 수도 있다. 따라서 과도기에는 부모나 교사가 아이를 많이 격려해주면서 책을 제대로 야무지게 읽는 기술을 가르쳐주어야 한다. 과도기인 초등 3, 4, 5학년 3년은 누구보다도 부모가 아이의 독서지도사로 나서야 하는 때이다.

3학년, 4학년이 되어서도 책을 안 읽으려고 한다면 그것은 아이가 읽기에는 좀 어려운 책이거나 흥미와 동기부여가 안 되었기 때문이라고 봐야 한다. 따라서 "왜 책을 안 읽냐?"라고 야단만 칠 것이 아니라 책을 읽어서 지식을 알아가는 재미를 느끼도록 지도해야 한다. 특히 초등 3, 4, 5학년은 독서능력을 지속적으로 키워야 독서에 대한 동기유발도 되는 만큼 책을 읽고 이해는 하는지, 독서하는 데에 무슨 문제가 있는지 부모가 세심히 관찰해야 한다. 1, 2학년 때까지는 책을 좋아하던 아이들이 과도기가 되면 점점 책과 멀어지는 이유는 대체로 책이 어려워지면서 자신감을 잃기 때문이다. 그렇기 때문에 3학년은 책을 읽어내는 실질적인 능력을 키워주는 방법을 고민해야 할 시점이다.

과도기에는, 흥미로 하는 독서인지, 공부로 하는 독서인지, 정보를 알아내는 독서인지를 아이 스스로가 인식할 수 있어야 한다. 정보를 알고 머릿속에 잘 기억하기 위해 애쓰는 것도 독서의 하나이고, 학습 내용을 잘 이해하기 위한 방법을 배우는 것도 독서의 하나임을 알아야 하는 시기인 것이다. 아이들에게 책을 읽고 난 소감을 물으면 대개 '재미있다' '재미없다'로만 대답한다. 그러나 '유익하다' '유익하지 않다'에 대한 가치판단도 할 수 있어야 하는 시기가 바로 과도기이다. 초등 3학년부터는, 이 책은 어떤 점에서 유익한지 혹은 유익하지 않은지 생각할 수 있어야 하는 것이다. 그리하여 재미가 없어도 유익하기 때문에 끝까지 읽을 수 있어야 한다.

그러므로 과도기부터는 책을 많이 읽는 것 못지않게 책을 제대로 읽는 것에 관심을 가져야 한다. 책을 읽고 나서 "참 재미있네"라고 느끼는 것이 독서의 전부가 아니다. 글의 흐름과 의미를 제대로 파악하는 독해력, 글 내용에 대해 자신의 생각을 논리적으로 정리할 수 있는 논리력, 책의 내용을 바탕으로 새로운 생각을 생산해내는 창의력 등이 길러져야 제대로 된 독서를 했다고 할 수 있다. 과도기에 제대로 독서력을 갖춘 아이들은 따로 개인과외를 하거나 학원에 가지 않아도 학업 성적이 좋다. 독서력이 곧 학습능력으로 직결되기 때문이다.

따라서 과도기에 아이의 독서력을 어떻게 이끌어주느냐가 매우 중요하다. 초등 3, 4, 5학년 과도기를 어떻게 보냈느냐가 이후 중고등학교 나아가 성인이 되어서의 독해력과 사고력, 그리고 학업 성적을 좌우한다.

2 과도기 독서는 일생에 두고두고 영향을 끼친다

 습관이란 참 중요하다. 독서습관도 과도기에 잡지 않으면 바른 습관을 다시 잡는 데 시간이 많이 걸린다. 오랫동안 독서교육을 하고 있는 사람들끼리 농담처럼 하는 이야기가 있다.

 "독서에도 다 때가 있는데, 초등학교 5학년 때까지 못 잡으면 정말 힘들어지더라. 5학년까지는 때려서라도 잡아야 한다."

 그렇다면 5학년이 넘은 아이들은 이미 늦은 것일까? 절대 그렇지는 않다. 다만 과도기를 놓치면 그만큼 회복하기가 점점 어려워진다는 말이다. 6학년부터는 책을 빨리 읽고 독해하는 일종의 속독이 필요한 시기이다. 읽어야 할 책의 분량과 자료들이 많아지기 때문에 이전까지 독서력을 제대로 길러놓지 않는다면 이해력이 뒤처져 많은 양을 소화하지 못하게 되고 결국 공부가 벅차게 되는 것이다.

 초등학교 1, 2학년까지는 제법 공부를 잘한다는 소리를 들었는데 학년이 올라갈수록 학력이 처지고 학습을 어려워한다면 결국 그것은 독서력의 문제이다. 독서력은 책을 읽은 양과 반드시 비례하지는 않는다. 책을 많이 읽는다고 해서 꼭 독서력이 쑥쑥 커지는 것은 아니다. 주변에서 보면 책은 항상 들고 다니는데 책 내용에 대해서 물어보면 대답을 잘 못 하는 아이들이 많다. 여러 가지 이유가 있겠지만 아이가 자기 능력보다 높은 수준의 책을 읽어서 내용을 제대로 이해하지 못했거나, 책을 대충대충 읽는 바람에 내용을 기억하지 못하기 때문일 수 있다. 책을 읽긴 했어도 어떻게 내용을 정리해야 하는지 그 방법을 모르는 경우도 있다.

과도기가 본격적인 독서시기라는 말은 이 시기에 실질적인 독서능력을 키워야 한다는 뜻이다. 책을 제대로 읽고 내용을 기억하는 능력, 줄거리를 요약하는 능력, 저자의 의도를 파악하는 능력 등을 갖출 수 있어야 하고, 그런 능력을 갖도록 지도해야 한다는 뜻이다. 과도기 때 형성된 독서력은 아이의 평생에 두고두고 영향을 끼친다.

그렇다면 독서 발달 과정에서 과도기는 어떤 특징을 지니며, 구체적으로 무엇을 가르쳐야 할까?

1. 자신감을 잃기 쉬운 시기

"3학년이 되었는데도 좀 두껍다 싶은 책은 거들떠보지도 않고 만화만 열심히 봐요."

"옆집 아이는 초등학교 3학년인데도 글이 빽빽한 해리포터를 여러 번 읽는데 우리 애는 왜 책 두께만 보고 도망가버릴까요?"

그림책이나 간단한 줄거리의 책을 읽다가 글의 양이 많은 책으로 넘어가는 과정에서 자칫 좌절하기 쉬운 것이 과도기에 나타나는 현상이다. 언젠가는 혼자 알아서 읽겠지 하고 내버려두면 쉬운 책이나 만화 위주의 독서습관이 굳어버린다. 어려서는 제법 책읽기를 좋아하던 아이들도 과도기에 적절한 지도를 하지 않으면 어려운 책을 점점 멀리하고 책읽기에 자신감을 잃게 된다. 학습지나 교과서에 나오는 길지 않은 지문의 글은 그럭저럭 읽어내지만 조금만 구성이 복잡한 장편이나 정보가 많은 글은 아예 포기해버리고 마는 것이다. 그러다보면 과도기를 지나 초등 6학년과 중학생이 되어도 명작이나 고전을 읽어내지 못해 쩔쩔매게 된다. 이미 수준차가 벌어진 것이다.

결국 과도기를 어떻게 보냈느냐에 따라, 한자리에 앉아서 책을 끝까지 읽어낼 줄 아는 아이와 몇 장 못 넘기고 책을 집어던지고 마는 아이로 갈린다는 말이다. 이는 과도기 이후에 책을 읽고 내용 파악을 할 줄 아는 아이와 글을 읽고도 내용 파악을 전혀 못 하는 아이가 갈라진다는 뜻이기도 하다.

2. 편식이 생기는 시기

"저희 애는 책은 참 많이 읽는데 자기 생각을 논리적으로 말하거나 쓰는 것이 잘 안 돼요"라며 걱정하는 부모님이 많다. 그런 부모에게 "자녀가 초등학교 3, 4, 5학년 때 어떤 책을 주로 읽었나요?"라고 물으면 십중팔구는 문학 위주의 책읽기에 편중되었다는 대답을 듣게 된다. 문학작품만 읽어서는 논리적인 사고력을 키울 수 없다는 뜻이 아니다. 문학작품을 읽되 분석적으로 따져가며 감상하는 태도를 기른 것이 아니라 그저 재미로만 읽은 경우가 문제인 것이다.

과도기에 흔히 나타나는 현상은 독서의 편식이다. 자기가 좋아하는 책만 읽고 싫어하는 책은 전혀 읽지 않아 독서에 불균형이 생기는 것이다. 누구나 흥미가 다르므로 지나치게 염려할 것은 아니나, 한 가지 음식만 먹으면 건강에 문제가 생기듯 한쪽으로만 치우친 독서를 하게 되면 폭넓은 사고력을 배양하기 어려울 수 있다. 그러므로 초등 3학년부터는 문학과 비문학 글을 골고루 읽도록 지도할 필요가 있다.

3. 대충 읽어치우는 습관이 굳어버리는 시기

독서 과도기에 아이 혼자 알아서 읽겠거니 하면서 내버려두면 책을 대충대충 읽는 습관이 굳어버린다. 영상세대인 요즘 아이들은 책 읽는 것도 영상매체를 보듯이 눈으로만 보려고 하는 경향이 있다. 사실 독서를 많이 한 아이는 4학년 정도만 되면 어지간한 이야기책은 술술 읽어낸다. 이해가 쉬우며 줄거리 전개가 빠르고 재미있는 소설들은 금방 책장이 넘어가기 마련이다. 재미있는 책을 읽는 것이 문제가 될 건 없다. 하지만 너무 흥미 위주의 책만 읽으면 다른 명작들을 읽을 기회를 놓치기 때문에 시간 낭비가 될 수 있다. 줄거리 위주의 '빨리 읽기'가 필요할 때도 있지만 늘 그런 식으로 읽다보면 작품을 깊이 있게 분석해내는 능력에 문제가 생긴다. 줄거리 위주로 읽는 습관이 굳어지면 조금만 까다로운 내용이 나와도 책을 덮어버리는 일이 생길 수 있다.

독서 과도기에는 꼼꼼히 제대로 읽는 습관을 기르는 것이 중요하다. 여기서 꼼꼼히 읽는다는 것은 대충 줄거리 위주로 후딱 읽어치우는 것이 아니라 정독을 해야 한다는 뜻이다. 정독은 책의 내용을 잘 기억하기 위해 애쓰면서 읽는 것이고, 적극적으로 생각하면서 읽는 것이다. 생각하면서 읽지 않으면 읽고 나서 내용을 물어도 무슨 내용인지 대답을 제대로 못 한다. 과도기 독서교육은 아이가 생각하면서 읽을 수 있도록 해야 한다.

4. 배경지식을 넓히는 시기

보통 초등 2학년까지는 학습에 배경지식이 크게 필요하지 않다. 일상적인 경험과 단순한 정보만 가지고도 학교 공부에 어려움이 없다. 따라서 책을 많이 읽지 않아도, 이것저것 많이 경험하고 다른 사람과 의사소통을 잘하는 아이들은 똑똑하다는 소리를 듣는다. 또 저학년 때까지는 공부할 때 어려운 어휘가 나오지 않기 때문에 꼭 책을 읽혀야겠다는 생각을 덜 하게 된다.

하지만 초등 3학년부터는 읽어야 할 글의 양이 많아지고 어려운 어휘가 등장하면서 아이는 수업이 점점 벅차다고 느끼기 시작한다. 일상생활에서는 성격 좋고 야무진 아이라도, 수업시간에 모르는 낱말이 나오면 위축되기 시작한다. 배경지식이 짧다보니 수업이 점차 어려워지고 자칫 학습의욕마저 떨어질 수 있는 것이다.

부모님 중에는 '기억력'은 타고난 능력이거나 지능과 관련 있다고 생각하는 분들이 있다. 그래서 기억력이 높은 아이가 공부를 잘한다고 생각한다. 수업시간에 똑같은 내용을 배웠어도 기억력에 따라 이해력에 차이가 생기고 성적도 달라진다고 생각하는 것이다. 그렇다면 평소 기억력 훈련을 받으면 이해력이 높아질까? 기억하는 방법을 훈련받으면 어느 정도 이해력이 향상될지는 모르나 근본적으로 기억력과 이해력을 높이는 가장 좋은 방법은 바로 배경지식을 넓히는 것이다.

최근의 여러 연구에서도 배경지식은 학습능력에 결정적인 영향을 미치는 것으로 드러났다. 예를 들어 돌고래에 관한 글을 읽을 때 글을 잘 이해할 수 있는가 없는가는 평소의 독서능력보다 돌고래에 대한 배경지식에 의해 좌우된다. 다시 말하면 아이가 어떤 글을 읽을 때, 그 주제와 관련하여 알고 있는 배경지식을 최대한 떠올려봄으로써 새로운 글을 더 잘 읽을 수 있다는 말이다. 이는 부모나 교사가 평소 아이의 책 읽기를 지도할 때 그 책 내용을 잘 이해하도록 배경지식을 활성화시키는 것이 중요하다는 뜻이다. 그리고 배경지식을 넓히고 활성화하려면 무엇보다 다양한 실제 경험과 다독이 중요하다. 다독을 통한 풍부한 어휘 경험이야말로 배경지식의 창고를 두둑하게 채우는 일이다.

5. 독서전략을 세우는 시기

과도기에는 배경지식을 넓히는 동시에 책 읽는 방법을 익혀야 한다. 책 읽는 방법은 곧 독서전략을 말하는데, 이는 책을 제대로 읽고 이해하기 위한 기술이라고 할 수 있다. 사실 7차 교육과정의 읽기 과목은 모두 독서하는 방법에 대해 말하고 있다. 소설을 읽을 때에는 인물의 말과 행동을 통해 성격을 파악하라고 가르치고, 인물의 성격이 사건의 전개에 어떤 영향을 미쳤는지 생각해보도록 가르친다. 인물이야기를 읽을 때에는 인물이 살았던 시대와 업적을 찾도록 가르친다. 이렇듯 독서에는 낯선 어휘를 배우는 전략, 필요한 정보를 찾는 전략, 주제를 파악하는 전략 등 수많은 독서기술이 필요하다. 능동적이고 적극적인 독자가 되기 위해 독서기술을 배우는 것은 필수이다.

6. 열등감이 생기는 시기

발달심리학자 마틴 코빙턴은 아이들의 인지발달 과정에서 열등감이 형성되는 시기를 초등학교 3학년에서 5학년 사이로 보고 있다. 열 살 이전까지의 아이들은 노력을 하면 능력을 키울 수 있다고 믿기 때문에 노력을 중요하게 여긴다. 그래서 그 연령대의 아이들은 피아노나 태권도 등 무언가를 배울 때 하기 싫으면 그저 하기 싫은 것이지 자신이 재능이 없다는 생각은 별로 하지 않는다. 언제든지 마음만 먹으면 잘할 수 있을 거라고 기대하는 것이다. 그러나 열 살이 넘어서면, 능력이 부족한 사람은 더 많이 노력해야 하고 능력이 뛰어난 사람은 덜 노력해도 된다는 것을 아이들도 알게 된다. 그리하여 시험을 대비해 열심히 공부했는데도 성적이 오르지 않으면 '나는 머리가 안 좋은가봐' '나는 수학을 못해'라고 생각하게 된다.

그런 면에서 과도기에 읽고 쓰는 능력을 키우는 것은 아이들이 열등감에 빠지는 것을 예방하는 일이다. 독서력은 곧 인지능력이요 사고능력이기 때문에 실질적인 독서력을 갖추도록 도와주는 것은 매우 중요한 일이다. 독서력은 타고난 지능에 의해 좌우되기보다 배경지식이 얼마나 있느냐에 달려 있다. 그러므로 과도기에 독서력이 뒤처지지 않도록 지도함으로써 아이들이 실패로 인한 열등감에 빠지지 않도록 도와야 한다.

한편 과도기는 책과 세상을 연결하여 생각하는 시기이다. 아이들이 이웃과 사회에 조금씩 관심을 가지기 시작하는 때는 초등 5학년 무렵으로 볼 수 있다. 과도기에 아이들은 사회 곳곳에서 벌어지는 전쟁이나 굶주림, 가난의 문제를 비롯하여, 장애인 복지문제나 노인 부양 문제 등에 대해 자신의 가치관을 세우기 시작한다. 예를 들어, 책을 읽을 때 가난한 사람들에 대한 내용이 나오면 왜 사회에는 가난한 사람들이 생기는지, 가난한 사람들을 돕는 복지제도에는 무엇이 있는지를 생각해보면서 세상사에 대한 관심의 폭을 넓혀간다.

그렇기에 과도기에 책을 읽고 누구와 어떤 대화를 나누는가는 아이들의 가치관 형성에 많은 영향을 미친다. 독서교육을 하다보면 "선생님과 이야기를 나누고 나니까 제가 커서 무엇을 해야 할지 생각해보게 되었어요"라고 말하는 아이들이 많다. 따라서 초등 3, 4, 5학년 과도기 자녀를 둔 부모는 아이가 책을 읽어내는 것만 중요하게 생각할 것이 아니라 책을 읽으면서 사회의 여러 현상과 문제, 역사적 사건과 책 내용을 연결지어 생각해보도록 도와주어야 한다.

과도기 독서지도의 원칙

1. 과도기는 독서에 자신감을 잃기 쉬운 시기
➡ 책읽기를 싫어하는 것인지 책을 못 읽어서 자신감이 없는 것인지 알아본다.
➡ 아이 혼자 읽게 내버려두지 말고 부모가 함께 읽는다.
➡ 책을 읽고 내용을 제대로 파악했는지 알아본다.

2. 과도기는 독서에 편식이 생기는 시기
➡ 다양한 종류의 책을 골고루 골라 읽게 한다.
➡ 비판하고 따지며 감상하는 태도를 갖게 한다.
➡ 재미없는 책도 필요하다면 끝까지 읽을 수 있도록 지도한다.

3. 과도기는 대충 읽어치우는 습관이 굳어지는 시기
➡ 빨리 읽기보다 제대로 읽기가 중요함을 강조한다.
➡ 읽고 나서 내용을 이해했는지 스스로 확인하게 한다.

4. 과도기는 배경지식을 넓히고 독서전략을 배우는 시기
→ 책을 읽으면서 배경지식을 떠올리며 읽도록 지도한다.
→ 다독을 통해 다양한 배경지식을 쌓는 것이 중요함을 알게 한다.
→ 책의 종류에 따라 잘 읽는 방법이 있음을 알게 한다.

5. 과도기는 자신감을 잃고 열등감이 생기는 시기
→ 독서력을 키워 열등감에 빠지지 않도록 예방한다.
→ 책을 통해 세상사에 관심을 갖고 바른 가치관을 형성하도록 돕는다.

3 사고력과 창의력, 과도기에 잡는다

많은 사람이 책을 많이 읽으면 사고력과 창의력이 높아진다고 말한다. 한 나라의 국력은 곧 사고력에 달려 있고, 사고력은 곧 독서력이라 할 수 있다. 그렇기 때문에 국민의 독서수준을 높이는 것이 국가 교육의 중요한 목표가 되어야 한다는 말도 종종 듣는다.

선진국이 국민 전체의 교양 수준을 높이기 위해 독서교육에 온 힘을 쏟는 것은 이미 잘 알려진 사실이다. 프랑스는 초등학교 3학년부터 매일 2시간씩 읽기와 쓰기를 하고, 150권의 추천도서 목록을 만들어 매년 10권을 완독하면서, 주당 최소한 5시간씩 읽은 책을 재음미하는 수업을 한다. 읽은 책을 재음미한다는 것은 큰 소리로 다시 읽거나 요약하고, 내용을 분석하여 감상문을 써서 발표하며, 연극으로 공연하는 식의 독서수업을 받는다는 말이다. 미국은 매년 연방정부가 예산을 들여 독서전문가 양성을 우선 과제로 삼는다. 각 학교에 독서 전문 교사를 두게

하여 아이들의 독서능력을 학년별로 진단하고 학급 담임과 상의하여 독서력이 떨어지는 부진 아동을 위한 프로그램을 실시하고 있다.

독서교육이 무엇이냐고 묻는다면 한마디로 사고하는 방법을 가르치는 것이라고 말할 수 있다. 사고하는 방법은 생각에 대해 생각하는 것으로, 일종의 사고훈련이다. 전시회에 가서 유명한 화가의 그림 앞에 섰을 때 그냥 그림을 보는 것과 그 그림을 읽는 것은 다르다. 읽는다는 것은 감상할 줄 안다는 것이다. 감상을 하려면 어떻게 감상하는지를 알아야 한다. 작가의 생애와 사상은 물론 제목, 세부묘사, 색, 구도, 재료, 화법 등을 읽어내고 해석하는 법을 알아야 하는 것이다.

그러므로 책을 읽고 생각한다는 것은 많은 의미를 포함하고 있다. 일반적으로 책을 읽고 사고력을 키운다는 말은 책을 분석하는 힘을 키운다는 뜻이다. 책을 읽고 분석한다는 것은 책을 깊이 있게 바라보고 작가의 관점을 찾아 비판할 줄 안다는 것이고, 책을 통해 역사적 사회적 문제를 보는 눈을 넓히는 것이다. 책 내용을 제대로 파악하는 것이 독해 과정이라면, 분석하는 것은 생각의 차원을 한 단계 높이는 독서기술이다. 이는 작가의 숨은 의도를 찾아내고, 글 속에 담긴 상징을 읽어내며, 의미를 해석해내는 작업이다.

창의력도 넓은 의미에서는 사고력의 범주에 속한다. 생각이 생각을 낳듯이 깊은 사고가 창의성을 도출한다. 흔히 창의력이라고 하면 엉뚱하거나 독특한 발상만을 떠올리지만 창의력은 결국 생각의 힘이다. 창의력은 생각의 재구성이요 재창조라고 할 수 있다. 이리저리 따져 물으며 책을 읽고 자신만의 생각을 정립하는 것, 책을 통해 새로운 문제

의식을 찾아내는 것, 쟁점을 중심으로 토론하고 대안을 제시하는 것 등이 모두 창의력에 해당한다. 창의력은 단기간에 기술을 습득한다고 해서 키워지는 능력이 아니다. 평소에 사물을 바라보거나 책을 읽을 때 창의적으로 생각하려고 애쓰는 노력에서부터 창의력은 싹튼다. 창의력을 높이는 방법은 무엇보다 창의적인 경험을 많이 하는 것인데, 책을 읽으면서 다양한 생각을 하고 문제점을 해결하려는 과정이 곧 창의적인 경험이 된다.

    책을 꼼꼼히 분석하며 창의적으로 읽는 습관은 하루아침에 길러지지 않는다. 최선의 방법은 책을 읽을 때 생각하면서 읽는 습관을 들이는 것이다. 이때 무엇보다 중요한 것은 책을 읽으면서 부모나 교사와 함께 나누는 상호작용이다. 부모가 어떤 질문과 대응을 하는가에 따라 아이의 생각의 깊이와 폭이 달라지기 때문이다. 똑같은 책을 읽어도 누구와 어떤 생각을 나누었는가에 따라 사고하는 힘에 차이가 생긴다. 그러므로 부모가 책 읽는 방법과 지도하는 방법을 안다면 자녀의 사고력 향상에 큰 도움이 될 것이다.

4. 과도기 독서가 성적을 좌우한다

"공부하는 틈틈이 책 좀 읽어라."

이렇게 말하는 부모님은 아직도 공부와 독서를 다르게 보고 있는 분들이다. 공부가 곧 독서라는 생각을 하지 않는다. 독서를 공부시간 외에 따로 시간을 내서 하는 여가생활이나 취미의 하나로 여기는 것이다.

책은 즐겁고 편안한 마음으로 읽어야 한다는 의견은 전적으로 맞는 말이다. 어려서부터 책과 친구처럼 지내고 스스로 책을 골라 읽어서 생각하는 힘도 자연스럽게 키워진다면 더 바랄 게 없을 것이다. 그렇지만 책을 많이 열심히 읽기만 하면 독서능력이 키워지는 것일까? 아이들이 스스로 책을 즐기도록 읽어주거나 좋은 책을 권하기만 하면 키가 크듯이 어느새 독서력도 쑥쑥 커져 있을까? 책을 열심히 읽어주어도 순서에 맞게 내용을 말하지 못하는 아이에게 계속 책을 읽어주기만 하면 언젠가는 내용 파악을 잘 하게 될까?

아이들이 책을 좋아하고 즐겨 읽다보면 자연스럽게 독서력이 향상되는 것은 사실이다. 적어도 초등 1, 2학년 정도까지는 그렇다. 취학 전부터 책을 좋아하고 많이 읽은 아이들은 줄거리 이해가 빠르고 듣기능력이 있어서 학교 수업에도 잘 적응하며 자기 생각도 잘 표현한다. 그러나 3학년부터는 책을 많이 읽고 좋아하는 것만으로는 부족하다. 초등 3학년부터 책을 잘 읽는 방법을 서서히 배우지 않으면 1, 2학년 때처럼 줄거리만 쓰윽 읽고서 다 읽었다고 생각하고 만다. 쉽고 편한 책만 읽다가 조금만 까다로운 내용이 나오면 책을 덮어버리기 일쑤인 것이다.

그러므로 과도기가 되면 본격적인 독서교육을 실시해야 한다. 아이들이 책을 제대로 읽을 수 있는지 부모와 교사가 자세히 관찰하고 문제점을 빨리 찾아내어 적절한 조치를 취해야 한다. 독서도 공부하듯이 지도를 받아야 한다는 뜻이다. 운전하는 사람이 운전기술을 배우듯이 책을 읽는 사람도 독서기술을 배워야 하는 것이다. 그렇다면 독서와 학습은 어떤 관계가 있을까?

공부의 뜻이 무엇인가? 공부란 책 속에 들어 있는 여러 정보들 중에서 중요한 정보를 스스로 가려내어 그 정보의 의미를 해석하고, 얻어낸 정보를 바탕으로 자신의 지식을 창출하는 것이다. 독서 역시 새로운 정보를 잘 이해하고 분석해서 재구성하는 과정이다. 이렇게 보면 공부하는 과정과 독서하는 과정은 크게 다르지 않다.

"공부를 잘하려면 독서를 열심히 해야 합니다"라는 말을 하면 "그럼 독서의 목적이 공부를 잘하는 것인가요?"라고 반박하는 어머니들이 있다. 오로지 공부를 잘하기 위해 독서를 해야 한다면 독서마저 학교 공부처럼 의무적으로 해야 하는 것인지를 염려하는 목소리이다. 하지만 가만히 생각해보면 독서도 공부요 공부도 독서이다. 독서하는 과정은 곧 생각하는 과정이고, 생각을 잘해야 공부를 잘할 수 있다. 그러니 독서하는 방법을 알면 곧 공부하는 방법을 잘 아는 것이다.

공부를 잘하기 위해 일반적으로 필요한 능력을 생각해보자.

- 교과서를 비롯한 여러 책을 읽거나 선생님의 강의를 듣고 핵심을 파악하는 능력이 있어야 한다.
- 글을 읽거나 강의를 들을 때 무엇이 원인이고 그로 인해 결과는 어떻게 되었는지 이해해야 한다.
- 공부에 필요한 자료가 어디에 있는지, 그것을 어떻게 찾는지 알아서 정리할 수 있어야 한다.
- 듣거나 읽은 이야기의 순서를 조리 있게 말할 수 있어야 한다.
- 필요한 경우 세부사항이나 사례를 기억하여 말할 수 있어야 한다.
- 주어진 글을 읽고 다음에 벌어질 문제나 가능성을 예측할 수 있어야 한다.
- 선생님의 강의나 글쓴이, 책 속 등장인물의 행동을 판단하고 자신의 생각을 논리적으로 전개할 수 있어야 한다.
- 알게 된 정보를 종합하여 의미를 찾아내고 제목을 지을 수 있어야 한다.

공부를 잘하기 위해 필요한 위의 능력은 모두 독서능력에도 해당한다. 공부를 잘하기 위해서는 당연히 독서능력이 있어야 하는 것이다. 특히 3학년이 되면 1, 2학년 때와는 달리 생각을 하지 않고서는 책 내용을 이해하기 힘들어진다. 2학년까지는 덜 까다롭고 비교적 단순한 줄거리이기 때문에 글의 요점을 얼른 파악할 수 있고 간단한 줄거리를 기억에 의존하여 말할 수 있다. 하지만 3학년부터는 다소 복잡한 글도 집중해서 읽은 다음 종합하여 몇 마디로 결론을 내릴 수 있어야 하므로 여러 가지 생각을 엮어서 해석하지 않으면 안 된다. 따라서 3학년 때부터 책을 제대로 읽는 방법을 가르치기 시작해야 한다.

3학년이 되어서도 가만히 앉아 책을 끝까지 읽어내지 못한다면 학교 공부에서도 점점 집중력이 떨어진다. 그래서 눈치로만 버티다가 4학년이 되면 그 격차가 더 벌어져버린다. 다급한 마음에 학원에 보내어 독서수준을 올리려고 해도 그때그때 학습지나 문제집을 푸는 것만으로는 학습능력이 향상되기 힘들다. 더구나 학습량이 많아지는 중학생이 되면 점점 책 읽을 시간이 없어지고 학교 공부 학원공부에 밀려 깊이 있는 책읽기와 멀어지고 만다. 학교 숙제인 독후감이나 비평문 쓰기도 인터넷에서 주워 담은 요약문을 대충 짜깁기하여 내는가 하면, 고전이나 근대문학 등도 천천히 강독할 틈이 없어 문제 자체를 외워서 시험을 치른다.

"어떻게 하면 책을 통해 사고력을 키울 수 있습니까?"라고 묻는 어머니가 있었다. 얼마 전 큰딸이 수능시험과 논술시험을 치렀다는 그 어머니는 이제 초등학교 4학년이 되는 둘째딸의 손을 잡고 와서 심각하게 질문을 던졌다.

"저희 큰애를 보니까 책 안 읽으면 아무리 돈 들여 비싼 학원 보내도 소용없더라고요. 큰애는 초등학교 3학년 때부터 수학 영어는 기본이고 여러 좋다는 학원에 다니느라 매일 밤 10시가 되어서야 집에 들어왔거든요. 주말에라도 책을 읽혀보려고 하면 글 많은 책은 쳐다보지도 않고 만화만 들추고 중학교 때부터는 판타지소설만 붙잡고 있었어요. 고등학교에 와서는 수능 준비를 위해 언어영역 문제집을 죄다 풀었지요. 아마 문제집 푼 걸로 치면 천장까지 닿을 걸요. 그렇게 했는데도 수능시험에서 언어영역 점수가 안 나왔어요."

이 어머니는 이런 결과가 나올 바에야 차라리 초등학교 때 학원 안 보내고 책이나 실컷 보게 하고 큰애가 좋아하는 만화 그리기 프로그램에 보내어 일찌감치 적성을 키워주는 게 좋았을 거라며 한숨을 쉬었다. 그리고 둘째딸은 무엇보다 책을 많이 읽혀 생각하는 능력을 키워주어 스스로 공부하는 습관을 길러주고 싶다고 했다.

이런 사례는 주변에서 흔하게 만날 수 있다. 가깝게 지내는 분의 조카도 작년에 대학 입시를 치렀는데 기대했던 것보다 수능성적이 형편없이 낮게 나와 매우 실망을 했다. 그 학생은 서울에서도 알아주는 지역의 소위 명문 고등학교에 다녔고 성적도 좋은 편에 속했다. 유명하다는 학원에, 필요하다면 개인과외까지 받으며 공부를 했다. 그런데도 수능성적이 낮게 나온 까닭은 무엇일까? 이야기를 들어보니 그 학생은 평소 책을 별로 좋아하지 않아서 교과서에 나온 작품 외에는 따로 읽은 책이 없었다.

수능시험은 교과서 외의 다양한 분야의 책을 읽은 학생들에게 유리하게끔 문제가 구성되어 있다. 수능시험은 글을 한 번 읽고 나서 무슨 뜻인지 얼른 알아차리지 못하면 문제를 풀기 힘들어진다. 빠른 시간 안에 글을 이해하려면 무엇보다 어휘력이 뒷받침되어야 하는데, 어휘력은 달달 외운다고 하루아침에 키울 수 있는 것이 아니다. 어려서부터 꾸준히 독서하는 것만이 독해력을 기르는 길이라고 할 수 있다. 어디 어휘력뿐인가. 글 내용을 종합하여 요점을 찾는 능력, 다른 문제와 연결짓는 통합적 사고력, 비판력, 추론능력, 창의력 등 높은 사고력을 갖추어야 수능에서 성공할 수 있다. 그리고 이 모든 능력은 올바른 독서교육을 통해 과도기 때부터 꾸준히 길러주어야 한다.

    수능은 단지 시작에 불과하다. 독서력은 대학에 갔을 때 더 위력을 발휘한다. 수많은 책을 읽어서 해독하고 자기 언어로 재구성하여 글을 쓰며 문제해결을 위한 대안을 마련하는 것 모두가 독서력에서 나온다고 볼 수 있다. 그러니 독서력이 높은 대학생의 학교성적이 높다는 통계는 당연한 결과이다.

    독서력은 대학을 마치고 직장생활을 할 때 본격적인 진가를 발휘한다. 독서를 통해 이제까지 습득한 지식과 경험을 현장에서 적극적으로 활용하게 되는 것이다. 예를 들어 기획안을 작성해야 할 때 자신이 알고 있는 지식과 경험, 정보들을 총망라하여 기획안을 준비할 것이다. 이를 위해서는 이미 널려 있는 정보들을 현실에 맞게 재구성하는 고도의 사고능력이 필요하다. 몇몇 기업에서 사원들의 재교육 일환으로 필독서를 지정하여 읽게 하고 독서력을 평가하여 승진 시험에 반영하는 것은 독서공부가 평생에 걸쳐 필요한 공부임을 말해주는 것이다.

과도기 독서교육은 아이가 생각하며 책을 읽을 수 있도록 도와주는 것이다. 생각하면서 읽는다는 것은 독자 스스로 모르는 낱말에 밑줄을 긋고 문맥 안에서의 연관성을 생각하고, 다음에 나올 내용을 예측하면서 읽는다는 말이며, 다 읽은 후에는 무슨 내용인지 결론을 지을 수 있어야 한다는 뜻이다. 이러한 읽기의 과정은 곧 이해하는 과정이고, 이는 곧 주도적으로 학습하는 과정이다. 책을 제대로 읽는 습관이 잡힌 아이는 이미 자기주도적인 학습자라고 할 수 있다.

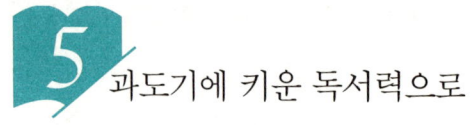

5 과도기에 키운 독서력으로 대입 논술 잡는다

대학에서 논술고사가 중요해지면서 초등 논술이라는 이름을 내건 학원이 많이 생겨났다. 논술은 매우 높은 단계의 사고력을 요구하는 글쓰기이다. 그렇기 때문에 논술을 잘하려면 이미 그 바탕이 성숙되어 있어야 한다. 단기간에 논술학원에서 집중 훈련을 받는다고 해서 금방 논술을 잘할 수 있는 것이 아니다.

일반적으로 초등 3, 4, 5학년은 과도기로 보며 초등 6학년부터 중학교 시기까지를 자립단계로 본다. 자립단계는 스스로 책을 읽고 비판하는 습관이 잡히는 시기이다. 자립단계를 거쳐 고등학교 시기부터는 비로소 성숙단계에 접어드는데 이때부터는 어떤 글을 읽든지 그 논지를 제대로 파악하고 비판적으로 바라볼 줄 알며 자기 생각을 논리적으로 전개할 수 있어야 한다. 논술을 술술 써야 하는 것이다.

그렇다면 논술을 잘하기 위해서는 과도기를 어떻게 보내야 할까?

무엇보다 과도기는 배경지식을 많이 쌓아야 하는 시기이다. 과도기 때 다양한 분야의 책을 두루 읽어서, 어떤 종류의 글이라도 읽어낼 수 있도록 기반을 튼튼히 해야 한다. 배경지식이 없으면 독해력에 문제가 생기고, 그렇게 되면 결국 글쓴이의 생각, 즉 주제를 파악할 수 없게 된다. 주제를 파악하지 못하니 그에 대한 자신의 생각을 피력하는 것은 더구나 힘들다. 결국 논술을 잘하려면 풍부한 배경지식을 쌓아야 한다.

논술을 잘하려면 풍부한 배경지식과 함께 글 내용을 간추릴 수 있는 요약능력이 필요하다. 글을 읽고 '이 글은 이런 내용의 글이고, 저자는 이것을 말하고 있다'라고 결론을 내릴 수 있어야 하는 것이다. 그러기 위해서는 독서전략이 있어야 한다. 4학년 아이들에게 임진왜란에 관한 한 쪽짜리 자료를 주면서, 일본이 조선을 침략한 이유가 나온 부분을 찾아 밑줄을 긋고 말해보라고 하면 엉뚱한 곳에 줄을 긋거나 해당 내용이 어디에 있는지를 전혀 찾지 못하는 아이가 있다. 이는 책을 제대로 읽는 방법, 즉 독서전략을 모르기 때문이다. 과도기에 독서전략을 가르쳐서 글에 대한 독해력과 분석력을 길러줘야 한다.

논술을 잘하려면 책 내용을 요약하는 능력과 함께 저자가 말하고자 하는 중심생각을 파악하는 것도 중요하다. 그리고 논술에는 무엇을 논할 것인가를 제시하는 '논제'가 있으며, 논제에서 요구하는 글쓰기를 해야 한다. 또한 논술에서는 시, 고전, 수필, 소설, 기사, 칼럼, 논설문 등 다양한 형식의 글이 주어지기 때문에 어떤 장르의 글이 나오더라도 제대로 이해하고 해석해서 중심생각을 파악할 수 있어야 한다. 특히 주어진 지문을 다양한 관점에서 해석하는 분석력과 종합적인 사고력이 있어야 깊이 있는 글을 쓸 수 있다. 따라서 과도기 때 장르별 읽기 전략을 가르쳐서 분석력과 종합적 사고력을 키워줘야 한다.

    결국 대입 논술 준비는 과도기부터 시작된다고 할 수 있다. 이때부터 꾸준히 책을 읽으면서 생각하는 습관을 들인다면 어떤 글을 읽어도 그 뜻을 이해하고 해석하여 자기 생각을 논리적으로 전개하는 데에 무리가 없을 것이다.

2장

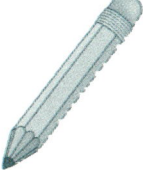

3, 4, 5학년, 부모 책임이 반이다

1 | 아이의 독서력, 부모에게 달려 있다
2 | 부모야말로 가장 좋은 독서지도사
3 | 모든 공부의 우선순위를 독서에 두자
4 | 최상의 독서지도는 책을 읽어주는 것이다
5 | 초등 3, 4, 5학년 독서지도의 원칙

1 아이의 독서력, 부모에게 달려 있다

학교 교사들 중에도 독서시간과 수업시간을 따로 생각하는 분들이 많다. 그러나 교과서를 읽는 것 자체가 독서이다. 따라서 수업마다 교사가 독서하는 방법을 가르쳐야 한다. 그런데 그 사실을 제대로 인식하지 못하다보니 교사들은 자신이 가르치는 아이들이 교과서 내용을 제대로 이해하는지, 어휘는 얼마나 알고 있는지 잘 모르고 지나치기도 한다. 심지어 아이들이 소리 내어 글을 유창하게 잘 읽을 수 있는지조차 파악이 안 된 경우도 있다. 한 학기가 다 가도록 한 번도 친구들 앞에서 큰 소리로 책을 읽어보지 못한 아이도 있다.

교사가 아이의 상태와 수준을 알았다 하더라도 어떻게 지도해야 할 것인지, 부모들에게 어떤 방법을 권해야 할 것인지 잘 모를 수도 있다. 독서력이 떨어지는 아이를 위해 교사가 독서 프로그램을 짜고 시간을 내어 방과 후에 지도한다는 것도 현실적으로 쉬운 일이 아니다.

이런 사정이다보니 많은 아이들이 과도기에 실질적인 독서력을 키우지 못하게 되어 급기야 중학생이 되어서도 책 한 권 제대로 읽어내지 못하는 사태가 벌어진다. 부모들은 아이의 독서력을 키우기 위해 과도기에 어떤 책을 골라 어떻게 읽어주어야 하는지 잘 모르고, 학교에서는 아이의 독서능력을 제대로 진단하지 못해 읽기능력을 키우는 시기를 놓치고 있는 것이다. 이런 상황에서 결국 독서에 대한 책임은 부모가 져야 하는 게 현실이다. 과도기 아이의 독서력은 부모에게 달려 있는 것이다.

흔히 부모들은 아이가 책을 읽지 않으면 책을 좋아하지 않는다고 생각한다. 아니면 만화, 텔레비전, 오락에 빠져서 책을 멀리한다고 생각한다. 그래서 만화도 몰래 치워버리고 컴퓨터오락도 못 하게 하면서 책을 읽으라고 잔소리를 하지만, 아이는 책장을 몇 번 넘기지 못하고 딴 짓을 한다. 이럴 때는 무조건 읽으라고 종용하거나 야단치지 말고 아이가 왜 책을 안 읽으려고 하는지 그 이유를 곰곰이 생각해보아야 한다. 책에 대한 안 좋은 경험 때문일 수도 있지만, 대개는 책을 읽어도 이해하지 못하기 때문인 경우가 많다. 부모가 아이의 흥미와 독서수준을 고려하지 않고 책을 읽으라고 권했기 때문에 갈수록 책읽기에 두려움을 갖게 되는 것이다.

초등 3, 4학년이 되어서도 책을 읽지 않으려고 한다면 그것은 아이가 읽기에는 좀 어려운 책이거나 흥미와 동기 부여가 안 되었기 때문이라고 봐야 한다. 따라서 왜 책을 안 읽냐고 야단만 칠 것이 아니라 책을 잘 읽어낼 수 있다는 자신감을 키워주어야 한다.

아이의 독서습관을 위한 부모 역할 체크 리스트

아래의 내용 중에서 평소 집에서 하고 있는 독서활동이 있으면 표시하십시오.

✲ 집에 조용히 책을 읽을 공간이 있다. ☐
✲ 지역 도서관이나 도서방에서 정기적으로 책을 빌려본다. ☐
✲ 아이가 원하는 책을 주로 읽어준다. ☐
✲ 아이와 함께 서점에 가서 책을 고른다. ☐
✲ 아이가 책에 나온 그림을 보고 이야기를 해보도록 도와준다. ☐
✲ 엄마가 이야기를 녹음하여 차 안에서나 바쁠 때 들려준다. ☐
✲ 아이가 보는 앞에서 가계부를 쓰거나 쇼핑 목록을 적으며 그것에 관해 이야기한다. ☐
✲ 아이가 수시로 그리고 쓰게끔 공책과 필기도구를 가까이에 둔다. ☐
✲ 책에서 긴 단어나 재미있는 단어를 지적하고 그것에 관해 설명해준다. ☐
✲ 가정게시판을 만들어 가족들의 메시지를 읽거나 표현하게 한다. ☐
✲ 텔레비전을 함께 보며 이야기한다. ☐
✲ 아이가 책 제목과 표지만 보고 내용을 상상해보도록 도와준다. ☐
✲ 책 이외에도 신문이나 잡지 등을 함께 보면서 아이가 관심 있어 하는 것에 대해 이야기를 나눈다. ☐
✲ 아이가 책에 나온 내용을 그림으로 그리고 그것에 관해 이야기하게 한 후 그 내용을 옆

에 적어준다. ☐
* 아이가 그린 그림을 가족들이 보도록 하고 다른 사람의 긍정적인 반응을 통해 자신감을 가지도록 도와준다. ☐
* 바깥놀이나 전시회에 가기 전에 그것에 관한 책을 찾아서 읽어준다. ☐
* 아이가 유치원이나 학교에서 읽었거나 들은 이야기를 집에서 이야기하도록 배려한다. ☐
* 책 내용과 관련된 연극이나 뮤지컬, 영화, 비디오를 아이와 함께 보면서 다른 점을 비교해본다. ☐
* 동생에게 책을 읽어주게 하고 격려한다. ☐
* 아이에게 읽어줄 책을 부모가 먼저 읽어보고 어떤 질문이나 활동을 할지 생각한다. ☐
* 아이에게 매일 꾸준히 책을 읽어준다. ☐
* 책을 읽을 때 저자에 관해서도 알려준다. ☐
* 아이가 좋아하는 책이면 3회 이상 반복하여 읽어준다. ☐
* 아이가 유창하게 소리 내어 읽는 것을 격려한다. ☐
* 책을 읽고 질문한 다음 아이가 느긋하게 생각할 기회를 준다. ☐
* 부모 자신이 책이나 신문 등을 읽고 있는 모습을 자주 보인다. ☐

위 항목들에 표시한 수가 10개 이하라면 자녀의 독서습관을 위해 부모로서 더 노력해야 한다.

2 부모야말로 가장 좋은 독서지도사

"태어나자마자 읽어줄 책은 없나요?"라고 묻는 부모님이 있다. 아이가 태어나면 책을 보여주고 싶다는 것이다. 어려서부터 책을 보여주면 좋다는 생각에서 한 질문일 것이다. 하지만 태어나자마자 아이에게 읽어줄 책은 바로 '엄마의 얼굴'이다. 엄마가 밝게 웃는 얼굴을 보여주면 아이는 밝은 책을 만나는 것이고, 우울한 얼굴을 보여주면 우울한 책을 보게 되는 것이다.

'책'이라고 하면 흔히 종이에 인쇄된 것만을 생각한다. 그러나 활자화하지 않더라도 경험 자체가 곧 책이다. 부모가 자신의 체험담을 들려주는 것, 부모가 알고 있는 정보를 자녀에게 설명해주는 것, 그것이 곧 책을 읽어주는 것이다.

독서는 그저 책을 보는 것만을 의미하지는 않는다. 읽으면서 생각을 해야 하고, 정보를 머릿속에 저장해야 한다. 그리고 저장해놓은 정보가 필요한 순간에 인출이 되어야 한다. 이것이 곧 학습의 원리요 독서의 과정이다. 아이가 뜨거운 불에 데었다고 해보자. 부모는 자녀에게 응급처치를 해줄 것이다. 그런 다음에 무엇을 하는가. 십중팔구는 "앞으로 조심해야지"라고 한마디 하고 넘어가기 쉽다. 그러나 '학습의 원리'를 아는 부모는 응급처치만으로 끝내지 않는다. 아이가 울음을 그치고 안정이 된 후에 차분하게 질문을 시작한다. "어떻게 다쳤을까?" 이렇게 질문을 던지면 아이는 다친 경험을 떠올리게 된다. 아이에게 다친 경험은 하나의 스토리이다. 아이는 다치게 된 과정을 떠올려 순서대로 이야기를 할 것이다. 부모는 다만 아이가 겪은 일을 자세히 떠올리도록 활성화만 시켜주면 된다. 아이가 겪은 일을 다 말하고 나면, "그러면 앞으로 다시 다치지 않으려면 어떻게 해야 할까?"라고 질문을 던져 아이가 자신이 겪은 일을 통해 문제해결 방안을 생각해보도록 한다. 이쯤에서 부모는 자신의 경험이나 알고 있는 정보들을 아이에게 들려준다. 이는 아이가 새로운 정보를 잘 기억하도록 돕는 학습의 원리이다. 이렇게 하면 아이는 자신이 겪은 일을 토대로, 경험하지 않은 새로운 정보들을 인지할 수 있게 된다. 이렇듯 기존의 경험과 지식에 더해 새로운 지식을 배우는 것이 바로 학습이다.

부모의 이런 인지적 중재는 마치 한 권의 책을 읽는 과정과 같다. 책을 읽을 때에도 독자는 이미 알고 있던 정보를 배워야 할 새로운 정보와 연관지어 생각하고 해석함으로써 새로운 깨달음을 얻는다. 이것이 곧 독서의 과정인 동시에 학습의 과정이요 생각하는 과정이다. 부모는 아이가 보고 들은 지식들을 잘 학습하도록 도와주는 인지적 중재자이다. 부모가 인지적 중재자로서의 역할을 잘 알고 상호작용에 적극적인 경우, 아이는 경험 이상의 것들을 흡수할 수 있게 되어 인지적으로 크게 성장할 수 있다. 반대로 유적지나 박물관, 전시관을 자주 데리고 다니면서 많은 것들을 보여주었다 하더라도 부모가 적절한 인지적 중재자 역할을 하지 못하면, 아이가 제대로 학습했다고 보기 어렵다. 박물관에 가서 한 번 둘러보는 것으로 학습이 된 것은 아닌 것이다.

부모가 자녀와 함께 책을 읽으면서 하는 상호작용은 곧 인지적 중재에 해당한다. 그리고 부모의 이런 인지적 중재가 곧 독서이다. 많은 책을 겉핥기식으로 읽는 것보다 한 권의 책을 깊이 있게 읽으면서 다양하게 사고할 수 있도록 중재하는 것이 무엇보다 중요한데, 과도기부터는 부모의 이런 인지적 중재가 필요하다. 아이의 사고력을 키워주는 핵심은 바로 부모의 인지적 중재가 얼마나 적극적이고 체계적인지에 달려 있다. 그렇기 때문에 부모가 올바른 독서법에 대해 알아야만 하는 것이다. 부모야말로 가장 중요하고 믿을 만한 독서지도사이다.

엄마가 효과적으로 할 수 있는 인지적 중재 방법

✱ 책을 읽기 전에, 표지와 제목만 보고 떠오르는 생각이나 알고 있는 내용을 아이에게 말해보게 한다. 아이가 말한 다음에 "그러니까 너는 이렇게 생각한다는 말이지?"라고 다시 정리하여 말해준다.

✱ 책 내용을 아이가 다시 말해보도록 하고, 줄거리를 잘 떠올릴 수 있도록 질문을 한다. "주인공은 누구였지?" "무슨 무슨 일이 생겼지?" "사건의 결과는 어떻게 되었어?" 등 책 내용을 다시 떠올릴 수 있는 질문을 던진다.

✱ 책을 읽기 전에는 몰랐지만 읽고 나서 새롭게 알게 된 것들이 무엇인지 말하게 한다. 아이가 말하면 항상 다시 정리하여 말해주어 기억에 잘 남도록 한다.

✱ 꼭 배워둘 만한 어휘일 경우 부모가 의식적으로 반복 사용하여 아이가 기억하도록 돕는다.

✱ 아이가 책 이외에 텔레비전이나 신문, 영화, 만화 등을 읽을 때에도 무엇을 중요하게 생각했는지 물어보고, 아이의 생각에 호응해주며 긍정적인 반응을 보이는 것이 중요하다.

✱ 아이가 읽었던 책을 교과 공부나 일상생활 속 경험과 연결지어 대화의 주제로 삼는다. 예를 들어 사극을 보면서 "저 장면을 어떤 책에서 보았을까?"라고 기억을 떠올리게 한다.

이렇게 하자

3 모든 공부의 우선순위를 독서에 두자

문제학생 뒤에는 문제부모가 있다는 말을 곧잘 듣는다. 그만큼 부모 노릇 하기가 힘들다는 말일 것이다. "우리 애는 책을 너무 싫어해요" 하며 하소연하는 부모들을 만나 상담을 해보면, 잘못된 정보를 알고 있거나 주변의 여론에 휩쓸리다가 아이의 독서습관을 제대로 길러주지 못한 경우가 많다. 아이가 자기 학년 수준의 책도 제대로 읽어내지 못하고 있는데 남들 따라 선행학습만 시키다가 시간을 허비하는 경우도 적지 않다.

"저희 애는 중학생 누나가 보는 책도 척척 읽어요" 하며 부모가 독서수준이 높다고 말하는 아이들도 몇 번 만나 관찰을 해보면 책 내용도 잘 모르고 간단한 질문에도 대답을 못 하거나 글 몇 줄 쓰는 데에도 쩔쩔 매는 수가 많다. 다른 집 아이들이 어떤 학원에 다니고 무슨 공부를 하는지를 아는 것보다 우선 해야 할 일은 우리 아이가 현재 어느 정도의 독서능력과 독서태도를 갖추고 있는가를 잘 파악하는 일이다. 특히 초등 3, 4, 5학년 과도기에 조급한 마음에 이 학원 저 학원에 보내다보면 책 읽을 시간을 갖지 못해 점점 독서에 자신감이 떨어지고 독서하는 습관 역시 잡히지 않는다. 그러나 영어나 수학 모두 독서력이 바탕이 되어야 잘할 수 있다. 그러므로 무엇보다도 과도기에는 독서가 우선이다.

요즘에는 "바빠서 책 읽을 시간이 없어요"라고 말하는 초등학생들이 많다. 이 학원 저 학원 다니다보니 놀 시간도 없는데 책 좀 읽으라고 하면 기분 좋을 리가 없다. 그나마 빈 시간에 틈틈이 읽는 책도 질이 낮은 만화류인 경우가 많다. 그렇게라도 아이들은 놀고 싶은 것이다.

그러나 아이의 성적을 향상시키고 싶다면 독서력을 키우는 것이 급선무이다. 독서력이 향상되면 교과 성적은 자연스럽게 올라가기 마련이다. 공부를 잘하는 능력과 독서능력은 학년이 올라갈수록 그 상관성이 높아진다. 4학년만 되어도 사회 과목에서 역사적 배경지식을 필요로 하는 어휘들이 자주 등장한다. 그렇기 때문에 교과서 내용을 충분히 이해하기 위해서는 많은 책을 읽어서 자기 학년 수준의 어휘력을 갖춰야 한다. 대부분의 부모들은 성적이 조금 떨어진다 싶으면 과외나 학원부터 보내려고 하지만 만약 독서수준이 자기 학년에 미치지 못하는 아이라면 학원에 가서도 계속 뒤처지고 오히려 좌절감만 깊어질 뿐이다.

성적이 나빠 고민이라면 무엇보다 먼저 아이의 독서수준을 알아보아야 한다. 독서력이 다니는 학년 수준보다 많이 떨어져 있다면 그 원인을 찾아보고, 개별적으로 독서수업을 받도록 해야 한다. 현재의 성적을 유지하기 위해 선행학습을 시켜야 한다고 생각한다면, 불안해하지 말고 일단 독서에 최우선 순위를 두라고 강조하고 싶다. 독서력이 탄탄한 아이들은 방과 후에 과도한 학습을 하지 않아도 되기 때문에 맑은 정신으로 수업에 집중할 수 있고, 배경지식이 많아 이해가 빠르다. 이해가 빠르므로 분석하고 비판하는 수업에 흥미를 느끼고 토론을 즐기게 된다. 당연히 성적도 늘 좋게 마련이다.

학원 공부나 과외 수업을 받지 않고도 좋은 성적을 내면 아이들은 성적 그 자체보다 '자신감'과 '주도성'이라는 더 중요한 가치를 얻을 수 있다. 학교에서 배운 내용을 스스로 점검하고 복습함으로써 주도적인 학습습관을 기를 수 있는 것이다. 독서력이 있는 아이는 5학년만 되어도 어떤 문제 유형이 시험에 자주 등장하는지 혼자 가늠할 수 있다. 따라서 수업시간에 중요하다고 여겨지는 대목에 표시를 해두거나 유의하여 기억할 줄 안다. 독서력이 있는 아이는 자신이 무엇을 알고 싶고, 무엇을 알게 되었는지 파악하고 있기 때문에 공부량이 많아져도 정리가 빠르고 더 효과적으로 공부할 수 있다. 꾸준한 독서가 스스로 공부하는 사람을 만드는 것이다.

독서하는 방법을 잘 알고 있는 아이라면 당연히 공부하는 방법도 터득하게 된다. 공부방법이 곧 독서방법이기 때문이다. 그러니 초등학교에서는 독서공부가 공부의 전부라고 해도 틀린 말이 아니다. 수없이 반복하는 말이지만 과도기는 독서력을 키우기에 가장 적절한 때이다. 눈앞의 성적 올리기에 급급하여 아이가 독서할 시간을 빼앗지 않도록 하자.

부모가 지켜야 할 원칙

✽ 열심히 해도 성적이 좋지 않다면 독서수준을 알아본다.
✽ 독서력이 자기 학년에 미치지 못한다면 독서력을 높이는 노력을 한다.
✽ 현재 성적이 좋은 편이라면 학원을 보내기보다 꾸준한 독서로 사고력을 기르는 것이 중요하다.
✽ 독서력은 있으나 성적이 좋지 않다면 스터디 스킬을 가르쳐준다(118-121쪽 참조).
✽ 과도기는 독서력을 키우기에 가장 적절한 때임을 인식하고 독서지도에 힘쓴다.

이렇게 하자

4 최상의 독서지도는 책을 읽어주는 것이다

초등학교 1, 2학년 때까지는 열심히 책을 읽어주던 부모들도 아이가 3학년이 되면 "이제 너도 혼자 읽는 습관을 들여야지" 하면서 자꾸 아이 혼자 책을 읽도록 한다. 그림책 같으면 읽어주기에 부담이 덜하지만 3학년이 되면 책도 제법 두꺼워지고 글의 양도 많아져서 읽어주기가 만만치 않기 때문이다. 더구나 3학년 정도면 스스로 책 읽는 습관이 잡혀야 한다는 생각에 부모들은 어린애 젖을 떼듯이 단호하게 책 읽어주기를 거절하기도 한다.

하지만 3학년은 아직 혼자서 책을 척척 읽기에는 이른 시기이다. 5학년이라도 필요하다면 책을 읽어주는 것이 좋다. 3학년이 되었다고 갑자기 책 읽어주기를 멈춰버리면 아이는 혼자 책읽기를 두려워한다. 갑자기 책이 두꺼워진 데다 글의 양도 많아서 혼자 읽으려면 인내심이 필요하기 때문에 조금만 까다로우면 책을 덮어버리고 쉽게 눈에 들어오는 책만 골라 읽게 될 수 있다.

　책을 좋아하는 아이라도 아직은 혼자 읽기보다 엄마가 읽어주는 것을 좋아한다. 3학년이 되었는데도 자꾸 읽어달라고 하거나 전에 읽었던 책, 또는 동생 수준의 책을 읽어달라고 하는 까닭은 무엇일까? 여러 이유가 있겠지만 아직 부모로부터 심리적으로 독립하지 못했기 때문일 수 있다. 정서적으로 부모의 사랑을 더 받고 싶어하는 욕구에서 나오는 행동인 것이다.

　아이들에게 책은 하나의 인격체로 다가온다. 책은 아이에게 낯선 사람과 같다. 그러니 생소한 책을 보면 두려워지고 싫어져서 얼른 손이 가지 않는 것이다. 이때 부모가 "새로운 책이네. 제목을 보니 재미있을 것 같지 않니?" 하고 책을 소리 내어 읽어주면 심적으로 편안한 상태에서 책 속으로 빠져들게 된다. 초등 1, 2학년 때에 가졌던 책에 대한 좋은 감정을 과도기에 계속 유지하는 것은 부모의 배려와 사랑에 달려 있다. 그러므로 과도기에 부모는 매일 아이와 함께 독서하는 시간을 마련하여 꾸준히 책을 읽어주고 안내해야 한다.

　물론 모든 책을 다 읽어줄 수는 없다. 하지만 처음 보는 책이나 까다로운 내용의 책일 경우 반드시 함께 읽으며 친숙해지도록 도와야 한다. 책 좀 읽으라고 야단치고 잔소리한다고 바로 독서에 철이 드는 것은 아니기 때문이다. 과도기의 아이는 아직은 미성숙한 독자이므로 성숙으로 나아가기까지 부모가 도우미 역할을 해야 한다.

읽어주기는 집중력을 기른다

오랫동안 아이들을 가르치면서 느낀 것 중 하나는 아이들이 남의 말을 경청하지 않는다는 것이다. 다른 사람의 말을 끝까지 듣지 않고 중간에 말허리를 자르거나 끼어드는 것은 예사이고, 다른 사람의 말뜻을 제대로 알아듣지 못하여 엉뚱한 대답을 하기도 한다. 이는 아이들의 성향이 점차 외향화되고 성급해진 이유도 있지만, 무엇보다 듣기훈련이 안 되어 있는 탓이다.

이야기나 설명에 일정 시간 귀를 기울여 듣는 것은 집중력과 관계가 깊다. 집중력은 타고나는 것일까? 그보다는 어려서부터 부모와 어떤 상호작용을 하였는가에 따라 집중력이 달라진다. 아이들은 만 세 돌만 되어도 스토리가 있는 짧은 이야기를 들을 때 움직이지 않고 집중할 수 있다. 따라서 어려서부터 부모가 책을 매일 꾸준히 읽어주었다면 아이는 한 권의 책을 읽는 동안 꼼짝 않고 집중할 수 있게 된다.

3학년이 되어서도 가만히 앉아 책 듣기가 안 된다면 그 원인이 무엇인지 생각해봐야 한다. 책 분량이 너무 많거나 수준이 높아서일 수도 있고, 너무 낯설거나 흥미가 없어서일 수도 있다. 부모와 함께 책 읽는 것을 싫어하는 것도 이유 중 하나일 수 있다. 부모가 책 읽어주는 것을 싫어한다면 부모 자신이 평소에 자녀가 하는 말을 얼마나 수용하고 존중했는가를 돌아볼 필요가 있다. 존중받는 아이가 다른 사람의 말을 존중할 줄 안다.

집중력이 부족해서 3학년이 되었는데도 책을 읽어줄 때 가만히 있지 못하고 산만하게 움직이거나 딴 생각을 자주 한다면, 아주 쉽고 짧은 줄거리의 책부터 읽어주어야 한다. 옛날이야기와 그림책은 줄거리 전개가 뚜렷하고 이해가 쉬우며 재미있기 때문에 집중력을 기르는 데 도움이 된다. 한두 번 읽어주어서 금방 집중력이 생길 것을 기대하지 말고 매일 꾸준히 읽어주어서 집중력을 길러야 한다. 5학년이라도 집중력이 떨어진다면 짧은 이야기나 그림책을 읽어주면서 귀를 모으는 훈련을 해야 한다.

책을 읽어줄 때는 부모의 태도와 열성이 매우 중요하다. 3학년 정도면 굳이 동화 구연 대회에서 하듯이 목소리를 신경 써서 읽어줄 필요는 없다. 그렇지만 평소 아주 책을 싫어하거나 독서수준이 낮은 아이는 구연하듯이 읽어주는 것을 더 좋아한다. 책을 싫어하는 아이일수록 부모의 동작이나 표정, 말투에 영향을 받기 때문에 등장인물의 성격에 어울리는 목소리로 적당히 구연하는 것이 효과적이다.

읽어주기는 공감이고 사랑이다

부모가 자녀에게 책을 읽어주는 일은 집중력을 키워 독서력을 높이려는 목적보다 더 숭고한 뜻을 담고 있다. 그것은 사랑의 행위이다. 책을 읽어준다는 것은 자녀에게 관심을 기울이는 것이고 자녀와 공감의 장을 만드는 일이다. 자녀와 함께 책을 읽으면서 주인공의 시련에 마음 아파하고 성공에 기뻐하는 일치감을 맛보는 것이야말로 사랑의 일치이다. 책이라는 매개체를 통해 부모와 자녀의 감정이 소통함으로써 사랑이 확인되는 것이다.

무엇보다 자녀가 책 내용에 대해 말할 때 적극적으로 경청해주는 것이야말로 자녀에게 부모로부터 사랑받고 있다는 느낌을 주는 태도이다. 어떤 부모들은 "저희 애는 기껏 책을 읽어주면 책과 상관없는 말만 늘어놓아요. 어찌나 수다스러운지 듣고 있기가 힘들어요"라고 불평하기도 한다. 그러나 아이들이 쓸데없는 이야기를 재잘거리는 것 같아도 주의 깊게 듣다보면 그 속에 비범성이 스며들어 있음을 알 수 있다. "와, 그런 생각을 했다니 놀랍구나!" 하며 아이의 이야기 속에서 경이로운 점을 찾아내어 반응해줄 때 아이는 자신이 온전히 받아들여지고 있음을 느낀다.

부모가 자신을 소중하게 여기고 비범한 존재로 생각한다는 것을 알게 되면 아이는 점점 중요한 것을 부모에게 털어놓게 되고, 부모의 말을 경청하고 부모의 지시나 가르침을 따르려고 할 것이다. 부모와 이렇게 상호작용하는 아이는 점점 배우는 것이 늘어가고 성장하게 된다. 사랑이 사랑을 낳는 것이다. 중요한 것은 부모가 아이에게 관심을 갖는 것이고, 귀를 기울여 듣는 것이고, 올바르게 반응해주는 것이다. 부모가 책을 읽어주는 것은 이 모든 과정을 포함하고 있다.

그러므로 아직 정서적으로 미성숙한 독서 과도기에 부모가 책을 읽어주는 것은 아이가 스스로 독립할 때까지 동반해준다는 의미가 있다. 물론 아이가 혼자서 책을 읽을 경우에도 아낌없는 격려와 함께 무슨 책을 읽고 있는지, 무엇을 생각했는지 물어보고 공감해주는 것이 중요하다. 아이들은 책에서 받은 많은 느낌과 감정, 소감 등을 누군가와 나누고 싶어한다. 그럼으로써 자아가 확장되고 자신감이 커진다. 혼자서만 책을 즐기고 그것을 다른 사람과 나누는 기회가 적다면 아이는 어른들로부터 심리적인 소외감을 느낄 수 있다. 책을 읽어주는 것뿐만 아니라 아이가 책을 읽는 것을 잘 들어주는 것 또한 공감의 행위이다. 가끔 부모들도 자녀에게 책을 읽어달라고 해서 행복감을 맛볼 일이다.

읽어주기 단계

1. 소리 내어 읽어주기

책을 별로 좋아하지 않는 아이나 자기 학년보다 낮은 이해력을 가진 아이에게 정확한 발음으로 읽어주는 단계이다. 아이가 흥미 있어 하는 책이나 그림이 많은 책을 골라 읽어준다. 읽어주는 도중에 대화를 하기보다 책 내용 그대로 읽어준다. 같은 책을 2, 3회 이상 반복해서 읽어주며, 하루에 약 30분씩 꾸준히 읽어준다. 부모가 한 번 읽어주고 나서 아이 스스로 읽어보게 한다. 한 페이지씩 읽어주고 따라 읽게 할 수도 있다. 아이가 읽을 때 틀리게 읽으면 읽는 순간에 지적하지 말고 다 읽게 한 다음 "다시 읽을 테니까 잘 들어보렴" 하고 말한 다음 정확하게 다시 읽어준다. 반복해서 읽은 다음 점점 빠른 속도로 읽게 하여 속도감을 키운다.

2. 함께 읽기

책을 읽기 전이나 책을 읽어주면서 아이와 적극적으로 대화를 하는 단계이다. 책을 읽어줄 때는 반드시 끝까지 읽어주어야 한다는 강박관

념을 가질 필요는 없다. 새로운 정보를 아는 것보다 더 중요한 것은 책과 관련하여 아이가 이미 알고 있는 지식과 경험을 많이 끌어내는 것이다. 그러므로 아이가 알고 있는 것이나 연상되는 것을 자유롭게 떠올리도록 도와주는 것이 좋다. 자신이 알고 있는 것과 새로운 정보를 연결시켰을 때 학습이 잘 된다는 것은 많은 인지심리학자들의 공통된 의견이다. 반쯤 읽다가 처음으로 돌아가 2, 3회 반복해서 읽다보면 책 전체 내용이 파악된다.

함께 읽기는 책을 몇 번 함께 읽은 후 책 내용을 제대로 파악했는지 물어보고 읽는 중간에 다음에 나올 내용을 예측하는 등 활발한 상호작용을 하는 단계이다. 잘 모르는 어휘를 찾아 아이가 문맥에서 그 뜻을 예측해보게 하거나 부모가 어휘 뜻을 자세히 설명해줄 수도 있다. 함께 읽기에서 가장 중요한 것은 아이가 활발하게 자기 생각을 말할 기회를 주는 것이다.

3. 안내하는 읽기

학년이 올라가면서 책이 두꺼워져 읽어주기 점점 부담스러운 경우에 하는 방법이다. 제목과 관련하여 아이가 이미 알고 있는 정보들을 끌어내보고, 차례나 머리말을 읽으면서 나올 내용을 예측하고 중요한 부분을 중심으로 훑어읽기를 한다. 동화나 소설 같은 책은 처음 10여 페이지를 소리 내어 읽어주어 동기를 유발한다. 이야기글은 다음 이야기가 궁금하여 계속 읽고 싶어지기 때문에 처음에는 시큰둥하던 아이도 이야기가 점차 전개되면 흥미를 갖고 본인이 직접 책을 읽고 싶어한다.

그러면 나머지 뒷부분은 아이 혼자 읽도록 두고 아이에게 다 읽고 나서 줄거리를 들려달라고 하면 된다.

정보를 얻기 위한 책은 책에 나온 많은 정보를 한꺼번에 다 이해하기 힘들기 때문에 꼭 알아야 할 정보를 몇 가지 선택한 다음 해당하는 부분을 읽어준다. 찾고자 하는 정보를 어떻게 찾는지 알려주고 나서 아이 스스로 찾는 연습을 하게 한다. 정보를 주는 책은 읽은 후에 무엇을 배웠는지 다시 떠올려보는 것이 아주 중요하다. 금방 알게 된 정보들을 눈을 감은 뒤 말해보게 하거나 도표나 그림으로 시각화해보는 것이 정보를 오래 기억할 수 있는 방법이다. 안내하는 읽기는 학년이 올라갈수록 꼭 필요한 독서지도이다.

아이에 따라 질문을 달리하라

　뉴질랜드에서 발표된 흥미 있는 독서연구가 있다. 부모와 아이의 상호작용이 아이의 수준에 따라 어떤 영향을 주는가를 연구한 것이다. 연구 결과, 책을 좋아하지 않는 자녀에게는 동화 구연처럼 책을 실감나게 읽어주고 세부 내용에 대해 중간중간 적당히 질문을 던지며 적극적으로 대화하는 것이 효과적이었다. 질문도 "누가 나왔지?" "그래서 어떻게 되었다고?"와 같이 대답하기 쉬운 것이 좋다.

　반면 이해력이 발달한 자녀는 너무 뻔한 내용을 묻거나 지나치게 연극적인 제스처를 하며 읽어주는 것을 좋아하지 않았다. 오히려 이런 아이는 책의 다음 이야기를 상상해보게 하거나 "네가 만약 주인공이라면 어떻게 문제를 해결했을까?" "만약 시대가 바뀌었다면 이야기가 어떻게 바뀌었을까?"와 같이 자신의 생각을 펼칠 수 있는 질문이 더 효과적이라는 것이다. 결국 책을 읽어줄 때는 아이의 흥미와 수준, 그리고 부모와의 관계 등을 고려하여 상호작용의 정도를 조절하는 것이 좋다는 결론이다.

　"책을 읽어줄 때 어떤 질문을 해야 할지 모르겠어요"라고 물어오는 부모들이 많다. 아이들은 부모나 교사의 질문 방식을 배운다. 어른들이 어떤 생각을 하는가는 질문을 통해 드러나기 때문에 아이들은 부모가 하는 질문을 배우게 되고, 배운 질문들을 책을 보면서 적용하게 되는 것이다. 그러나 부모라고 해서 늘 적절한 질문을 하기란 쉽지 않다. 그렇기 때문에 질문을 잘하는 요령을 배우고 훈련을 받을 필요가 있다. 책을 읽고 난 후 부모가 아이에게 할 수 있는 질문의 유형과 수준별 질문 방법을 몇 가지 살펴보자.

1. 사실을 얼마나 기억했는지를 확인하는 질문

이것은 '누가' '어디서' '무엇을 했는가' 같은 질문을 말한다.

✽ 주인공이 누구였지?
✽ 어디서 일어난 일이야?
✽ 주인공이 한 일은 무엇이지?

이런 질문들은 학습한 기본 내용을 물어보는 것으로, 단순한 대답을 바라는 질문이어서 책을 많이 읽은 아이들에게는 너무 뻔한 질문이 되기 쉽다. 그러나 자기 학년보다 수준이 떨어지는 아이에게는 읽은 내용을 간단하게 정리하게 하는 데 도움이 된다. 책을 읽고 나서 곧바로 "무슨 내용인지 간추려서 말해볼래?" 하고 요구하면 당황하는 아이들이 있다. 요약하는 방법을 모르기 때문이다. 이런 아이에게는 단순한 사실을 묻는 질문을 통해 내용을 요약하도록 도와줄 필요가 있다.

2. 내용을 얼마나 이해했는가를 파악하는 질문

이 질문은 책에 나온 중요한 어휘를 얼마나 이해하였는지, 책에서 말하고자 하는 내용에 대해 결론을 내릴 수 있는지, 앞뒤 문맥을 따져서 인물의 행동 원인과 동기를 말할 수 있는지 등을 점검하는 질문 형태이다.

* 이 말은 무슨 뜻이지?
* 주인공은 왜 그런 행동을 했을까?
* 그 상황에서 주인공의 심정은 어땠을까?
* 그런 결과가 나온 이유는 무엇일까?
* 이 책은 무엇에 대해 말하고 있는 것일까?
* 작가가 인물의 성격을 통해 말하고자 하는 바는 무엇일까?

이런 질문들은 책의 내용을 얼마나 이해하였는가를 알아보기 위한 질문이다. 이런 질문을 통해 아이들은 읽은 내용을 다시 새겨보고 복습할 수 있다. 책을 읽은 후 이해도를 파악하는 질문을 하지 않으면, 아이 자신도 내용을 제대로 파악했는지 알 수 없고 결국 나중에 책 내용을 세부적으로 기억해내지 못한다. 따라서 책을 읽은 후에는 아이가 그 내용을 얼마나 이해했는가를 반드시 점검해야 한다.

3. 다른 것과 연결지어 적용하도록 하는 질문

이 질문 형태는 아이가 책에서 알게 된 정보를 활용하도록 돕는 질문이다. 아이가 읽은 책 내용을 다른 배경지식이나 사회문제와 적극적으로 연결지어보도록 유도하는 질문이다. 이런 질문에는 정해진 정답이 없으므로 자유롭게 대답할 수 있으나 논리적으로 타당해야 한다.

✽ 네가 이야기의 주인공이라면 이런 상황에서 어떻게 했을까?
✽ 시대가 달랐다면 이야기 줄거리는 어떻게 달라졌을까?
✽ 주인공과 비슷한 사람을 주변에서 찾으면?
✽ 제목을 다른 것으로 바꾼다면?
✽ 결말을 다르게 바꾼다면?
✽ 글 내용 중에 요즘의 사회문제와 관련 있는 점은 무엇이지?

책을 읽고 다른 것들과 연결지어보는 것은 대단히 중요한 작업이다. 이러한 질문을 통해 아이는 책 자체의 이해에만 머물지 않고 그 지평을 넓힐 수 있게 된다. 이미 알고 있는 배경지식과 연계하여 책 내용을 견주어보고 자기 생각을 내밀어보는 것은 본격적인 독서의 궤도에 들어가는 것이다. 아무리 줄거리를 잘 파악하고 주제를 알았다 하더라도 적용하는 훈련을 하지 않으면 생각의 끈이 늘어나지 않는다. 이런 질문을 통해 아이의 종합적 사고력과 문제해결능력을 알아볼 수 있는 것이다. 나아가 아이가 대답을 할 때에는 읽었던 책 내용을 단서로 하여 의견을 내도록 도와준다.

4. 가치판단을 하도록 유도하는 질문

아이가 책을 읽고 옳고 그름을 판단하도록 하는 질문이다. 자신의 경험과 가치 기준에 따라 비판하고 의견을 내도록 하는 질문 형태로, 아이가 대답을 할 때는 적절한 근거를 세워 판단하도록 도와주고 앞뒤 논리가 맞는지 파악해서 반응을 해줄 필요가 있다.

- 주인공이 그렇게 행동한 것에 대해 넌 어떻게 생각하니?
- 지은이의 주장 중에 반대하고 싶은 점이 있니?
- 등장인물 중에 마음에 드는 인물과 마음에 안 드는 인물은 누구이고, 그 이유는 무엇이니?
- 주인공의 선택은 옳았을까?

아이들은 가치판단을 요구하는 질문에 대답하기를 힘들어한다. 옳다 그르다는 말하지만 왜 그렇게 생각하는지 그 이유를 말하라고 하면 우물쭈물하기 일쑤다. 그만큼 조리 있게 근거를 세워 자기 의견을 말하는 훈련이 되지 않았다는 뜻이다. 아이에게 이런 질문을 할 때에는 그 자리에서 바로 대답하도록 다그치기보다 생각할 시간을 주는 것이 좋다. 그리고 아이의 의견이 엉뚱하거나 비논리적일지라도 알맹이가 있는 대답을 하면서 격려를 아끼지 말아야 한다. 일단 아이의 생각을 수용해주는 자세가 중요하다. 그날 읽었던 책이나 드라마, 뉴스 중에서 가치판단을 할 만한 내용을 골라 아이와 대화를 나누는 것도 책 한 권을 읽는 것이나 다름없다.

5 초등 3, 4, 5학년 독서지도의 원칙

이제까지 과도기에 부모가 어떻게 독서교육의 도우미 역할을 할 수 있는지 알아보았다. 독서교육은 전문가만 할 수 있는 일이라고 생각했다면, 이제 생각을 바꾸어 부모야말로 가장 좋은 독서선생님이 될 수 있다는 자신감을 갖도록 하자. 부모 역할 하기가 어렵다고만 생각하면 마냥 어렵게 느껴지지만 몇 가지 중요한 원칙들을 알고 그 방법을 실천한다면 부모야말로 가장 좋은 안내자가 될 수 있다.

과도기에 해당하는 초등 3, 4, 5학년의 지도방법은 학년별로 약간씩 변화가 필요하다. 3학년이 본격적으로 '생각하며 읽기'를 시작하는 시기라면, 4학년은 '독서방법'을 배우기 시작하는 때이고, 5학년은 '각 교과에 필요한 전문 지식'을 배양하는 시기로서 비로소 독서에 철이 드는 시기이다.

이렇게 학년에 따라 지도방법을 다르게 접근해야 하지만 과도기의 모든 학년에는 염두에 두어야 할 공통적인 지도원칙들이 있다.

1. 제대로 읽히자

과도기의 시작에 해당하는 3학년은 생각하며 읽는 시기라고 앞에서 계속 강조했다. 생각하며 읽어야 한다는 것은 곧 책은 제대로 읽어야 한다는 뜻이다. 제대로 읽는다는 것은 책을 대충 읽지 않고 꼼꼼히 읽는다는 것으로, 되도록 책을 천천히 읽고 책의 내용을 기억하려고 애쓰며 읽는 것을 말한다. 아이가 제대로 내용을 파악해가며 읽는지 알아보는 것은 아주 중요하다. 제대로 읽는 건지 알아보는 첫걸음은 읽혀보는 것인데, 소리 내어 읽혀보아 더듬거리거나 잘못 발음하는 것이 잦으면 어휘력에 문제가 있다고 짐작할 수 있다.

얼마 전 독서 상담을 했던 종훈이의 경우도 독서평가가 제때에 되지 않아 문제가 생긴 사례였다. 초등 4학년인 종훈이는 소아정신과에서 읽기장애 진단을 받고 상담을 청해왔다. 4학년 읽기교과서를 읽혀보니 심하게 더듬거리며 읽는가 하면 읽다가 조사를 빼먹고 읽고 아예 한 줄을 건너뛰어 읽기도 했다. 더 심각한 것은 글을 읽는 데만 온 힘을 기울이다보니 정작 읽은 뒤엔 무엇을 읽었는지 내용을 거의 기억하지 못하는 점이었다.

종훈이는 초등 2학년 책도 유창하게 읽지 못했다. 읽을 때에도 매우 긴장하여 땀까지 흘리고 고개를 계속 앞뒤로 흔들며 읽었다. 종훈이 어머니는 "집에서 책을 읽혀보지 않아서 이렇게까지 서툴게 읽는지 몰랐어요. 문제가 있으니 검사를 받아보라는 담임선생님의 말을 듣고서야 놀랐어요"라고 했다. 대학병원에서 진단한 종훈이의 지능검사 결과, 평균보다 조금 높은 지수가 나왔다. 조금 산만하기는 하나 친구들과의 관계도 좋은 편이라고 했다.

일단 종훈이에게 3학년 수준의 글을 소리 내어 들려주기로 했다. "들려줄 테니까 기억하도록 애쓰면서 잘 들어라"라고 말한 다음 정확한 발음으로 글을 읽어주었다. 다 읽어준 후 내용에 관해 질문을 해보니 약 60퍼센트의 내용을 이해하고 있었다. 종훈이는 귀로 들어서 이해하는 능력은 3학년 수준에서 약간 처지는 수준이었다. 그러니까 종훈이는 그동안 수업 내용을 귀로 들어서 그럭저럭 이해해왔던 것이다. 이런 까닭에 필기시험을 보면 평균 30~40점 정도밖에 받지 못했던 것이다.

종훈이는 왜 글을 정확하게 낭독하는 데에 문제가 생겼을까? 그것은 종훈이의 독서력에 대한 평가가 제때에 제대로 이루어지지 않았기 때문이다. 종훈이 같은 경우는 읽기능력이 자기 학년보다 2년 정도 떨어진 상태이므로 일대일로 독서지도를 받아야 한다. 매일 30분씩 꾸준히 2학년 수준의 책부터 소리 내어 읽어준 뒤 따라 읽기를 하면서 낭독훈련을 받아야 한다. 2, 3학년에 멈추어 있는 종훈이의 수준을 하루라도 빨리 끌어올려주지 않으면 학년이 올라갈수록 학습능력이 떨어질 것은 자명한 일이다.

종훈이의 사례에서 보듯이 아이가 제대로 읽고 있는지 알아보는 것은 과도기에 부모가 꼭 해야 할 일이다. 책을 꼼꼼히 읽고 내용을 다시 정리해보는 것이 중요하다는 것을 아이가 인식하도록 가르쳐야 하는 것이다. 그리고 글을 제대로 읽기 위한 학년별 독서방법, 즉 독서전략들을 가르쳐야 한다. 독서하는 방법은 하루아침에 배울 수 있는 것이 아니다. 조금씩 배워가다 보면 어느새 몸에 배게 된다.

2. 골고루 읽히자

앞에서 말했지만 과도기는 독서에 편식이 생기기 쉽다. 그렇기 때문에 과도기에 다양한 장르의 책을 골고루 읽혀 배경지식을 쌓고 생각의 폭을 넓히도록 지도해야 한다. 균형 잡힌 독서는 옛이야기, 신화, 인물이야기, 창작동화, 소설, 수필, 기행문, 광고, 기사문, 관찰문, 설명문 등 다양한 형식의 글 읽기를 경험하는 것을 말한다. 그렇다면 과도기에 균형 잡힌 독서가 꼭 필요한 까닭은 무엇일까?

골고루 읽다보면 첫째, 책을 다양한 관점에서 바라보는 시각이 생긴다. 옛이야기를 읽더라도 역사적 맥락이나 종교적 관점, 과학적 관점에서 해석하려고 시도하게 된다. 『옹고집전』을 읽는다고 생각해보자. "나쁜 짓을 많이 한 옹고집이 스님에게 혼나서 통쾌했다"와 같은 해석은 이야기를 다양하게 해석하지 못하고 단순히 선악의 구도로만 바라보는 읽기이다. 먼저 『옹고집전』이 고전임을 이해하고, 고전의 일반적인 특징을 배울 수 있다. 『옹고집전』이 쓰인 조선 후기 사회의 신분제도를 통해 옹고집이 어떤 신분을 대변하고 있는지 생각해볼 수도 있는데, 이를 알려면 조선시대 역사에 대한 배경지식이 있어야 한다. 스님의 도술로 옹고집과 똑같은 복제인간이 출현하는 내용을 통해 조선시대 사람들도 복제인간에 대해 상상했다는 것과 유교를 숭상하는 사회 분위기 속에서 저자는 불교를 옹호하던 사람이었음도 추론할 수 있다. 동시에 진짜 옹고집을 가려내는 과정에서 제대로 판결을 내리지 못하는 관리의 무능함도 질타하고 있음도 알 수 있다.

둘째, 골고루 읽는 것은 생각을 통합하는 능력을 발달시킨다. 골고루 읽으면, 책을 읽으면서도 배경지식이 활성화되고, 생각의 그물망을 잘 연결하여 대안을 내놓거나 새로운 결론을 내릴 수 있다. 이는 비판적이고 창의적인 독서로 나아갈 수 있는 바탕이 된다. 인쇄매체인 책뿐만 아니라 광고, 신문, 잡지, 만화, 영화, 인터넷 등을 다양하게 읽어서 다른 매체와 연결지어 생각해보고 매체를 바꾸어 표현해보는 것 또한 매우 중요하다.

셋째, 골고루 읽다보면 각 장르의 특성을 이해하는 과정에서 장르의 구조를 파악하는 능력이 발달한다. 장르에는 일기 형식, 기행문 형식, 소설 형식 등 다양한 형식이 있다. 각 장르의 형식적 특징을 꿰뚫어 보면 책의 구조, 즉 뼈대가 보인다. 글의 뼈대를 아는 것은 글의 흐름을 이해하는 지름길이고, 그렇게 되면 전체 내용을 한눈에 파악하여 요약할 수 있게 된다. 아이들이 옛날이야기를 듣고 그 내용을 잘 기억하는 것은 옛날이야기를 많이 듣는 과정에서 옛이야기 형식을 파악하게 되었기 때문이다. 문학류의 책만 보는 아이는 정보나 지식을 주는 글을 잘 읽어내지 못한다. 자주 안 읽다보니 낯선 어휘가 많은 탓도 있지만 정보글의 일반적인 구조 파악에 서투른 탓이기도 하다. 과도기에 골고루 읽도록 지도하면 각 장르의 구조파악능력이 발달하고 그러다보면 이해력과 분석력이 높아지는 것은 당연하다.

단, 만약 책을 싫어하는 아이라면 우선적으로 자기가 좋아하는 책부터 읽히도록 해야 한다. 책읽기를 싫어하는 아이에게 균형 잡힌 독서를 시킨답시고 억지로 여러 분야의 책을 권하는 것은 오히려 역효과가 나니 주의하도록 한다.

3. 많이 읽히자

과도기 독서지도의 마지막 원칙은 많이 읽히는 것이다. 독서하는 방법을 제대로 알고 읽는 것이 순서이긴 하지만, 많이 읽다보면 배경지식이 쌓여 이해력이 높아질 수 있다. 많이 읽는다는 것은 다양한 책을 두루두루 읽자는 것이고 반복해서 읽자는 것이다. 한 권의 책을 여러 번 읽는 것은 책 내용을 깊이 이해할 수 있어서 좋다. 세계적인 희극배우 찰리 채플린은 쇼펜하우어의 『의지와 표상으로서의 세계』라는 책을 평생토록 읽고 또 읽었다고 한다.

주제가 같은 책을 여러 권 읽는 것도 좋은 방법이다. 전쟁, 인권, 가족, 환경 등 주제를 정해놓고 비슷한 책, 또는 상반된 견해의 책을 집중적으로 읽다보면 그 주제에 대해 자신의 생각을 정립할 수 있다. 인물이야기도 최소한 두세 곳의 출판사 책을 읽도록 해야 한다. 글쓴이에 따라 인물을 다른 눈으로 바라보고 있기 때문이다. 내용은 같으나 매체가 다른 경우도 좋은 경험이 된다. 그리스 신화를 이야기로 읽을 때와 만화로 읽을 때, 애니메이션으로 볼 때 얻을 수 있는 것은 다르다.

학년별 독서지도 원칙

'제대로 읽히자' '골고루 읽히자' '많이 읽히자' 이 세 가지 원칙을 생각하면서 학년별 특징과 독서지도방법을 구체적으로 알아보도록 하자.

3학년 독서지도원칙

3학년의 특징

❋ 생각하면서 읽어야 하는 시기

3학년은 1, 2학년 때와 달리 책을 읽을 때 생각을 하면서 읽어야 하는 시기이다. 3학년부터 책 내용과 구성이 복잡해지기 때문에, 이야기의 맥락과 흐름을 잘 연결하지 못하면 줄거리를 이해하기 힘들 수 있다. 즉 앞뒤 문단과의 관계를 파악해가면서 읽지 않으면 읽고 나서도 무슨 내용인지 정리가 되지 않는 것이다. 또 3학년은 중요한 것과 덜 중요한 것을 구분하면서 읽는 선택적 주의력을 반드시 길러야 하는 시기이다. 또한 3학년은 이야기를 읽어나갈 때 다음에 무슨 내용이 나올지 예측할 수 있어야 한다. 이어질 내용을 예측하려면 이야기의 흐름을 이해하고 예측의 단서가 되는 실마리를 찾을 수 있어야 한다.

❋ 의미 중심의 읽기를 시작하는 시기

3학년은 글을 읽을 때 비유적인 의미를 문맥상에서 해석하는 법과,

전개된 사실들을 종합하고 의미화하여 주제를 파악하는 법을 가르쳐야 하는 시기이다. 예를 들어 "우리나라 창조신화에서 금벌레 은벌레로 인간을 만들었다는 것은 무엇을 의미하는가?"라는 질문을 한다면 "그만큼 사람은 귀한 존재로 만들어졌다는 뜻입니다"라고 대답할 수 있어야 한다.

✱ 현실과 상상을 구분하여 분석을 시작하는 시기

3학년이 되면 환상과 실제를 확실히 구분할 수 있다. 3학년이면 옛이야기나 신화, 판타지동화를 읽을 때 어느 부분이 실제이고 어느 부분이 환상인지 구분할 수 있고, 환상을 통해 무엇을 말하고자 하는지도 읽을 수 있어야 한다. 옛날이야기를 읽으면서도 주인공의 행동과 그 동기를 찾아내고 이야기 속에 담긴 주제를 알아낼 수 있어야 한다.

✱ 문맥에서 어휘를 추론할 수 있는 시기

3학년은 글을 읽다가 모르는 낱말이 나오면 멈추어서 그 뜻을 헤아릴 수 있어야 한다. 사전을 찾지 않고서도 앞뒤 문맥을 자세히 읽어보고 어휘의 뜻을 추론해야 읽는 속도가 점점 빨라질 수 있다.

✱ 글을 간추려서 핵심을 찾을 수 있는 시기

3학년부터는 좀더 복잡한 구성도 정리하여 간추릴 수 있어야 한다. 따라서 3학년 시기에는 간단한 짜임의 글을 파악하여 내용을 효과적으로 정리하는 법을 가르쳐야 한다. 만약 김치에 관한 글을 읽었다면 김치의 역사, 김치의 종류, 김치의 영양소 등 핵심어를 뽑아내어 글의 내용을 정리한 다음 "김치의 맛을 지키고 널리 알리자"라는 요점을 찾아낼 수 있어야 한다.

3학년 독서지도원칙

✽ 글자 중심의 책과 친해지도록 지도한다
본격적인 독서시기로 접어드는 3학년부터는 글자 중심의 책과 친해져야 한다. 그러려면 무엇보다 재미있고 흥미로운 책을 골라 아이에게 읽어주어야 한다. 처음엔 글자가 많아 겁을 먹었지만 엄마와 함께 이야기를 읽다보니 너무 재미있는 책이었다는 경험이 쌓일수록 아이는 글자 많은 책에 대한 두려움에서 벗어날 수 있다.

✽ 실제생활을 다룬 흥미로운 책을 읽어준다
3학년 수준에는 삽화가 글 내용을 적절하게 보조해주고 읽는 재미를 느끼게 해주는 가벼운 창작동화나 약간 복잡한 옛날이야기, 신화, 일화 중심으로 엮은 인물이야기들을 읽어주는 것이 좋다. 특히 학교생활이나 가족, 친구 관계 등을 다룬 창작동화는 아이가 읽을 때에 부담을 덜 느낄 수 있다.

✽ 생각하며 읽을 수 있도록 지도한다
3학년은 생각하며 읽는 훈련을 시작해야 하며, 중요한 내용과 덜 중요한 내용을 구분하면서 읽는 선택적 주의력을 길러야 한다. 이를 위해, 글을 읽을 때 중요한 내용에 밑줄을 긋도록 연습시키고 그 부분이 왜 중요한지 물어보자. "지금까지의 내용으로 보아 다음에 어떤 내용이 나올까?"라고 질문을 하여 아이의 생각을 들은 후 "왜 그렇게 생각했니?"라고 물어보아 실마리를 활용할 수 있는지도 확인해본다.

✱ 체계적이고 집중적인 독서지도가 필요하다

3학년 때부터 개인별 독서능력의 차이가 크게 벌어지므로 3학년이야말로 체계적이고 집중적인 독서지도가 필요한 시기이다. 일단 독서력이 뒤떨어지기 시작하면 점점 바로잡기가 힘들어진다. 3학년이 중요한 이유는 이 시기에 읽기가 본격적으로 시작되므로 이때 기초를 튼튼히 해주면 독서력의 기본이 잡히기 때문이다. 그렇기 때문에 역으로 말하자면 3학년은 현재 독서력이 조금 떨어져도 조금만 노력하면 금방 개선될 수 있는 시기이기도 하다. 독서력이 조금 떨어지는 3학년 아이에게 2학년 수준의 책을 꾸준히 읽어주면서 이해력을 키우면 별로 어렵지 않게 3학년 수준으로 향상될 수 있다. 그러므로 아이가 3학년이라면 자녀의 독해력이 어느 정도인지 파악하는 것이 시급하다. 자녀의 독해력 수준을 파악한 후 그에 맞는 독서지도를 꾸준히 해주면 독서력은 금방 향상된다.

3학년이 읽을 만한 책

『장영실: 고정욱 선생님이 들려주는』(산하)

『나는 나』(한겨레아이들)

『나와 클라라 누나』(중앙출판사)

『나쁜 어린이 표』(웅진닷컴)

『마법의 설탕 두 조각』(소년한길)

『박박 바가지』(보리)

『조선의 영웅 김덕령』(한겨레아이들)

『짜장 짬뽕 탕수육』(재미마주)

『초대받은 아이들』(웅진닷컴)

4학년 독서지도원칙

4학년의 특징

✱ 읽기 전략을 배우는 시기

4학년은 잘 읽는 기술을 배워야 하는 시기이다. 책을 읽기 전에 제목과 관련하여 자신이 이미 알고 있는 배경지식을 떠올려보고 나올 내용을 예측해야 한다. 자신이 무엇을 알기 위해 책을 읽는지 목적을 잊지 않고 책을 읽어나가야 하며, 읽는 중에도 알게 된 정보들을 정리하면서 읽을 수 읽어야 한다. 그리고 다 읽은 후에는 작가의 의도를 정리할 수 있어야 한다.

✤ 다양한 목적의 책읽기를 배우는 시기

4학년은 흥미로 읽는 독서, 학습을 위한 독서, 정보를 찾기 위한 독서 등 자신이 무엇을 얻기 위해 책을 읽는지를 인식하고 다양한 목적의 독서를 배우는 시기이다. 이때는 자기가 좋아하는 책을 즐겨서 읽으면서도 학습에 필요한 책을 골고루 읽는 습관을 길러야 한다. 재미는 조금 없으나 공부를 위해서 필요하다면 끝까지 읽는 의지력을 훈련받아야 하는 시기인 것이다. 또 책을 읽으면서 원하는 정보를 찾아내어 정리하는 훈련도 필요하다. 4학년은 독서의 중요성을 조금씩 깨달아가는 시기라고 할 수 있다.

✤ 한 가지 주제로 토론이 가능한 시기

4학년이 되면 주제를 정해놓고 토론을 할 수 있어야 한다. 책을 읽은 후 인물의 행동을 비판하거나 작가의 생각에 대해 자기 의견을 말하고, 그것에 관해 토론한 후 결과를 정리할 수 있어야 한다. 이러한 토론을 통해 비판적 사고를 기르는 것은 물론이고 책에서 쟁점이 되는 내용을 찾는 훈련을 할 수 있다.

✤ 어휘력을 크게 신장해야 하는 시기

어휘력은 어느 시기에나 중요하지만 4학년 때에는 더욱 중요하다. 따라서 4학년은 많은 책을 읽어서 다방면의 폭넓은 어휘를 익혀야 한다. 이야기글과 정보를 주는 글을 골고루 읽어서, 사전을 찾지 않아도 얼른 그 뜻을 문맥에서 이해할 수 있어야 한다.

❋ 여러 관점을 이해하는 시기

4학년은 인물의 상황과 심리를 추론하여 인물의 심정을 파악할 수 있어야 하며, 그 입장이 되어 해석하는 시각을 키워야 한다. 이러한 이해심은 사건이나 인물을 다각적으로 조명하게 해주며 분석력을 키워준다.

4학년 독서지도원칙

❋ 재미와 의미, 두 마리 토끼를 다 잡도록 지도한다

4학년 시기에 가장 중요한 독서지도는 '재미'와 '의미'라는 두 마리 토끼를 잡는 것이다. 4학년은 책에 대한 흥미를 잃지 않으면서 깊이 있는 독서로 전환해야 하는 중요한 때이다. 그러기 위해서는 한번 눈에 들어오면 책을 덮고 싶지 않을 정도로 재미있는 책을 읽히는 게 좋다. 탐정소설이나 모험소설은 계속 읽고 싶어지게 만드는 책이다. 어린이 대상 텔레비전 시리즈물이나 애니메이션으로 만들어진 소설도 아이들의 흥미를 끌기에 좋은데, 그 원작소설을 읽으면서 장르 간 차이에 대해 이야기를 나누는 것도 좋은 독서이다. 『말괄량이 삐삐』『돌아온 진돗개 백구』『머피와 두칠이』와 같은 장편소설들은 다음 이야기가 궁금해서 참기 힘들 만큼 탄탄한 구성과 재미, 감동, 의미를 주는 책으로 4학년 때 읽기 딱 좋은 책이다.

✽ 명작을 읽기 시작하도록 지도한다

서점에 가면 어린이를 위한 명작들이 즐비하다. 명작은 오랜 세월을 거치면서 좋은 작품으로 인정받은 책을 말한다. 4학년은 명작을 읽기 시작해야 하는데, 명작을 읽을 시기가 되었다는 것은 복잡한 구성과 인물들 간의 갈등을 이해하고 즐길 만한 나이가 되었다는 뜻이다. 『장발장』이나 『파브르 곤충기』 『톰 아저씨의 오두막』 같은 책들은 비록 완역판을 읽기는 이르나 어린이용으로 다듬은 책을 읽으면서 생각의 깊이를 더할 수 있다. 명작을 읽으면 무엇보다 장편소설을 읽는 데에서 나오는 자신감을 얻을 수 있다.

✽ 다양한 종류의 책을 읽도록 지도한다

4학년 때는 문학과 비문학 작품을 반반씩 읽혀서 균형 잡힌 독서를 하도록 신경써야 한다. 그래야 배경지식이 많이 확보되어 독서력이 향상된다. 배경지식이 부족하면 점점 독서에 자신감을 잃게 되고 결국 흥미 위주 책만 읽게 된다. 그런데 오락을 위한 책만 읽으면 어휘력을 키우는 데 도움을 받지 못하기 때문에 결국 시간만 낭비하는 꼴이 될 수 있다. 무조건 책만 읽는다고 독서력이 향상되는 것은 아니므로 아이가 무슨 책을 어떻게 읽는지 관심을 가지고 지켜보아야 한다.

✽ 글의 종류에 따라 다르게 읽는 방법을 지도한다

4학년부터는 글의 종류에 따라 어떻게 읽을 것인가를 배우기 시작하는 단계이다. 장르에 따른 독서방법은 중학교와 고등학교에서도 계속 배우게 되지만 그 훈련은 4학년 때 시작해야 한다. 4학년은 설명글을 읽을 때와 주장글을 읽을 때, 시를 읽을 때 각각 읽는 방법이 다르다는 것을 배워야 하는 때인 것이다. 정보를 주는 글을 읽을 때에는 자신이 가지고 있던 배경지식을 먼저 떠올려보고, 읽으면서 새롭게 알게 된 정보들을 찾아 정리하도록 이끌어야 한다.

✽ 잘 읽는 방법을 직접 가르쳐주어야 한다

잘 읽는다는 것은 주제를 잘 파악한다는 뜻이다. 따라서 4학년은 책을 읽으면서 책에 드러난 중심문장을 찾을 수 있는지 알아보고, 중심문장을 뒷받침하는 세부사항들은 무엇인지 말해보도록 지도해야 한다. 작품 속에 나타난 상징의 뜻을 생각해보게 하는 것도 중요하며, 머리말이나 목차를 꼭 읽게 하여 작가가 책을 쓴 동기를 찾을 수 있도록 해야 한다. 책을 읽고 요약하는 방법을 구체적으로 가르쳐야 하고 요약된 글만 보고도 내용을 설명할 수 있도록 해야 한다.

4학년이 읽을 만한 책

『내 친구 비차』(사계절)

『돌아온 진돗개 백구』(대교출판)

『내 이름은 삐삐 롱스타킹』(시공주니어)

『머피와 두칠이』(지식산업사)

『바리왕자』(사계절)

『산왕 부루』(푸른책들)

『수일이와 수일이』(우리교육)

『프린들 주세요』(사계절)

5학년 독서지도원칙

5학년의 특징

✽ 독서에 철이 드는 시기

5학년은 독서가 얼마나 중요한지 알 나이이다. 그동안 책을 '재미있다' '재미없다'로 구분하여 읽었다면 이제는 재미는 없으나 유익하다면 끝까지 읽어낼 만한 인내심이 있어야 한다. 또 선생님의 설명을 끝까지 듣고 정리하는 습관이 자리를 잡아야 하는 시기이다. 5학년 때 실질적인 독서능력을 키워놓지 않으면 점점 공부에 흥미를 잃게 되고, 자칫 열등감에 휩싸여 방황하기 쉽다. 아이 스스로 자신의 독서습관을 돌아보고 제대로 읽어야겠다는 각오를 해야겠지만, 특히 교사나 부모의 관심과 노력이 중요하다.

✽ 전문지식을 배양하는 시기

5학년은 지적 호기심이 왕성한 시기이므로 사회, 과학, 음악, 미술 등 다양한 분야의 책을 읽기 시작해야 하는 때이다. 신문, 광고글, 팸플릿, 안내글 등 다양한 종류의 읽을거리도 읽도록 한다. 박물관 안내책자나 관광책자 등을 읽고 내용을 이해할 수 있어야 하며, 지도나 안내도를 보고 목적지를 찾아갈 수 있어야 한다.

✽ 교과독서를 시작하는 시기

5학년은 교과서를 제대로 이해하는 스터디 스킬(118-121쪽 참조)을 배워야 하는 시기이다. 교과서를 잘 이해하기 위한 전략과 읽고 난 후 정리하는 방법, 기억하는 방법 등을 배워야 하는 시기인 것이다.

과목에 따른 기본 어휘들도 잘 이해하고 있는지 확인해야 한다. 정치, 민주주의, 자본주의, 수요, 공급, 가계, 시장, 경기불황과 같은 사회 과목 관련 전문용어나 용해, 화학반응, 분출, 인력 등의 과학 과목 전문 용어들도 5학년 정도 되면 그 개념을 제대로 설명할 수 있어야 한다. 교과독서를 제대로 하려면 교과서에 나온 지문의 원본을 찾아 읽어보고, 교과내용과 관련된 도서들을 틈틈이 읽어서 배경지식을 넓혀야 한다.

5학년 시기에 책을 읽고 내용을 정리하는 법을 제대로 배우고 연습한 아이들은 독서능력이 조금 뒤처져도 성적이 잘 나올 수 있다. 이것은 많이 읽는 것 못지않게 제대로 읽고 머릿속에서 정리하고 결론짓는 연습도 중요하다는 뜻이다. 이 시기에 독서능력이 뒤떨어졌다 하더라도 읽는 기술을 익혀 책을 열심히 읽기 시작하면 얼마든지 수준을 따라잡을 수 있다.

✽ 생각을 연결하고 통합하는 시기

5학년은 독서에 철이 드는 시기인 만큼 생각도 깊어지는 때이다.

생각이 깊어진다는 것은 여러 가지 개념들을 연결지어 통합한 뒤 자신의 생각을 펼 수 있다는 말이다. 주인공의 성격과 사건의 전개 사이의 관련성을 찾아보거나, 시대환경과 사건 사이의 관계를 따져보는 등 5학년은 각 요소들을 통합하고 그에 대한 자신의 생각을 정리할 수 있어야 한다. 예를 들어, 『홍길동전』을 읽은 뒤 '홍길동이 만약 현대의 사람이었다면 어떠했을까?'를 생각해보는 것이다. 이때 다양한 답이 나올 수 있지만 그 생각이 논리적으로 타당해야 한다. 5학년은 책을 읽으면서 주인공이 문제를 어떻게 해결했는가를 알아내고 '나라면 어떻게 해결했을 것인가?'를 다각적으로 생각할 수 있어야 하며, 생각해낸 해결책 중 가장 현실적인 방법을 선택할 수 있어야 한다.

5학년 독서지도원칙

✽ 역사책과 인물이야기를 읽도록 지도한다

5학년 전부터 역사에 관한 책이나 인물이야기를 읽도록 지도했어도, 이전까지는 흥미를 주기 위해 단편적으로 읽혀왔다면 5학년부터는 역사책을 좀더 깊이 읽도록 지도해야 한다. 단, 역사책을 처음 접하는 아이라면 이야기 중심의 쉬운 책부터 읽게 한다. 이런 경우에는 역사적으로 많이 알려진 인물이야기부터 읽도록 하고, 같은 인물이야기라도 출판사별로 조금씩 다르게 엮었으므로 적어도 2권 이상 읽어서 시각을 넓히도록 한다.

❋ 문학을 읽으며 가치 기준에 대해 토의하도록 지도한다

5학년이 되면 책을 읽고 종합하여 주제를 빨리 찾아낼 수 있어야 한다. 그리고 책에 나온 등장인물들의 가치관을 읽을 수 있어야 한다. 황금만능주의, 외모지상주의, 정의감 등 추상적인 낱말의 의미를 차근차근 설명해주고 인물들의 가치관을 파악하는 데 그 개념을 활용하도록 지도한다.

❋ 사회문제를 다룬 책을 읽어주고 대화를 나눈다

5학년은 책을 통해 이웃과 사회로 눈을 돌리도록 지도해야 하는 시기이다. 인권, 환경, 가난 등 사회에 대해 생각할 수 있는 책을 읽고 자주 대화를 나눌 필요가 있다. 최근에는 전쟁, 폭력, 시민운동, 법, 양성평등과 같은 주제와 연관된 책들이 여럿 나와 있다. 사회문제를 들여다볼 수 있는 소설도 많다.

예를 들어 『괭이부리말 아이들』을 읽으면서 가난한 아이들이 처한 현실을 찾아볼 수 있다. 가난한 아이들은 어떻게 살아가고 있는가를 알 수 있으며, 왜 가난하게 사는지도 생각해볼 수 있다. 이때, 가난의 원인을 개인의 게으름이나 불성실함으로만 보지 않고 사회구조 속에서 생각해보는 시간을 가질 필요가 있다.

아이들은 이런 책들을 읽으면서 우리가 살아가는 세상에서 생기는 여러 문제들을 부모와 함께 고민해보는 시간을 가질 수 있다. 이러한 고민들은 혼자서 책을 읽고 줄거리를 알고 넘어가는 단계를 벗어나 소설의 의미를 폭넓게 짚어보는 시야를 키워줌으로써 본격적인 비판독서로 넘어갈 수 있도록 도와준다.

✽ 수업을 들으면서 메모하는 습관을 갖도록 지도한다

5학년부터는 교사나 부모가 설명하는 것을 들으면서 아이가 스스로 적절히 메모할 수 있도록 가르쳐야 한다. 처음에는 천천히 또박또박 말해주어 받아 적게 한 다음 어떻게 메모하였는지 확인하고, 메모하는 방법을 가르쳐준다. 수업 내용을 메모하는 경우는, 수업을 들은 후 가장 중요한 생각을 먼저 적고 나서 그것을 뒷받침하는 세부사항들을 간단한 구절로 적도록 가르친다. 이처럼 듣고 메모하는 연습은 많은 반복을 통해 훈련되어야 한다.

✽ 낱말장을 마련하도록 한다

5학년은 과목별 전문용어를 배워야 하는 시기이기 때문에, 5학년이 되면 낱말장을 만들어야 한다. 우리말은 쉽게 배울 수 있다고 생각하여 따로 낱말장을 만들지 않는 아이가 많다. 하지만 5학년은 낱말장에 낯선 낱말을 수집하고 그 개념을 적어서 암기하려는 노력 등 의도적으로 어휘공부를 해야 하는 시점이다. 우선 교과서에서 알게 된 새로운 낱말부터 정리해나가면 많은 수의 어휘를 익히게 될 것이다. 낱말장을 만들면 수시로 보고 또 보는 반복 효과가 있어서 어휘 학습에 아주 효과적이다. 이렇게 5학년부터 어휘력 확보에 힘쓰면 읽기속도가 점점 빨라져 저절로 속독이 가능해진다.

5학년이 읽을 만한 책

『괭이부리말 아이들』(창비)

『무기 팔지 마세요』(청년사)

『문제아』(창비)

『부자 나라의 부자 아이, 가난한 나라의 가난한 아이』(아이세움)

『사람은 누구나 평등해요』(여명미디어)

'세계 어린이와 함께 배우는 시민 학교' 시리즈(푸른숲)

『쌀뱅이를 아시나요』(파랑새어린이)

『씨앗을 지키는 사람들』(창비)

『우리 민주주의가 신났어!』(아이세움)

『전쟁은 왜 일어날까?』(다섯수레)

『할머니를 따라간 메주』(창비)

『힘센 사람이 이기는 건 이제 끝』(소금창고)

『내가 처음 만난 대한민국 헌법』(을파소)

3장

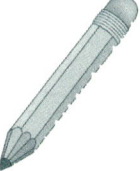

우리 아이 수준은 어떨까?

1 : 아이의 독서수준을 알아야 제대로 지도할 수 있다
2 : 독립수준의 독서지도
3 : 지도수준의 독서지도
4 : 문제수준의 독서지도
5 : 노력수준의 독서지도

1 아이의 독서수준을 알아야 제대로 지도할 수 있다

요즘 학원이나 학습지에서 아주 많이 쓰는 말이 수준별 학습이라는 말이다. 선행학습을 하여 성적을 올리려던 방식에서 요즘은 아이들의 수준을 제대로 파악한 뒤 그에 맞게 가르쳐야 한다는 생각이 점차 자리를 잡아가는 것 같다.

독서수준은 수준별로 갖추어야 할 독서기능, 즉 독서능력을 획득하고 있는가를 말한다. 아직 우리나라에서는 학교에서 정식으로 독서수준 검사를 실시하고 있지 않지만 외국의 경우 국가에서 검사지를 만들어 매학기 수준검사를 실시한다. 이처럼 국가 차원에서 독서수준을 검사하는 이유는 아이들의 학습능력을 측정하기 위해서이다. 즉 독서능력이 곧 학습할 수 있는 능력이라고 보는 것이다. 독서수준검사는 아이들이 어떻게 읽는지, 읽기에서 무엇이 문제인지를 알아내어 필요한 조치를 취하려는 데 그 목적이 있다.

하지만 아이들 수준을 파악하는 일은 결코 말처럼 쉬운 일이 아니다. 아직 우리나라는 외국처럼 국가 차원의 독서수준검사를 실시하지 않고 있으며, 여러 독서교육기관에서 독서수준검사지를 사용하고는 있지만 과연 그것을 얼마나 신뢰할 수 있는지 알 길이 없다.

아이의 독서수준을 진단하는 일은 마치 병원에서 의사가 환자의 상태를 진단하는 것과 비슷하다. 의사는 환자의 상태를 알기 위해 자신의 오랜 임상경험과 의학서적, 진단도구, 환자가 하는 말 등을 참고한다. 독서수준검사도 마찬가지이다. 독서전문가는 독서수준검사 결과를 참고하되, 아이를 다양하게 관찰한다.

먼저 아이가 그동안 어떤 책을 읽었으며, 얼마나 자주 책을 읽었는지, 무슨 책을 즐겨 읽는지, 독서를 좋아하는지 등 독서태도를 알아본다. 그리고 낭독하는 모습과 태도, 대화방식, 학교와 교사에 대한 생각, 좋아하는 과목과 싫어하는 과목, 여가시간에 주로 하는 일, 공부하는 방법, 성격, 부모와의 관계, 자아개념 등을 알아본다. 무엇보다 먼저 신체적인 이상이 없는지를 확인한다. 이처럼 아이의 정서적, 인지적, 신체적 상황을 모두 고려해야만 정확한 독서수준을 진단할 수 있다. 다시 말하면 독서진단은 총체적인 학습상태를 점검하는 것과 다름없다. 독서가 곧 학습이기 때문이다. 그래서 외국에서는 독서교육전문가를 학습전문가라고 부르기도 한다.

그러므로 아이의 총체적인 독서문제를 파악하는 독서수준검사는 오랜 경험과 식견을 가진 독서교육전문가가 실시해야 한다. 선무당이 사람 잡는다는 말이 있듯이 어설픈 지식으로 아이들의 독서문제를 진단하다가는 아이 본인뿐 아니라 그 부모도 심각한 상처를 입을 수 있다. 의사의 진단이 병을 낫게 할 방도와 가능성을 찾기 위한 것이듯 독서수준의 진단도 아이의 가능성을 찾기 위한 것이다. 아이의 약점을 찾아 개선하는 것보다 더 중요한 것은 강점을 최대한 살리는 것이다.

몇 년 전 한국독서학회*는 독서교육전문가의 자격을 규정했다. 1급, 2급, 3급으로 독서교육전문가의 자격기준을 나누었는데, 3급은 4년제 대학을 나와 총 120시간의 독서교육전문가 과정을 수료하고 교직과정을 이수하도록 하고 있다. 2급은 대학원에서 독서교육을 전공하고, 10년 이상의 독서교육 경력을 가져야 하며, 1급은 대학에서 독서 관련 강의를 하고 있는 박사 이상의 현직 교수들로 정하고 있다.

아동의 내용이해력과 배경지식, 낭독의 정확성, 읽기 시간, 회상도, 어휘력, 추론능력 등을 종합 진단하여 독서수준을 결정한다. 독서수준 검사는 이런 다양한 요소들을 측정하여 독서수준을 독립수준, 지도수준, 문제수준, 노력수준의 4단계로 나눈다.

독서수준을 4단계로 나누어 살펴보는 것은 아이에 맞는 독서교육을 하기 위한 것이다. 아이의 독서수준을 알고 있으면 독서력이 떨어지는 원인을 찾아 몇 학년 수준의 책을 읽히고 어떻게 이끌 것인지 체계적으로 계획을 짜서 독서지도를 할 수 있다.

---

* 독서 관련 학자들로 구성된 국내에서 가장 권위 있는 학회
www.reading.re.kr

이렇게 하자

집에서 할 수 있는 독서수준검사

검사 방법

　집에서 해볼 수 있는 독서수준검사는 두 가지가 있다. 하나는 아이의 학년에 해당하는 교과서를 가지고 알아보는 방법이고, 다른 하나는 서점에서 아이 연령에 맞는 책이나 글을 골라 검사하는 방법이다. 검사용 글은 이야기 형식의 글과 정보를 주는 글을 각각 한 편씩 고른다. 가능하면 아이가 한 번도 읽지 않은 책이나 글로 선택한다. 아래 검사지는 현재 학교에서 배우고 있는 교과서 지문을 가지고 만든 것으로, 그중 설명문을 지문으로 활용하여 만든 검사지이다.*

---

* 여기에서 예시로 든 검사지는 집에서 간단히 해볼 수 있도록 만든 것이다. 더 정확한 독서수준검사는 전문교육을 받은 독서전문가에게 의뢰하는 것이 좋다.

검사 진행 순서

1. 배경지식 알아보기

읽을 책의 내용에 대해 어느 정도의 배경지식을 가지고 있는가를 알아보는 검사이다. 아이에게 책 내용과 관련된 배경지식을 묻는 질문을 한 뒤 결과를 표시하도록 한다. 예를 들어 소금에 관한 글을 읽으려고 할 때, 글을 읽기 전에 먼저 아이에게 소금을 만드는 과정에 대해 말해보게 한 다음 그 정도를 표시하면 된다.

2. 낭독능력 알아보기

아이에게 검사할 글을 소리 내어 읽게 한 다음 오류가 있는지 살펴본다. 낱말을 잘못 발음하는지, 조사를 생략하는지, 띄어 읽기를 못 하는지, 원문과 다르게 읽는지, 더듬거리는지 등을 살피는 것이다.

3. 읽는 속도 알아보기

아이가 글을 소리 내어 읽을 때 어느 정도의 시간 안에 읽는지 시간을 잰다.

4. 회상능력 알아보기

아이가 글을 다 읽은 후 읽은 내용을 떠올리게 한다. 순서대로 떠올릴 수도 있고, 생각나는 대로 말하게 할 수도 있다. 아이가 회상한 문장에 표시를 한다.

5. 이해력 알아보기

아이가 글의 내용을 얼마나 이해했는지 알아보는 것이다. 질문을 한 뒤 아이가 대답한 내용을 검사지에 받아 적어둔다. 얼마나 맞혔는지 맞은 개수를 아래에 적는다.

학년별 독서수준검사지

■ 〈3학년 수준〉

1. 배경지식 알아보기

읽기자료를 아이에게 보여주기 전에 먼저 아이가 글의 내용과 연관된 배경지식을 얼마나 가지고 있는지 알아본다.

(1) 기후에 따라 달라지는 집의 구조에 대해서 얼마나 알고 있는가?
___ 많이 알고 있는 편이다.
___ 어느 정도 알고 있다.
___ 거의 모른다.

(2) 너와집에 대해 알고 있는가?
___ 많이 알고 있는 편이다.
___ 어느 정도 알고 있다.
___ 거의 모른다.

2. 낭독능력 알아보기

읽기자료를 아이에게 보여주고 소리 내어 읽어보게 한 후, 낭독시 오류를 살펴본다. 부모는 아래의 읽기자료를 한 부 복사하여 아이가 낭독할 때 범하는 오류를 모두 표시하도록 한다. 표시해야 할 오류는 아래와 같다.

(1) 글을 소리 내어 읽을 때 조사를 생략하거나 틀리게 읽는다.
(2) 다른 낱말로 대체하여 읽는다.
(3) 생략하고 읽는다.
(4) 띄어 읽기가 안 된다.
(5) 속도가 느리거나 더듬거린다.

3. 읽는 속도 알아보기

아이가 읽기자료를 낭독할 때 어느 정도의 시간 안에 읽는지 시간을 잰다.

읽는 속도 _____ 분 _____ 초

✱ 읽기자료

집의 구조는 날씨와 깊은 관계가 있습니다. 추운 지방에서는 쌀쌀한 바람이 덜 들어오도록 창이나 문을 작게 내고 벽을 두껍게 만듭니다. 우리나라 산간 지방에서 흔히 볼 수 있었던 통나무집은 통나무 사이에 흙을 발라 벽을 두껍게 만들어서 추위에 견디도록 지은 집입니다. 반대로 더운 지방에서는 바람이 잘 통하도록 커다란 창이나 문을 많이 냅니다.

그런데 바람이 너무 세게 불면 집이 무너질 수도 있습니다. 그래서 바람이 강하게 부는 지방에서는 바람에 날아가지 않도록 집을 짓습니다. 산간 지방의 통나무집은 너와로 지붕을 올립니다. 너와는 소나무 토막을 쪼개어 만든 널빤지인데, 바람이 세게 불면 이것이 날아갈 수 있습니다. 그래서 이런 지방에서는 너와 지붕 위에 큰 돌을 올려놓습니다. 제주도에서 지붕을 줄로 얽어 단단히 묶어 놓는 것도 바람이 세게 부는 날씨 탓입니다.

눈이 많이 오는 지방에서도 날씨에 대비하여 집을 짓습니다. 눈이 많이 오는 지역으로 잘 알려진 울릉도에서는 투막이라는 독특한 집을 짓습니다. 투막은 집 둘레를 옥수숫대 등으로 촘촘히 둘러싸서 눈이 들어오지 못하도록 지은 집입니다. 그래서 그 안에서는 큰눈이 와도 불편 없이 생활할 수 있습니다. 이 투막은 눈뿐 아니라 바람이나 햇빛을 가리는 구실도 합니다. (3학년 1학기 읽기교과서 142-144쪽)

4. 회상능력 알아보기

아이가 읽기자료를 다 읽은 후, 읽은 내용을 떠올려서 말해보도록 하고 아이가 회상한 문장에 표시를 한다.

_____ 집의 구조는 날씨와 깊은 관계가 있습니다.
_____ 추운 지방에서는 쌀쌀한 바람이 덜 들어오도록 창이나 문을 작게 내고,
_____ 벽을 두껍게 만듭니다.

_____ 통나무집은 우리나라 산간 지방에서 흔히 볼 수 있습니다.

_____ 통나무집은 통나무 사이에 흙을 발라 벽을 두껍게 만들어서, 추위에 견디도록 지은 집입니다.

_____ 더운 지방에서는 바람이 잘 통하도록 커다란 창이나 문을 많이 냅니다.

_____ 바람이 너무 세게 불면 집이 무너질 수도 있습니다.

_____ 바람이 강하게 부는 지방에서는 바람에 날아가지 않도록 집을 짓습니다.

_____ 산간 지방의 통나무집은 너와로 지붕을 올립니다.

_____ 너와는 소나무 토막을 쪼개어 만든 널빤지인데,

_____ 바람이 세게 불면 이것이 날아갈 수 있습니다.

_____ 이런 지방에서는 너와 지붕 위에 큰 돌을 올려놓습니다.

_____ 제주도에서 지붕을 줄로 얽어 단단히 묶어 놓는 것도 바람이 세게 부는 날씨 탓입니다.

_____ 눈이 많이 오는 지방에서도 날씨에 대비하여 집을 짓습니다.

_____ 울릉도에서는 투막이라는 독특한 집을 짓습니다.

_____ 투막은 집 둘레를 옥수숫대 등으로 촘촘히 둘러싸서 눈이 들어오지 못하도록 지은 집입니다.

_____ 그 안에서는 큰눈이 와도 불편 없이 생활할 수 있습니다.

_____ 이 투막은 눈뿐 아니라 바람이나 햇빛을 가리는 구실도 합니다.

회상한 개수 _____ 개

백분율 : $\dfrac{회상 개수}{18} \times 100 = (\quad)\%$

5. 이해력 알아보기

아이가 글의 내용을 얼마나 이해했는지 알아보기 위한 것으로, 아래의 질문을 한 뒤 아이가 대답한 내용을 받아 적는다. 얼마나 맞혔는지 개수를 아래에 적는다.

1. 더운 지방에서는 집을 지을 때 왜 커다란 창문이나 문을 많이 낼까?(사실 이해 질문)

2. 추운 산간 지방의 통나무집은 어떤 특징이 있나?(사실 이해 질문)

3. 소나무 토막을 쪼개어 만든 널빤지로 지붕을 이어 만든 집의 이름은 무엇인가?(사실 이해 질문)

4. 눈이 많이 오는 울릉도에서 많이 짓는 투막이라는 집은 어떻게 지은 집을 말하나?(사실 이해 질문)

5. 산간 지방에서 너와로 지붕을 올리는 기술이 발달한 까닭은 무엇일까?(추론 이해 질문)

6. 위 글을 바탕으로 볼 때 비가 많이 오고 더운 지방에서는 어떤 구조의 집이 발달할까?(적용 질문)

7. '촘촘히 둘러싸서 눈이 들어오지 못하도록 지은 집입니다'에서 '촘촘히 둘러싼다'는 말은 무슨 뜻일까?(어휘 이해 질문)

8. 위 글은 무엇에 관한 글인가? 제목을 지어보라.(중심생각 파악 질문)

맞힌 개수 : _____ 개

■ 〈4학년 수준〉

1. 배경지식 알아보기
읽기자료를 아이에게 보여주기 전에 먼저 아이가 글의 내용과 연관된 배경지식을 얼마나 가지고 있는지 알아본다.

1. 소금을 어떻게 얻는지 알고 있는가?
___ 많이 알고 있는 편이다.
___ 어느 정도 알고 있다.
___ 거의 모른다.
2. 소금을 이용한 식품을 알고 있는가?
___ 많이 알고 있는 편이다.
___ 어느 정도 알고 있다.
___ 거의 모른다.

2. 낭독능력 알아보기

읽기자료를 아이에게 보여주고 소리 내어 읽어보게 한 후, 낭독시 오류를 살펴본다. 부모는 아래의 읽기자료를 한 부 복사하여 아이가 낭독할 때 범하는 오류를 모두 표시하도록 한다. 표시해야 할 오류는 아래와 같다.

(1) 글을 소리 내어 읽을 때 조사를 생략하거나 틀리게 읽는다.
(2) 다른 낱말로 대체하여 읽는다.
(3) 생략하고 읽는다.
(4) 띄어 읽기가 안 된다.
(5) 속도가 느리거나 더듬거린다.

3. 읽는 속도 알아보기

아이가 읽기자료를 낭독할 때 어느 정도의 시간 안에 읽는지 시간을 잰다.

읽는 속도 _____ 분 _____ 초

✽ 읽기자료

소금은 지구 곳곳에서 여러 방법으로 얻어진다. 오늘날 세계 소금 생산량의 약 3분의 2가 돌에서 얻어 낸 돌소금이다. 돌소금이 전혀 나오지 않는 우리나라에서는 염전에 바닷물을 끌어 들여서 태양열로 수분을 증발시키는 천일제염법으로 소금을 얻기도 하고, 바닷물에 녹아 있는 소금을 전기의 힘으로 분리하여 얻기도 한다. 오늘날에는 염전이 아닌 공장에서도 소금을 만들 수 있게 되었다.

인류의 역사를 돌이켜보면 언제 어느 곳에서나 소금은 중요한 구실을 해 왔다. 사냥감을 찾아 떠돌아다니던 먼 옛날 사람들은 짐승과 물고기, 조개 따위를 먹고 살았기 때문에, 그 속에 든 소금기를 자연히 섭취할 수 있었다.

그러나 한곳에 정착하여 농사를 짓게 되자, 식물성 식품을 주로 먹게 되어 소금이 많이 필요하게 되었다. 그래서 소금 만드는 일만 하는 사람이 생기고, 소금이 귀해져서 돈의 구실까지 한 때도 있었다.

고대 로마에서는 병사들의 봉급으로 소금을 주기도 하였고, 중국에서는 세금으로 소금을 징수한 때도 있었다. 옛날에는, 우리나라에서도 소금을 만들고 파는 일을 나라에서 관리하였다고 한다.

사람들은 소금을 음식 맛을 내거나 염장 식품을 만드는 데 사용한다. 염장 식품은 수분을 빨아들여서 세균이 생기는 것을 막아 주는 소금의 성질을 이용한 식품이다. 간장, 된장, 고추장, 자반, 젓갈 등이 염장 식품의 예이다. 또 소금은 공업용으로도 쓰인다. 나일론, 비누, 종이, 약품, 표백제, 살충제 등의 원료로 소금이 사용된다. (4학년 1학기 읽기교과서 77-78쪽)

4. 회상능력 알아보기

아이가 읽기자료를 다 읽은 후, 읽은 내용을 떠올려서 말해보도록 하고 아이가 회상한 문장에 표시를 한다.

_____ 소금은 지구 곳곳에서 여러 방법으로 얻어진다.

____ 오늘날 세계 소금 생산량의 약 3분의 2가 돌에서 얻어 낸 돌소금이다.

____ 돌소금이 전혀 나오지 않는 우리나라에서는

____ 염전에 바닷물을 끌어 들여서 태양열로 수분을 증발시키는 천일제염법으로 소금을 얻기도 하고,

____ 바닷물에 녹아 있는 소금을 전기의 힘으로 분리하여 얻기도 한다.

____ 오늘날에는 염전이 아닌 공장에서도 소금을 만들 수 있게 되었다.

____ 먼 옛날 사람들은 짐승과 물고기, 조개 따위를 먹고 살았기 때문에,

____ 그 속에 든 소금기를 자연히 섭취할 수 있었다.

____ 그러나 한곳에 정착하여 농사를 짓게 되자,

____ 식물성 식품을 주로 먹게 되어 소금이 많이 필요하게 되었다.

____ 그래서 소금 만드는 일만 하는 사람이 생기고,

____ 소금이 귀해져서 돈의 구실까지 한 때도 있었다.

____ 고대 로마에서는 병사들의 봉급으로 소금을 주기도 하였고,

____ 중국에서는 세금으로 소금을 징수한 때도 있었다.

____ 옛날에는 우리나라에서도 소금을 만들고 파는 일을 나라에서 관리하였다고 한다.

____ 사람들은 소금을 음식 맛을 내거나 염장 식품을 만드는 데 사용한다.

____ 염장 식품은 수분을 빨아들여서 세균이 생기는 것을 막아 주는 소금의 성질을 이용한 식품이다.

____ 간장, 된장, 고추장, 자반, 젓갈 등이 염장 식품의 예이다.

____ 또 소금은 공업용으로도 쓰인다.

____ 나일론, 비누, 종이, 약품, 표백제, 살충제 등의 원료로 소금이 사용된다.

회상한 개수 _____ 개

백분율 : $\dfrac{\text{회상 개수}}{20} \times 100 = ($ $) \%$

5. 이해력 알아보기

아이가 글의 내용을 얼마나 이해했는지 알아보기 위한 것으로, 아래의 질문을 한 뒤 아이가 대답한 내용을 받아 적는다. 얼마나 맞혔는지 개수를 아래에 적는다.

1. 오늘날 소금을 얻는 방법을 2가지 설명해보시오.(사실 이해 질문)

2. 염전에 바닷물을 끌어 들여서 태양열로 수분을 증발시키는 방법으로 소금을 얻는 것을 무엇이라고 할까?(사실 이해 질문)

3. 소금이 인류의 생활에서 중요한 구실을 하게 된 것은 언제부터인가?(사실 이해 질문)

4. 염장 식품의 예를 2가지 이상 들어보시오.(사실 이해 질문)

5. 옛날에 우리나라에서 소금을 파는 일을 나라에서 관리한 까닭은 무엇일까?(추론 이해 질문)

6. '세상에 소금과 같은 존재'는 어떤 사람을 말할까?(적용 질문)

7. "염전에 바닷물을 끌어 들여서 태양열로 수분을 증발시키는"에서 '증발'은 무슨 뜻인가?(어휘 이해 질문)

8. 이 글을 통해 알 수 있는 점이 아닌 것은?(중심생각 파악 질문)
1) 소금을 얻는 방법
2) 소금의 부작용
3) 소금의 구실
4) 소금의 이용

맞힌 개수 : _____ 개

■ 〈5학년 수준〉

1. 배경지식 알아보기
읽기자료를 아이에게 보여주기 전에 먼저 아이가 글의 내용과 연관된 배경지식을 얼마나 가지고 있는지 알아본다.

1. 숯이 어디에 쓰이는지 알고 있는가?
___ 많이 알고 있는 편이다.

___ 어느 정도 알고 있다.

___ 거의 모른다.

2. 숯의 성질에 대해 알고 있는가?

___ 많이 알고 있는 편이다.

___ 어느 정도 알고 있다.

___ 거의 모른다.

2. 낭독능력 알아보기

읽기자료를 아이에게 보여주고 소리 내어 읽어보게 한 후, 낭독시 오류를 살펴본다. 부모는 아래의 읽기자료를 한 부 복사하여 아이가 낭독할 때 범하는 오류를 모두 표시하도록 한다. 표시해야 할 오류는 아래와 같다.

(1) 글을 소리 내어 읽을 때 조사를 생략하거나 틀리게 읽는다.

(2) 다른 낱말로 대체하여 읽는다.

(3) 생략하고 읽는다.

(4) 띄어 읽기가 안 된다.

(5) 속도가 느리거나 더듬거린다.

3. 읽는 속도 알아보기

아이가 읽기자료를 낭독할 때 어느 정도의 시간 안에 읽는지 시간을 잰다.

읽는 속도 _____ 분 _____ 초

✽ 읽기자료

　옛 사람들은 숯을 생활 곳곳에서 사용하였는데, 그 쓰임새 하나하나를 살펴보면 매우 놀랍다. 우물을 팔 때에는 언제나 바닥에 숯을 묻어 두었는데, 그렇게 하면 물맛이 꿀처럼 달았다고 한다. 숯의 성분 때문에 물맛이 좋아진 것이다. 게다가 숯에 있는 미세한 구멍들이 더러운 물질을 빨아들여 물이 깨끗해진다. 그런데 그보다 중요한 사실은 숯이 우물물을 썩지 않게 한다는 점이다. 어머니들이 간장이나 된장을 담글 때, 커다란 장독에다 으레 물에 씻은 숯 서너 덩이를 넣는 이유도 바로 숯의 이러한 효과 때문이다. 숯은 사람에게 해로운 균을 없애주고 좋은 미생물을 번식하게 한다. 숯에 들어 있는 성분은 간장이나 된장의 영양분을 풍부하게 한다.

　또 숯은 썩는 것을 막는 성질이 있어 음식과 함께 놓아 두기만 해도 음식을 쉽게 썩지 않게 해 준다. 그래서 옛 사람들은 광에 늘 숯을 넣어 두었다. 며칠씩 준비한 제사 음식을 광에서 신선하게 보관할 수 있었던 비결이 바로 여기에 있다.

　그리고 숯은 습기를 없애는 기능도 한다. 옛날에는 습기를 없애기 위해 기초 공사를 할 때에 집터에 숯을 묻었으며, 숯의 이러한 성질을 이용하여 문화 유산도 보호하였다. 750년의 역사를 가지고 있는 해인사의 팔만대장경이 현대 과학으로도 이해되지 않으리만큼 훌륭한 상태로 보존된 것은 숯과 소금 덕분이라고 한다.

　숯의 효과가 얼마나 큰지는 중국 후난 성에서 발견된 옛 무덤의 예에서도 알 수 있다. 1972년에 발견된 무덤 속의 미라는 보존 상태가 완벽하여 근육에 탄력이 있고 관절을 움직일 수 있을 정도였다고 한다. 미라의 보존 상태가 이렇게 좋았던 이유는 비단과 베로 몸을 감싼 뒤에 숯으로 관을 덮었기 때문이다. 이처럼 숯은 놀라운 효능 때문에 다양하게 쓰이고 있다.(5학년 1학기 읽기교과서 66-67쪽)

4. 회상능력 알아보기

아이가 읽기자료를 다 읽은 후, 읽은 내용을 떠올려서 말해보도록 하고 아이가 회상한 문장에 표시를 한다.

____ 옛 사람들은 숯을 생활 곳곳에서 사용하였다.
____ 우물을 팔 때에는 언제나 바닥에 숯을 묻어 두었는데, 그렇게 하면 물맛이 꿀처럼 달았다고 한다.
____ 숯의 성분 때문에 물맛이 좋아진 것이다.
____ 숯에 있는 미세한 구멍들이 더러운 물질을 빨아들여 물이 깨끗해진다.
____ 중요한 사실은 숯이 우물물을 썩지 않게 한다는 점이다.
____ 어머니들이 간장이나 된장을 담글 때, 커다란 장독에다 으레 물에 씻은 숯 서너 덩이를 넣는 이유도 바로 숯의 이러한 효과 때문이다.
____ 숯은 사람에게 해로운 균을 없애주고 좋은 미생물을 번식하게 한다.
____ 숯에 들어 있는 성분은 간장이나 된장의 영양분을 풍부하게 한다.
____ 또 숯은 썩는 것을 막는 성질이 있어
____ 음식과 함께 놓아 두기만 해도 음식을 쉽게 썩지 않게 해 준다.
____ 그래서 옛 사람들은 광에 늘 숯을 넣어 두었다.
____ 며칠씩 준비한 제사 음식을 광에서 신선하게 보관할 수 있었던 비결이 바로 여기에 있다.

_____ 그리고 숯은 습기를 없애는 기능도 한다.
_____ 옛날에는 습기를 없애기 위해 기초 공사를 할 때에 집터에 숯을 묻었으며,
_____ 숯의 이러한 성질을 이용하여 문화 유산도 보호하였다.
_____ 750년의 역사를 가지고 있는 해인사의 팔만대장경이
_____ 현대 과학으로도 이해되지 않으리만큼 훌륭한 상태로 보존된 것은 숯과 소금 덕분이라고 한다.
_____ 숯의 효과가 얼마나 큰지는 중국 후난 성에서 발견된 옛 무덤의 예에서도 알 수 있다.
_____ 1972년에 발견된 무덤 속의 미라는 보존 상태가 완벽하여
_____ 근육에 탄력이 있고 관절을 움직일 수 있을 정도였다고 한다.
_____ 미라의 보존 상태가 이렇게 좋았던 이유는 비단과 베로 몸을 감싼 뒤에 숯으로 관을 덮었기 때문이다.
_____ 이처럼 숯은 놀라운 효능 때문에 다양하게 쓰이고 있다.

회상한 개수 _____개

백분율 : $\dfrac{\text{회상 개수}}{22} \times 100 = (\quad)\%$

5. 이해력 알아보기

아이가 글의 내용을 얼마나 이해했는지 알아보기 위한 것으로, 아래의 질문을 한 뒤 아이가 대답한 내용을 받아 적는다. 얼마나 맞혔는지

개수를 아래에 적는다.

1. 옛날 사람들이 우물을 팔 때에 언제나 바닥에 숯을 묻어둔 까닭을 2가지 말해보시오.(사실 이해 질문)

2. 간장이나 된장을 담글 때 숯을 넣는 까닭은 무엇인가?(사실 이해 질문)

3. 며칠씩 준비한 제사 음식을 광에서 신선하게 보관할 수 있었던 비결은 숯의 어떤 성질 때문인가?(사실 이해 질문)

4. 숯이 우물물을 깨끗하게 만드는 이유를 설명해보시오.(사실 이해 질문)

5. 우물에 숯을 넣으면 숯의 미세한 구멍들이 더러운 물질을 빨아들여 물이 깨끗해진다. 이러한 숯의 성질을 생활 속에서 이용할 수 있는 방법을 소개해보시오.(적용 질문)

6. 팔만대장경이 오랫동안 잘 보존된 까닭과 무덤 속 미라의 보존 상태가 완벽한 까닭은 숯의 어떤 성질을 이용한 덕분인가?(추론 이해 질문)

7. "숯은 사람에게 해로운 균을 없애주고 좋은 미생물을 번식하게 한다"에서 '번식'의 뜻은 무엇일까?(어휘 이해 질문)

8. 이 글의 제목은 다음 중 어떤 것이 가장 잘 어울릴까?(중심생각 파악 질문)

1) 숯을 만드는 법

2) 숯의 효능

3) 숯의 역사

4) 숯의 종류

맞힌 개수 : _____ 개

독서수준검사 결과를 어떻게 해석할까?

1. 배경지식 알아보기

읽을 책이나 글의 내용에 대해 아이가 어느 정도의 배경지식을 지니고 있는가를 알아보는 검사이다. 배경지식의 유무에 따라 글에 대한 이해력에 차이가 날 수 있다. 따라서 아이가 배경지식이 부족한 것으로 나타났다면 배경지식을 넓힐 수 있는 책을 함께 읽도록 한다.

2. 낭독능력 알아보기

낭독을 해본 결과 심하게 더듬거리거나 읽기 오류가 많다면 자기 학년 수준에 못 미친다고 판단할 수 있다. 글을 읽을 때 더듬거리는 것은 모르는 낱말이 많기 때문이므로 어휘력에 문제가 있다고 볼 수도 있다. 아이가 지나치게 긴장하거나 정서가 불안하여 낭독을 힘들어하는 경우도 있다. 이처럼 아이가 낭독을 싫어하면 묵독을 하게 한 뒤 이해력을 검사할 수 있다.

3. 읽기속도 알아보기

읽기속도가 지나치게 느릴 경우 그 원인이 무엇인지 생각해본다. 어휘력이 부족하여 글을 적절한 속도로 읽지 못할 수도 있으니 어휘력을 살펴보는 것이 필요하다. 또 글을 빨리 읽더라도 내용을 제대로 이해하지 못해서 이해력이 떨어진다면 책을 대충 읽는 습관으로 굳을 수 있으므로 생각하며 읽도록 지도해야 한다.

4. 회상능력 알아보기

내용을 회상할 때 순서대로 기억하는지 순서 없이 마구 떠올리는지 알아본다. 논리적으로 맞게 기억하는지도 알아본다. 회상해낸 개수를 백분율로 나타냈을 때 90퍼센트 이상이면 책을 혼자 읽을 수 있는 수준, 즉 독립수준으로 볼 수 있고, 70~90퍼센트면 지도 가능한 수준, 50~70퍼센트면 문제수준, 50퍼센트 이하일 경우 혼자 읽기 힘든 수준, 즉 노력수준으로 판단할 수 있다. 회상능력은 읽을 때 내용을 얼마나 머릿속에 새기면서 읽는지, 읽을 때 내용을 정리하면서 읽는지, 그리고 어휘력과 배경지식이 어느 정도인지에 따라 차이가 난다. 책을 읽은 후에 눈을 감고 내용을 떠올려보는 연습을 하거나, 글의 구조를 파악하면서 읽는 훈련을 하면 회상능력을 키울 수 있다.

5. 이해력 알아보기

이해력은 크게 사실 이해와 추론 이해로 나누어 살필 수 있다. 사실 이해 질문은 제시문에 이미 답이 드러나 있는 질문이다. 추론 이해 질문은 제시문에 답이 명시되어 있지 않지만 앞뒤 맥락을 생각하여 답하는 질문이다. 알게 된 내용을 바탕으로 다른 상황에 적용해보는 적용 질문과 어휘의 뜻을 묻는 질문, 중심생각 또는 주제를 묻는 질문을 통해 이해력을 평가할 수 있다. 전체 8개의 질문을 모두 맞히면 혼자 읽을 수 있는 독립수준이고, 6~7개를 맞히면 지도 가능 수준, 4~5개는 문제수준, 3개 이하는 노력수준으로 구분할 수 있다.

6. 전체 평가

독서수준은 배경지식과 낭독능력, 회상능력, 이해력을 종합하여 가늠해야 한다. 아이의 어휘력은 학년별로 꼭 알아야 할 어휘를 뽑아 평가해볼 수 있다. 교과서에 나온 어휘를 중심으로 아이의 어휘력을 평가하는 것은 우선적으로 해야 할 일이다. 검사해본 각각의 능력은 그 수준이 동일하지 않을 수 있다. 예를 들면 검사 결과 회상능력은 뛰어나지만 이해력은 지도수준에 해당할 수 있으며, 반대로 회상능력은 떨어지지만 이해력은 매우 높을 수도 있다. 독서수준검사 후 가장 중요한 것은, 어느 부분이 아이의 강점이고 어느 부분이 약점인지 파악하여 독서지도의 방향을 정하는 것이다.

독서수준검사 후에 할 일

독서수준검사는 아이가 자기 수준에 맞는 책을 읽도록 지도하기 위한 것이다. 즉 아이가 자기 학년에서 지도받기에 적절한 책을 부모가 함께 읽거나 안내하기 위한 것이다. 독서수준이 4학년이라고 해도 이미 배경지식이 많아서 잘 이해하는 책이 있는가 하면 잘 모르는 책이 있다. 문학작품은 잘 이해하는데 설명문이나 정보가 많은 책은 이해력이 떨어지는 경우도 있다. 따라서 독서수준검사를 받을 때에는 아이가 어떤 책에 더 강하고 약한지를 파악해야 한다.

독서수준검사를 받은 후에는 아이와 결과에 대해 대화를 나눌 필요가 있다. 아이의 독서태도를 점검해서 무엇이 문제이고 어떻게 개선할 수 있는지 이야기한다. 그리고 이해력에서도 어느 부분에 더 노력이 필요한지 알아본다. 어휘력을 높여야 한다면 앞으로 어떻게 어휘력을 높일 것인지 의논하고 계획을 짜보도록 한다. 독서수준이 떨어지는 것은 지능이 낮거나 게을러서가 아니다. 다만, 독서하는 습관과 독서방법에 문제가 있는 것이다.

시중에 나온 책에는 권장연령이라고 하여 학년이나 나이 표시가 되어 있다. 그런데 표시되어 있는 권장연령을 그 책을 아이 혼자서 읽을 수 있는 연령으로 생각하는 부모가 많다. 그러나 사실 권장연령은 혼자 읽을 수 있는 학년이라기보다는 부모의 지도를 받으면서 읽기에 적절한 연령이라는 표시이다. 만약 '초등 3학년부터'라고 권장연령이 표시되어 있다면 이는 부모가 3학년 아이에게 읽어주거나 지도하기에 알맞은 책이라는 뜻이다.

그러므로 아이가 부모나 교사의 도움 없이 혼자서 책을 읽을 때에는 자기 학년보다 낮은 학년 수준의 책을 읽도록 배려해야 한다. 독서수준이 5학년이라면 아이 혼자 읽을 책은 5학년보다 낮은 학년인 4학년이나 3학년 책이 적합하다. 그러니 "너는 동생이 보는 책을 읽느냐?"라고 편잔을 주어서는 안 된다. 부모의 지도 없이도 혼자서 즐길 수 있는 책은 자기 학년보다 낮은 수준의 책이다. 자기 수준보다 낮은 책도 반복해서 자꾸 읽으면 읽을 때마다 새롭게 인식되고, 더불어 독서수준도 향상된다. 아이에게 책은 만날수록 친해지는 친구와 같은 존재이다. 늘 만나는 친구지만 만날 때마다 새롭고 설레듯 자꾸 보는 책도 그러하다. 그렇기에 반복해서 두고두고 읽는 책이 있다는 것은 좋은 일이다.

아이 혼자 책을 읽을 때에는 해당 학년보다 낮은 수준의 책을 즐기도록 허용하되, 부모나 교사는 아이 학년에 맞는 책이나 그보다 조금 높은 수준의 책을 읽어주고 안내하여 아이가 독서수준을 점차 올리도록 이끌어주어야 한다. 앞에서도 말했듯이 아이들은 아직 심리적으로 덜 성숙되었기 때문에 혼자서는 낯선 책을 선뜻 읽으려고 하지 않는다. 그렇기 때문에 낯선 책일수록 친밀감을 갖도록 부모가 사다리 역할을 해주어야 한다.

2 독립수준의 독서지도

만약 3학년 아동이 3학년용 검사지로 독서수준검사를 받은 뒤 독립수준을 인정받았다면 그 아동은 검사지의 내용을 90~95퍼센트 이상 이해하였다고 보면 된다. 독립수준이란 부모나 교사의 도움 없이도 혼자서 책을 읽고 잘 이해할 수 있다는 뜻이다. 따라서 그 아동은 3학년보다 높은 4학년 수준으로 올라간다. 4학년 수준의 검사지로 검사를 받은 뒤 역시 내용 이해 정도가 90~95퍼센트 이상이라면 그 학생은 5학년 수준으로 올라간다. 이럴 경우 아이의 나이는 3학년에 해당하지만 독서수준은 5학년 이상이라고 할 수 있는 것이다.

흔히 독서수준이 높은 아동은 독서교육을 받을 필요가 없을 것이라고 생각하지만 결코 그렇지 않다. 책을 아주 즐겨 읽고 배경지식이 풍부하며 읽는 방법을 잘 안다 할지라도, 다른 사람들과 활발한 상호작용을 통해 아이의 사고폭을 넓혀야 한다. 독서광인 아이들 중에 책에 묻혀 살면서 친구들과는 대화가 안 된다며 혼자만의 세계에 갇혀 지내는 아이도 종종 있다. 친구를 잘 사귀지 못해 더더욱 책 속으로 파고들게 되는 것이다.

학년이 올라갈수록 토의 및 토론이나 창의적 독후활동이 필요하다. 독서교육의 목적은 책을 잘 읽고 해석하는 데에만 있는 것이 아니다. 책을 통해 사회를 읽는 눈과 시야를 넓히고 사람들과 더불어 창조적인 일을 하는 데 그 목적이 있다. 책이 타인과의 교류를 회피하게 하고 혼자만의 세계에 갇히게 만든다면 오히려 책을 읽지 않는 것이 나을 것이다.

독립수준의 아이는 그룹을 지어 토론을 하는 방식으로 독서지도를 하는 것이 좋다. 독서력은 높으나 학교 성적이 좋지 않다면 공부하는 방법, 즉 스터디 스킬(study skill)을 가르쳐줄 필요가 있다. 스터디 스킬 역시 독서공부의 하나로, 어떻게 글을 읽고 이해하는지, 주제는 어떻게 파악하는지, 메모는 어떻게 하는지, 시험을 잘 치는 방법은 무엇인지 등을 구체적으로 배우는 것이다. 그리고 책뿐만 아니라 영화, 미술, 음악, 신문, 연극 등 다양한 매체와 연결지어 생각함으로써 사고의 폭을 넓히도록 지도한다.

3 지도수준의 독서지도

현재 4학년인 아동이 4학년용 검사지로 검사를 받아 지도수준으로 결론이 났다면 그 아동의 이해력은 70퍼센트 이상이라고 볼 수 있다. 따라서 그 아동은 4학년에서 지도하기에 알맞은 수준이므로 4학년 수준의 독서능력을 가졌다고 보면 된다. 지도수준이란 가르치기에 딱 알맞다는 말이다.

지도수준의 아이는 부모가 꾸준히 책읽기를 함께 하면 된다. 4학년 수준이므로 4학년용 책을 함께 읽거나 읽어주면서 이해력을 높여주어야 한다. 자기 학년 수준에서 읽어야 할 책을 정해서 같이 읽은 후 다시 혼자서 읽도록 하는 것도 좋다.

혼자서 책을 읽을 때에는 자기 학년보다 낮은 단계의 책을 즐겨보게 하고, 자기 학년 수준의 책을 읽을 때에는 혼자 읽으라고 종용하지 말고 부모가 책의 일부를 함께 읽으면서 책과 친해지도록 하면 좋다. 해당 학년의 필독서를 선정하여 계획적으로 읽고 인증을 받는 것도 좋은 방법이다.

스터디 스킬 이렇게 가르치자

스터디 스킬은 정리하는 방법과 잘 기억하는 방법, 시험공부하는 방법으로 크게 나눌 수 있다.

정리하는 법

공부할 때나 책을 읽을 때 중요한 개념이나 핵심어를 도표나 맵(map)으로 정리하게 하는데, 이를 그래픽 조직자(graphic organizer)라고 부른다. 그래픽 조직자에는 크게 3가지 방법이 있다.

1. 상위개념과 하위개념으로 분류하여 그리는 방법이다. 예를 들어 국가 아래 칸에 '행정부'를 쓰고, 그 아래에 각 부처 이름을 쓰는 식이다.

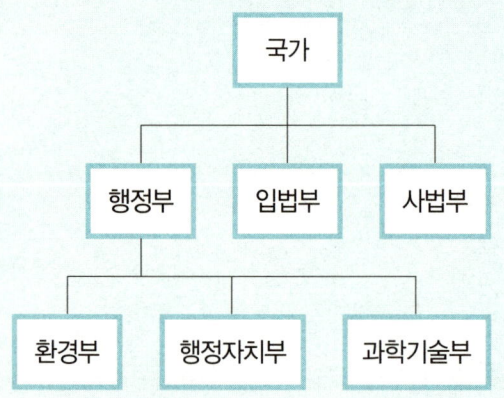

2. 핵심개념을 범주화하여 정리하는 방법이다. 예를 들면 명절을 중심에 두고, 명절의 뜻, 명절의 종류, 명절의 유래, 명절 때 하는 놀이, 명절 음식으로 나누고, 알게 된 개념을 정리한다.

3. 일이 일어난 차례대로 정리하는 방법이다. 이 방법은 창작동화를 읽고 사건이 일어난 장소나 시간의 흐름에 따라 이야기를 정리하거나, 인물이야기를 읽고 인물의 일생을 시기별로 정리할 때 활용할 수 있다. 사회과목에서 사건의 과정을 정리할 때, 과학과목에서 실험 과정을 순서대로 정리할 때에도 활용한다.

기억하는 법

책을 읽을 때나 읽고 나서 잘 기억하기 위한 방법이다.

1. 우선 교과서의 새로운 단원을 시작할 때 큰 제목과 소제목, 세부 제목들을 주의 깊게 살핀다.
2. 읽으면서 중요한 단어와 주제문에 밑줄을 긋고, 단원 끝에 나오는 요약글을 반드시 읽는다.
3. 책을 읽는 도중에 잠시 눈을 감고 자신이 읽었던 내용의 핵심을 떠올려보거나 적어본다. 이렇게 하면 기억하는 데 큰 도움이 된다.
4. 스스로 문제를 만들어보고, 그에 대한 답도 찾아본다.

시험공부 하는 법

시험을 준비하는 방법을 가르쳐주고 시험을 본 후에 문제점을 함께 찾아본다.

1. 먼저 시험은 꼭 알아야 할 세부사항을 묻는 문제, 추론해서 이해할 수 있는지 보는 문제, 적용할 수 있는지 확인하는 문제, 판단하고 자기 생각을 정리했는지를 묻는 문제 등으로 나뉜다는 것을 가르친다. 그래서 세부사항은 꼼꼼히 읽고 정리해서 필요하다면 외워야 함을 알려준다.
2. 각 단원별로 꼭 알아야 할 세부사항을 제대로 기억하고 있는지 알아보고, 잘 모르고 있다면 다시 읽으면서 정리하여 이해시키도록 한다. 암기용 노트를 만들어 사용하는 것도 좋은 방법이다.

3. 추론문제, 적용문제, 판단문제를 함께 풀어보고, 어떤 유형의 문제를 틀리는지 알아본 다음 차근차근 이해시키도록 한다. 서술형 문제를 뽑아 먼저 말로 설명해보게 한 뒤 글로 쓰게 한다.
4. 시험을 본 후 어렴풋하게 알았던 문제, 출제 의도를 이해하지 못해서 틀린 문제, 세부내용을 기억하지 못해 틀린 문제, 이해력이 부족하여 틀린 문제, 실수로 틀린 문제 등으로 구분하여 결과를 살펴보고, 앞으로 어떤 점을 개선하기 위해 노력할 것인지 이야기를 나눈다.

4 문제수준의 독서지도

만약 3학년 아동의 독서수준이 문제수준으로 나왔다면 그 아동은 글을 읽고 이해한 정도가 50~70퍼센트 사이라고 보면 된다. 3학년 수준으로 독서하기에 약간 문제가 있는 것이다.

문제수준은 이해력에 문제가 생겼으므로 빨리 도와주어야 한다는 뜻이다. 학년이 올라갈수록 자기 학년 수준에 약간 못 미치는 아이들이 늘어나는데, 방심하다가는 어느 순간에 독서수준이 아래 학년으로 처지게 된다. 문제수준이라면 적극적인 독서지도가 필요하다. 많은 책을 읽기보다 한 권의 책을 완전히 이해할 때까지 반복해서 읽어서 어휘력과 독해력을 길러야 한다. 특히 어휘력이 달려 독해력이 처지는 경우가 많으므로 어휘력 향상에 주의를 기울여야 한다.

아이가 해당 학년에서 약간 뒤처진다고 느낄 때 부모가 더 적극적으로 책을 읽어주고 이해력을 높이려는 노력을 해야 하는데, 가장 쉽게 할 수 있는 방법은 다음과 같다. 먼저 교과서를 비롯한 아이 학년 수준의 책을 소리 내어 읽어준다. 그리고 아이가 따라 읽게 한 다음, 조용히 한 번 더 읽게 한다. 그러고 나서 책을 덮고 읽은 내용을 순서대로 떠올려 말해보게 한다. 그리고 꼭 알아야 할 낱말을 골라 앞뒤 문맥을 통해 뜻을 헤아려보고, 낱말장에 뜻을 적게 하여 단어 실력을 높인다.

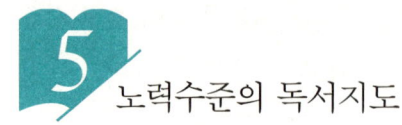# 노력수준의 독서지도

노력수준은 50퍼센트 이하의 이해력을 보였을 경우를 말한다. 3학년이지만 3학년용 책을 읽을 수 없다는 뜻이다. 3학년이지만 3학년 책을 읽어내기 너무 힘들어서 좌절과 실패를 경험하기 때문에 책에 대한 흥미도 떨어지게 된다. 너무 일찍 위인전이나 역사책을 읽히려고 하다가 좌절감만 안겨주어 아이가 독서 자체를 싫어하게 되어버린 경우도 적지 않다.

진현이 어머니는 진현이가 초등 1학년 때 위인전집을 사주며 읽으라고 권했다. 글을 읽을 수 있으니 읽으려고 노력만 하면 당연히 읽을 것이라고 생각했다. 진현이의 사촌은 같은 학년인데도 어려운 위인전을 혼자서 척척 읽고 내용을 줄줄 말하는 것을 보고 진현이도 읽을 수 있다고 생각한 것이다.

그러나 진현이는 딱 한 권 읽어본 후 다시는 위인전집에서 책을 빼지 않았다. 과도기에 역사공부를 즐겁게 하면서 인물이야기 읽기에 서서히 재미를 붙이게 했더라면 좋았을 텐데 진현이 어머니는 너무 이른 시기에 위인전을 읽히려 했다. 그것도 아이에게 읽으라고만 했지 직접 읽어주며 안내해주지는 않았다. 아이가 게을러서, 흥미가 없어서, 또는 공부량이 많아서, 어머니 말에 반항하고 싶어해서 책을 읽지 않는다고 생각하여 "그렇게 책 안 읽으면 바보 된다"라며 잔소리만 계속 했다. 학년이 올라가면 당연히 아이 혼자 알아서 읽어야 한다고 생각한 것이다.

뒤늦게 진현이 어머니는 독서교육을 받았다. 진현이는 지금 중학생이지만 어머니는 하루에 30분 정도 시간을 내어 진현이에게 인물이야기를 소리 내어 읽어주고 함께 이야기를 나누고 있다. 텔레비전에서 하는 사극을 같이 보고 박물관에도 함께 다니면서 역사공부도 한다. 무엇보다 배경지식을 넓히는 것이 어휘력과 독서력을 높이는 길이라는 것을 이제는 알았기 때문이다. 진현이는 초등학교 5학년인 동생이 읽는 역사책과 인물이야기를 여러 번 읽고 나서 노트에 책 내용을 정리한다. 중학교 사회나 국사, 세계사 공부를 하다가 잘 모르는 사건이나 인물이 나오면 초등학생용 역사책을 보면서 배경지식도 얻는다. 이렇게 부모의 도움과 본인 스스로의 노력으로 진현이의 역사 실력은 점점 자라고 있는 중이다.

진현이의 경우처럼 노력수준의 아이는 책을 잘 읽어낼 수 없다는 좌절감의 상처가 크기 때문에 스스로 책을 읽으려고 하지 않는다. 이때 노력만 하면 책을 잘 읽을 수 있다는 자신감을 키워주는 것이 급선무이다. 자기 학년에 해당하는 책은 읽어도 실패감만 주므로 해당 학년보다 낮은 수준의 책을 골라 부모가 읽어주어야 한다. 3학년 아이가 자기 학년에서 노력수준이라면, 2학년 단계의 책으로 지도해야 한다는 뜻이다. 물론 2학년 수준의 책을 읽혀보았을 때도 노력수준으로 나온다면 1학년 단계로 내려가야 한다. 이렇게 하여 아이가 다니는 학년보다 2단계 이상 처질 때에는 반드시 개별적으로 독서수업을 받게 해야 한다. 가능하면 독서전문가와 상담을 하여 원인을 찾아보고 꾸준히 독서지도를 받을 필요가 있다.

4장

제대로 읽었는지
독서인증으로 확인하자!

1 | 제대로 이해했는지 알아보자
2 | 독서인증이란 무엇인가?
3 | 독서인증을 활용하면 아이의 독서력이 향상된다
4 | 독서인증에서 체크하는 아이의 독서력은 무엇인가?
5 | 독서인증을 집에서 간편하게 활용하는 법

1 제대로 이해했는지 알아보자

아이들을 관찰해보면 책을 싫어하는 아이들은 대체로 생각하기를 싫어하는 경향이 있다. 생각해서 대답해야 할 질문을 하면 대화를 피한 채 "그냥이요"라고 얼버무린다. 초등 5학년인데도 설명이 조금만 길어지면 금세 지루한 표정을 짓고 몸을 이리저리 뒤틀며 집중을 하지 못한다. 이야기의 핵심을 찾기 위해서는 집요하게 파고들어야 할 때가 있는데 생각의 끈이 짧은 아이들은 그 선을 넘어가지 못하고 생각이 다른 곳으로 흩어져버린다.

생각하기 싫어한다는 것은 여러 가지 얽힌 상황을 풀기 위해 애쓰기를 귀찮아한다는 뜻이고, 읽은 내용을 바탕으로 자기 생각을 산출해 내는 것, 즉 추론하는 것을 싫어한다는 말이다. 이런 아이들은 책의 구성이 조금만 복잡하고 문체가 까다로우면 책을 덮어버린다. 이런 현상은 어려서부터 습관에 의해 형성되기도 하지만 학년이 올라가면서 더욱 심각해지기 마련이다.

그렇다면 어떻게 읽어야 책을 제대로 읽었다고 말할 수 있을까? 한마디로 말하면 생각하면서 읽어야 한다. 그런데 생각하는 것에도 수준이 있다. 그것을 사고력이라고 한다. 책 한 권을 읽어도 생각의 키를 얼마나 높여가면서 읽는가에 따라 생각의 수준이 달라진다는 말이다. 생각의 수준은 어떤 단계가 있을까? 널리 알려진 길포드(Guilford)의 이론을 독서와 관련지어 간추려 소개하면 다음과 같다.

책을 읽고 생각하는 단계

1단계 : 눈에 들어온 낱말을 해석하는 단계

책에서 간단한 낱말이나 구절을 보고 뇌에서 지각하는 단계이다. 지각이란 시신경을 통해서 들어온 낱말이 뇌에 도달하면 기존에 저장되어 있던 비슷한 단어를 떠올려서 낱말의 뜻을 알아차리는 것을 말한다. 즉 우리 뇌에 새로운 정보가 들어오면 '이게 뭘까' 하고 궁금한 뇌가 낱말창고에서 이리저리 비슷한 모양들을 뒤진 다음 가장 그럴듯한 해답을 찾아낸다는 것이다. 마치 컴퓨터에서 지식 검색을 할 때와 비슷한 원리이다.

책을 읽을 때 지각을 할 줄 안다는 것은 대단히 중요한 기본능력이다. 가끔 초등 고학년이 되어서도 간단한 낱말에 대한 지각이 안 되어 있는 아이들이 있다. 언젠가 5학년 학생이 책을 읽다가 '그 인간 참 딱딱하네'라는 구절이 나오자 "인간이 죽어서 몸이 딱딱해진 건가?" 하며 고개를 갸웃거리는 것을 보았다. '딱딱하다'라는 낱말이 지닌 뜻을 지각하지 못하다보니 비유적인 표현을 이해하지 못한 것이다. 지각능력은 어려서 얼마나 많은 경험을 했으며 그 경험이 머릿속에 얼마나 인지되었는가에 따라 결정된다. 누군가 '딱딱하다'라는 말을 가르쳐주지 않으면 딱딱하다는 낱말의 뜻을 모를 수밖에 없는 것이다.

지각은 수많은 이미지를 저장하는 것과 같다. 많은 이미지를 머릿속에 저장하고 있는 아이는 새로운 이미지나 낱말을 만났을 때 그것을 빨리 그리고 정확하게 해석할 수 있게 된다. '돼지'가 가지고 있는 이미지는 얼마나 많은가? 어떤 책에서는 돼지가 '풍요함'를 보여주고, 다른 책에서는 '탐욕스러움'을 보여주며, 또다른 책에서는 '어리석음'을 말하기도 한다. 이처럼 다양한 맥락에서 사용된 어휘의 이미지를 많이 지각하고 있을수록 지각능력이 발달한 것이며, 지각능력이 발달할수록 책을 읽을 때 제대로 해석할 수 있다. 초등 고학년인데도 불구하고 지각능력이 떨어져 이해에 차질이 생긴다면 그림책부터 차근차근 읽어나가는 것이 좋다.

2단계: 책을 읽고 기억하는 단계

"열심히 읽은 것 같은데 물어보면 내용을 절반도 기억 못 해서 걱정이에요."

똑같은 책을 읽었는데 왜 아이마다 기억에 차이가 날까? 흔히 기억력을 지능의 하나로 보고 머리가 좋아서 기억을 잘한다고 말하지만,

지능보다 더 중요한 요인은 배경지식이다. 이미 머릿속에 기억되어 있는 정보가 있기 때문에 새로운 정보가 들어오면 더 빨리 기억이 되는 것이다.

초등 2학년까지는 짧고 단순한 책이어서 대체로 줄거리 이해가 쉬웠으나 3학년부터는 줄거리 전체를 한눈에 파악하여 기억하기가 점점 어려워진다. 초등 5학년이 되면 교과서에 전문용어들이 등장하고 새로운 정보들이 갑자기 많아진다. 이렇게 낯선 어휘가 많아지다보니 수업을 듣고 나서 몇 시간만 지나도 금방 잊어버리기 일쑤다. 그만큼 기억력이 뒤따라야 한다는 뜻이다. 그렇다면 기억력을 높이는 책읽기 방법에는 무엇이 있을까?

첫째, 좋아하는 책을 읽어야 한다. 감정적으로 편안하고 즐겁게 읽었을 때 기억이 잘 된다. 아이가 좋아하는 책을 골라 읽도록 하는 한편 부모가 재미있게 읽어줄 때 더욱 기억이 잘 된다.

둘째, 반복해서 읽는 것이다. 반복만큼 기억에 도움이 되는 것은 없다. 자꾸 읽다보면 어느새 기억에 남는다. 나이가 어릴수록 같은 책을 여러 번 읽는 것은 기억에 많은 도움이 된다. 처음에는 부분에 눈길이 가다가 점차 전체 스토리가 시야에 들어오는 것이다. 실제로 아이들은 같은 책을 반복해서 읽어도 읽을 때마다 새롭게 다가온다고 한다.

셋째, 책을 읽는 방법을 알아야 기억에 오래 남는다. 책을 읽을 때 가장 중요한 것은 새로운 책과의 첫인사이다. 책의 표지 그림과 제목, 홍보 문구, 머리말, 목차 등에는 책의 주제가 잘 소개되어 있다. 이것들을 반드시 읽어보아 무슨 내용을 담고 있는 책인가를 살펴야 한다. 그래야 읽고 싶은 마음이 일어난다. 그러고 나서 그 주제에 대해 자신이 이미 알고 있는 것이 무엇인가를 적어보고, 이 책에서 무엇을 알고 싶은가를 질문 형식으로 적어본다. 이 방법 또한 책을 읽는 목적을 부여해주므로 중요하다.

'한지'에 관한 글을 읽게 되었다고 하자. 우선 한지에 대해 자신이 무엇을 알고 있는가를 적어보고, 무엇을 알고 싶은가 혹은 무슨 내용이 나올 것인가를 예측하여본다. '언제부터 한지를 만들었을까?' '한지를 만드는 방법은 무엇일까?' '한지의 쓰임새는 무엇일까?' 등을 예측할 수 있을 것이다. 예측하기는 저자가 어떤 방식으로 어떤 글을 쓸 것인가를 먼저 생각해봄으로써 주도적인 입장에서 글을 읽는 방법이다.

이제 본격적으로 책을 읽으면서 한지에 대해 새롭게 알게 된 사실들을 찾아 메모한다. 그리고 이렇게 수집한 정보들을 잠시 눈을 감고 정신을 집중하여 머릿속에 기억시킨 다음, 기억을 떠올려가며 빈 종이에 그림이나 도표, 지도 등으로 시각화한다. 이러한 방법은 읽은 내용을 자신의 언어로 재조직하여 저장하는 것으로, 정보를 기억하는 데 아주 유용하다.

정보를 시각화하는 것보다 더 효과적인 저장법은 바로 자신이 읽은 책 내용을 다른 사람에게 가르치는 것이다. 식구들 앞에서 설명하게 하거나 어린 동생에게 한지에 대해 어떻게 가르칠 것인지 수업안을 짜보게 하면 내용을 기억하는 데 큰 도움이 된다. 남을 가르칠 때 학습이 가장 잘 되기 때문이다. 이와 함께 정보를 오랫동안 기억하려면 한지를 직접 만들어보거나 만드는 과정을 보는 것이 좋다. 영상이나 박물관 관람을 통해 더 생생한 정보를 접하면 이미 저장해놓은 정보들이 확실하게 지식창고에 저장된다. 여기에 한지의 역사에 얽힌 이야기나 사건을 읽고, 한지의 과학적 가치와 정신적 의미 등에 관한 글을 읽게 되면, 마치 콩이 된장으로 발효되듯이 정보가 지식을 통해 깨달음으로 발전해가게 된다.

이렇게 아이가 꼼꼼하고 깊이 있게 책을 읽고, 그 내용을 잘 기억하며 생각하는 힘을 기르도록 하려면 부모의 세심한 관심이 필요하다. 책만 잔뜩 읽는 것이 능사가 아니다. 책을 잘 읽는 방법을 가르쳐야 하는 것이다.

기억을 잘 하기 위한 책읽기 방법 9가지
1. 제목, 목차, 머리말을 꼭 읽는다.
2. 나올 내용을 예측해본다.
3. 이미 알고 있는 정보를 적어본다.
4. 읽으면서 새로 알게 된 정보를 메모한다.
5. 눈을 감고 무엇을 읽었는지 생각한다.
6. 알게 된 정보를 떠올리며 시각화한다.
7. 읽은 내용을 다른 사람에게 어떻게 가르칠 것인가 구상한다.
8. 더 알고 싶은 것을 적어둔다.
9. 관련 영상이나 책을 읽어 기억을 재생하고 재조직한다.

이렇게 하자

3단계: 책을 읽고 내용을 정리하는 단계

　　읽은 내용을 정리하려면, 글의 순서를 잘 정리해야 하고 여러 사실들의 관계를 파악해야 한다. 이를테면 사건들 사이의 원인과 결과를 연결지어야 하고, 무엇이 중요한 사실들인지 알아야 한다. 지은이가 설명한 내용들을 몇 가지 사실로 정리하거나 결론을 내릴 수 있어야 한다. 이런 요약능력에는 책의 구조를 빨리 파악하는 능력과 배경지식, 어휘능력, 종합적인 사고력 등이 필요하다. 요약하기는 단순히 긴 글을 몇 줄로 짧게 줄이는 차원이 아니다. 글의 내용을 정리하려면 앞뒤 문맥을 파악하고 문단의 중심생각이 무엇인지 분석하면서 지은이가 하고 싶은 말을 찾아낼 수 있어야 하기 때문이다. 따라서 요약하기는 모든 학년에서 훈련받아야 하는 중요한 기술이다. 구체적인 요약하기 방법은 7장 독서방법에서 구체적으로 설명하였으니 참조하도록 하자.

4단계: 책을 읽고 다른 것과 연결지어 생각하는 단계

　　책을 읽으면서 혹은 읽고 나서 책 내용과 관련된 많은 것들을 생각해내는 단계이다. 배경지식이 많아야 연결짓는 능력도 발달한다. 주인공과 같은 상황에 처했을 때 어떻게 행동할지 여러 가지 해결책을 제시해보거나 결말을 자기 식으로 다양하게 만들어보는 것도 적용능력에 해당한다. '만약 주인공이 그렇게 하지 않았다면?' '시대가 달랐다면?' '장소가 달랐다면?' 등과 같은 질문을 통해 적용하고 연결짓는 능력을 키울 수 있다.

　　책을 읽고 이처럼 다른 것들과 이리저리 연결지어보는 훈련을 하려면 무엇보다 한 권의 책을 여러 번 읽고 음미하는 여유가 필요하다. 연결짓는 능력은 다른 사람들, 특히 부모나 교사와 대화를 나누면서 키워지는 능력이다. 그렇기 때문에 부모가 어떻게 반응해주느냐에 따라 아이의 적용능력이 달라진다. 책을 읽어주는 도중이나 아이가 스스로 읽으면서 질문을 할 때 부모가 적극적으로 들어주고 적절한 질문을 던지면 아이의 적용능력은 쑥쑥 성장한다.

부모들 중에는 아이가 책을 읽으면서 자꾸 엉뚱한 질문을 한다며 책이나 읽으라고 면박을 주는 사람들이 있다. 하지만 책을 읽으면서 무엇인가 떠오른다는 것은 다른 것과 연결지어 생각해본다는 것이므로 환영할 일이다. '만약 이렇다면?'과 같은 적용능력은 가설을 세우고 그것을 나름대로 전개해보는 것으로, 대단히 중요한 사고능력이기 때문이다.

5단계: 책을 읽고 깊이 분석하는 단계

책을 읽고 깊이 사고한다는 것은 책을 잘 분석하며 읽는다는 것이다. 분석한다는 것은 책의 형식이 무엇인지를 알아서 그 장르에 따라 책 읽는 방법을 달리할 줄 아는 것을 말하며, 지은이의 생각에 대해 비판할 능력이 있다는 뜻이다. 이는 인물의 행동에 대해 옳고 그름을 판단할 줄 알며, 다양한 생각들과 비교해서 그 차이점을 찾을 수 있는 것이다. 이것은 앞의 4단계를 다 거치면서 책을 읽었을 때 얻을 수 있는 능력이다.

예를 들어 5단계의 사고력을 갖춘 아이가 이순신에 대한 책을 읽는다면, 그 아이는 인물이야기의 특징을 이미 알고 책을 읽어나간다. 그 아이는 이순신이 살았던 시대 모습을 책에서 찾을 수 있으며, 이 책과 이순신에 대해 쓴 다른 인물책을 비교한 뒤 어떤 차이가 있는지 말할 수 있다. 그리고 이순신이라는 인물을 장군, 관료, 가장, 지도자의 관점에서 다양하게 해석할 수 있다. 당시 인물들과 이순신과의 갈등도 살펴보고, 이순신의 한계는 무엇이었는지도 생각해볼 수 있다.

6단계: 책을 읽고 자기 언어로 재구성하는 단계

가장 높은 수준의 사고능력은 책을 읽은 후에 감상할 줄 아는 능력이다. 감상능력이란 책을 깊이 분석한 후에 쟁점을 이끌어내는 것이다. 그리고 책을 읽고 가장 인상 깊게 남은 점을 중심으로 자기 의견을 전개해나가는 것을 말한다. 즉 이 단계는 스스로 논쟁어 되는 점을 찾아 글을 쓸 수 있는 논술의 단계라고 할 수 있다.

예를 들어 『홍길동전』을 읽고 감상문을 쓸 경우 어떤 사람은 '출세주의를 벗어나지 못한 홍길동'이라고 제목을 지을 것이고, 어떤 이는 '이상적인 세상을 꿈꾸었던 홍길동'이라고 제목을 지을 것이다. 그런가 하면 '오늘날의 홍길동은 누구인가?'라는 이색적인 제목을 지을 수도 있을 것이다. 이렇게 자기 나름대로 작품의 성격을 결정하고 그에 따른 생각들을 정리하는 것이 감상문이다. 무엇을 더 중요하게 부각하고 강조할 것인가는 독자가 결정하는 것이다. 이러한 감상문은 작품을 얼마나 깊이 분석했는가에 따라 수준이 달라진다.

글을 잘 쓰는 사람이나 책을 쓰는 사람들은 이러한 재구성능력이 뛰어난 사람들이다. 주변에 널려 있는 정보들을 잘 분석한 후 다시 재조직하는 능력은 마치 신문이나 잡지를 편집하는 일과 같다. 서점에 나가 보면 같은 주제지만 새로운 관점으로 재구성하여 펴낸 책들이 넘쳐난다. 똑같은 대통령 기자회견을 취재하고도 신문마다 제목이 다르고 기사 내용이 약간씩 다른 것도 기자의 재구성능력에 차이가 나기 때문이다. 문제는 각자의 잣대와 해석에 의해 써내려간 글이 사람들의 공감을 이끌어내고 때로는 설득까지 할 수 있어야 한다는 것이다. 그러므로 감상능력은 최고의 사고 수준이라고 할 수 있다.

감상능력이 제대로 된 사람은 상황인식능력이 뛰어난 사람이라고 할 수 있으며, 자신의 의견을 타인에게 효과적으로 전달할 줄 아는 사람이다. 즉 의사소통능력이 뛰어난 사람이며, 문제해결능력이 탁월한 사람이다. 그리고 이러한 능력을 갖춘 사람으로 만드는 것이 독서교육의 최종 목적이라고 할 수 있다.

지금까지 책을 읽고 생각하는 과정을 6단계로 나누어서 살펴보았다. 잘 읽는다는 것은 결국 이 모든 단계를 거치는 것을 말한다. 지각이 안 되고 기억이 안 되는 상태에서는 줄거리를 요약하기 힘들다. 내용 파악도 못 하면서 그것을 다른 것에 적용해볼 수는 없다. 책 전체를 종합적으로 들여다보지 못하면서 비교하고 비판할 수는 없으며, 깊이 분석하지 못하면서 자기 목소리를 내기는 힘든 일이다. 그러므로 독후감상문을 쓴다는 것은 글을 잘 이해하고 분석할 수 있다는 것을 전제로 한다. 아이에게 무작정 독후감을 쓰라고 밀어붙이기 전에 부모는 아이가 책의 내용을 제대로 이해했는지부터 먼저 관찰해야 한다.

2 독서인증이란 무엇인가?

최근 들어 독서인증에 대한 문의가 많아졌다. 우리나라에서는 아직 생소하게 들리지만 독서인증제는 이미 외국에서는 일반화되어 있는 제도이다. 인증이라고 하면 언뜻 시험을 떠올리지만 독서인증제는 책을 읽고 나서 내용을 제대로 파악했는지 점검하는 일종의 독후활동이다.

서울시 교육청은 2005년 독서교육지침서를 발간하면서 학교별로 독서인증제를 실시할 것을 권고하고 있다. 이러한 방침은 공교육에서부터 독서의 중요성을 적극적으로 인식하고 독서인증제를 활용하겠다는 의지의 일환이다. 지금까지 독서를 교과수업 외의 취미나 특별활동 정도로 생각하여 독후감 쓰기나 독서 퀴즈 대회와 같은 일회적 행사 위주로 진행해왔던 것에서 나아가 이제는 독서를 학습능력 향상을 위한 중심부에 놓겠다는 의지로 볼 수 있다.

국내의 유명한 영어교육 사이트에는 대부분 독서인증 코너가 만들어져 있어서 교재를 다 공부한 후에는 반드시 인증을 받도록 되어 있다. 인증제는 이해력 점검을 위해 꼭 필요한 것이기 때문이다. 스콜라스틱(www.scholastic.com)을 비롯한 여러 선진 외국 출판사와 교육 사이트가 수년 전부터 독서인증제를 운영해온 것만 봐도 그 중요성을 알 수 있다. 스콜라스틱 출판사의 경우 수만 권의 책에 대한 인증 시스템을 마련해두고 있을 정도이다.

외국의 경우 공교육에서 독서인증제 실시는 이미 완전히 자리 잡았다. 외국 아이들은 수업 전이나 후, 가정에서 컴퓨터를 이용한 독서인증을 받거나 교사가 준비한 인증시험을 통해 독서평가를 받는다. 미국에서 독서인증제를 체험한 어느 초등학생의 이야기를 다룬 모 일간지 기사를 읽은 적이 있다.

공무원인 아버지를 따라 2년간 미국 플로리다주 탤러해시에서 초등학교 2년을 다닌 그 학생은 아이들의 호기심을 자극하는 독서 프로그램이 매우 즐거웠다고 말했다. 한국에서는 독서 하면 지겨운 느낌이 들었는데 미국에서는 선생님이 학생 수준에 맞게 지도하기 때문에 마치 놀이하듯이 책을 읽었다는 것이다. 학생들은 책을 읽은 뒤에 내용을 제대로 이해했는지 확인하는 컴퓨터 프로그램을 이용해 시험을 치르고 점수를 받는다. 교사는 학생의 누적점수가 일정 수준을 넘으면 다음 단계로 올려주고 축하파티도 열어주며, 아이의 독서평가서를 수시로 학부모에게 보내준다.

플로리다 주정부는 "Just read, Florida!"라는 슬로건을 내걸 정도로 독서교육에 역점을 두고 있으며, 특히 초등학교 교육은 읽기와 쓰기에 많은 시간을 할애하고 있다고 한다. 학급에서의 독서지도는 철저히 각 학생의 수준에 맞춰 실시하는데, 이러한 단계적 독서촉진 프로그램은 큰 효과를 거두고 있다는 것이다.

교육부가 준비하고 있는 독서이력서나 독서인증제가 가뜩이나 학습 부담이 많은 우리 아이들에게 또다른 과외수업을 안겨주는 일이 되지 않을까 걱정하여 독서인증제에 반대하는 의견도 적지 않다. 또한 학교에서 지정한 책을 강제로 읽히는 것은 아이들로 하여금 책읽기에 대한 즐거움을 빼앗는 일이라며 반대하는 목소리도 있다.

그러나 독서교육은 국가 차원에서 가장 역점을 두어야 하는 교육이다. 읽을 책을 지정하여 읽도록 하는 것은 국가의 의무이다. 국가가 이러한 교육을 게을리하여 아이들의 독서능력이 떨어졌다면 국민 된 입장에서 국가에 그 책임을 물어야 할 만큼 독서교육은 중요한 일이다. 한 나라의 경쟁력과 국력은 독서력에 달려 있다고도 볼 수 있기 때문이다.

독서인증제는 책을 제대로 읽었는지를 평가하는 프로그램이다. 학생의 수준과 상태를 평가하는 것은 교육에서 빼놓을 수 없는 부분이다. 학년별로 꼭 읽어야 할 책을 정해놓고 독서인증을 받도록 하면, 아이들이 어떤 책은 인증을 받았고 어떤 책에서 인증을 받지 못했는지 알 수 있다. 또 아이들이 각 학년에서 무슨 책을 읽었는지, 어떤 장르의 책을 더 많이 읽었는지도 알게 된다.

무엇보다 독서인증제는 모든 아이에게 실시할 수 있다는 점에서 매우 의미 있는 일이다. 부모의 경제력에 따라 아이들의 독서환경에 차이가 생기고, 그로 인해 학력 격차가 심화되고 있다는 우려가 증대되고 있는 요즘, 독서인증은 학생 모두의 독해능력을 끌어올리는 프로그램이다. 상황이나 경제적인 여건 때문에 집에서 책을 읽어주기 힘든 아이들도 학교에서 수업중에 책을 읽고 인증을 받는 프로그램을 지속적으로 활용함으로써 독서수준을 높일 수 있다. 그렇기에 국가가 독서인증제를 체계적으로 관리하고 활용한다면 아이들의 독서력은 향상될 것이다.

다만 독서인증의 결과를 성적처럼 처리하는 것은 문제가 있다. 독서인증제는 아이가 제 학년에서 읽어야 할 책을 읽고 이해하도록 하기 위한 프로그램이지 아이에게 성적이라는 꼬리표를 달기 위한 것이 아니다. 독서인증제는 아이의 독서에서 무엇이 문제인지를 알아내어 잘 읽도록 도와주기 위한 도구임을 잊어서는 안 될 것이다.

3 독서인증을 활용하면
아이의 독서력이 향상된다

독서인증제라고 하면 언뜻 한자급수시험이나 경시대회와 같은 시험을 떠올리기 쉬우나 실제로 독서인증제는 다양한 방법으로 실시할 수 있다. 교사나 부모가 책에 대한 질문을 만들어 답을 쓰도록 하는 것도 인증방법의 하나가 될 수 있다. 실제로 어떤 부모는 아이가 책을 읽을 때마다 책에 대한 질문지를 만들어 답을 쓰게 했더니 독해력이 크게 향상되었다고 했다.

지속적으로 독서인증을 받은 아이들은 책을 자세히 읽지 않으면 안된다는 것을 깨닫게 된다. 자세히 읽지 않으면 독서인증의 문제를 풀 수 없기 때문이다. 그리고 여러 번 문제를 풀다보면 자신이 책을 읽을 때 무엇을 놓치고 있는지를 알게 되고, 어떤 점을 중요하게 생각하며 읽어야 할지 자연스럽게 터득하게 된다.

독서인증 때 평가하는 이해력 질문들은 책을 꼼꼼히 잘 읽게 하기 위한 방법들을 가르치고 있다.『삼국지』를 수십 번 읽었던 아이도 독서인증을 받다보면, "어, 책에 이런 내용도 있었나?" 하고 고개를 갸웃한다. 또 책을 대충 읽었던 아이에게 독서인증은 자신의 책읽기 방법을 반성하게 만드는 효과가 있다. 아이들에게 독서인증을 받고 난 소감을 물으면 "그냥 읽었을 때에는 읽고 나서 기억이 잘 안 났는데 질문지를 풀면 내용이 다시 떠오르고 뚜렷해져요"라고 대답한다. 인증에 실패하면 책을 다시 읽어야 하기 때문에 반복의 효과도 있다. 경시대회처럼 직접 손으로 답을 써야 하는 경우 아이들이 지겨워하거나 싫어할 수 있지만 컴퓨터를 이용하는 독서인증 프로그램은 게임처럼 즐기며 할 수 있어 지속적으로 인증 가능하다.

    꾸준히 독서인증을 받은 아이들은 독서력이 향상될 수 있다. "일주일에 세 권씩 육 개월 동안 꾸준히 독서인증을 받았는데, 아이의 책 읽는 속도가 빨라지고 이해력이 좋아졌어요"라고 말하는 부모를 자주 만난다. "독서에 자신감이 없던 아이였는데, 독서인증을 꾸준히 한 덕분인지 학교에서 실시한 골든벨에서 일등을 했답니다"라고 기뻐하는 부모도 있다. 필자가 속해 있는 평생교육시설의 '독서미디어교실'에서 1년 동안 독서인증을 실시한 뒤 아이들에게 "다음에도 계속 독서인증 프로그램에 참여하고 싶은가?"라고 물었더니, 약 87퍼센트의 아이들이 계속 하고 싶다고 응답했다. 그 이유는 "프로그램이 재미있어서" "책을 잘 읽을 수 있게 되어서" "아는 게 많아져서" 등이었다.

4 독서인증에서 체크하는
아이의 독서력은 무엇인가?

　책을 읽고 얼마나 이해했는지를 평가하는 것이 독서인증이다. 하지만 이해도를 측정하는 시험 문제는 출제자의 생각에 따라 차이가 있을 수 있다. 같은 소설을 놓고도 교사마다 중요하게 여기는 점이 다를 수 있기 때문이다.

　그렇지만 책에 대한 이해력을 측정할 때 반드시 체크해야 할 기본적인 요소들은 있다. 중요한 어휘는 이해했는지, 세부내용은 알고 있는지, 앞뒤 문맥에 따라 추론할 수 있는지, 중심생각을 알고 있는지 등은 독서를 할 때 꼭 알고 넘어가야 할 독서기능에 해당한다. 이 요소들은 최소한의 독해 요소인 것이다. 아래에 소개한 내용은 필자가 운영하는 독서인증 사이트(www.readingwell.co.kr)에서 측정하고 있는 이해력 요소들이다.

독서인증에서 진단하는 이해력 요소

1. 어휘를 이해하였나?

문장에서 모르는 낱말이 2개 이상 나오면 그 문장이 무슨 뜻인지 이해하기 어렵게 된다. 어휘 이해는 글을 이해하기 위한 필수적인 능력이다. 따라서 인증을 받을 때 책을 이해하려면 꼭 알아야 할 핵심어휘를 알고 있는지 확인한다. 어휘의 사전적인 뜻을 아는지, 문맥에 따른 의미를 알고 있는지, 비유적 표현을 이해하는지, 비슷한 말을 알고 있는지 등 좀더 세부적으로 진단할 수도 있다.

- 낱말의 사전적인 뜻을 얼마나 알고 있는가?
- 낱말이 문맥 안에서 무슨 뜻으로 쓰였는지 알고 있는가?
- 비슷한 낱말을 알고 있는가?
- 비유적인 표현을 이해하고 있는가?

2. 세부내용을 이해하였나?

책을 꼼꼼히 읽는 자세를 습관화하기 위해서는 세부사항에 주목하는 것이 중요하다. 주인공의 이름과 태어난 곳, 주인공이 무엇을 하였는지를 파악하는 것은 이해를 위한 기본 과정이다. 이와 함께 이야기의 전개 순서와 일의 원인 및 결과를 파악하는 것도 중요하다. 정보글의 경우, 꼭 필요한 정보를 기억하고 있는지 혹은 개념을 글 속에서 찾아 이해하였는지 체크한다.

- 책 내용의 세부사항들을 이해하였는가?

- 주인공은 어떤 사람인가?
- 시대적, 공간적 배경은 무엇인가?
- 주요 사건은 무엇이며 어떤 순서로 일어나는가?
- 사건의 원인과 결과는 무엇인가?
- 책에 나온 정보 및 사실들을 얼마나 이해하였는가?

3. 추론할 수 있는가?

추론은 글에는 명시되어 있지 않지만 앞뒤 문맥이나 상황 등을 고려하여 생각을 이끌어내는 것을 말한다. 추론능력은 문맥에 따른 해석, 예측, 종합, 적용, 평가, 비교를 포함한다. 주인공의 여러 행동을 '해석'하여 성격을 말할 수 있고, 일어난 상황을 통해 다음에 일어날 일을 '예측'해보며, 여러 사건이나 정보를 '종합'하여 '이것은 무엇이다'라고 결론 내릴 수 있는 것이 추론능력이다. 자신이 알고 있는 지식과 경험을 글을 이해하고 알게 된 어휘나 개념에 '적용'하여 유사한 문제를 해결하는 것, 옳다 그르다를 판단하거나 사실과 주장을 구분하고 저자의 관점을 판단하여 '평가'하며, 공통점과 차이점을 찾아내어 '비교'하는 것도 모두 추론능력에 속한다.

- 행동을 통해 본 등장인물의 성격은 어떠한가?
- 상황으로 보아 다음에 일어날 일은 무엇인가?
- 글의 분위기는 어떠한가?
- 인물의 심리변화는 어떠한가?
- 인물의 행동 동기는 무엇인가?

- 공통점과 차이점은 무엇인가?
- 읽은 내용이 암시하는 것은 무엇인가?

4. 중심생각

글에서 중심생각은 작가가 말하고자 하는 메시지를 뜻한다. 작가는 자신의 의도를 주인공을 통해 나타낸다. 즉 주인공은 말과 행동, 심리 표현을 통해 자신의 가치를 드러낸다. 독자는 이야기글에서 주인공을 추적함으로써 작가의 중심생각을 찾아낼 줄 알아야 한다. 정보글에서는 가장 중요한 핵심내용을 찾아낼 수 있어야 한다. 책의 성격이나 책을 통해 알 수 있는 주요개념들도 중심생각의 요소에 해당한다.

- 작가가 이 책에서 말하고자 하는 가장 중요한 생각은 무엇인가?
- 주제가 드러난 부분은 어디인가?
- 이 책에서 알게 된 중요한 사실은 무엇인가?

5 독서인증을 집에서 간편하게 활용하는 법

부모가 집에서 체계적으로 독서교육을 하기란 다소 부담스러운 것이 사실이다. 이런 면에서 독서인증제는 집에서 부모가 비교적 편하게 지도할 수 있는 방법이라고 할 수 있다. 집에서 독서인증제를 활용하면 어떤 점이 좋을까?

첫째, 아이의 독서수준을 가늠할 수 있다. 예를 들어 현재 4학년인 자녀가 4학년 수준의 책들을 읽고 나서 인증을 받지 못한다면 독서력에 이상이 있음을 짐작할 수 있다.

둘째, 인증을 받으면서 독서하는 전략을 익힐 수 있다. 인증을 꾸준히 받다보면 책을 읽을 때 세부사항 찾기, 의미 추론하기, 핵심어휘 배우기, 중심생각 찾기와 같은 독서전략을 훈련할 수 있다.

셋째, 교과와 연계하여 책을 읽히고 인증을 받음으로써 교과에 관한 배경지식을 넓힐 수 있다.

넷째, 부모가 자녀의 독서 이력을 한눈에 파악할 수 있다. 자녀가 어떤 책을 얼마나 읽고 인증을 받았는지, 그간 인증 받은 책과 인증에 실패한 책은 무엇인지, 자녀의 독서 이력을 한눈에 파악할 수 있기 때문에 무엇이 부족하고, 어떤 점에 더 신경 써야 하는지 빨리 알아낼 수 있다.

다섯째, 다양한 장르의 책을 읽도록 지도할 수 있다. 독서인증 결과를 보면 자녀가 어떤 책들을 읽었는지 확인할 수 있기 때문에 한쪽으로 편중된 독서를 할 경우 균형 잡힌 독서를 하도록 지도할 수 있다.

집에서 독서인증을 지도할 때에는 독서계획을 세워서 1주에 몇 권을 읽을지 정해놓고 인증을 받게 하는 것이 좋다. 책을 여러 번 반복해서 읽은 후 인증에 도전하면 인증에 성공할 가능성이 높기 때문에 아이들이 성취감을 느낄 수 있다.

인증 받을 책을 고를 때도 성급하게 생각하지 말고 쉬운 책부터 도전하는 것이 좋다. 그리고 이야기글과 정보글을 골고루 읽고 인증을 받도록 부모가 신경 써서 지도해야 한다.

인증 받는 동안에는 아이 혼자 하도록 내버려두지 말고 부모가 곁에서 지켜봐주는 것이 좋다. 인증을 받을 때 어떤 문제에서 자주 틀리는지 알아보고, 이해를 못 하는 점이 있으면 스스로 생각해보게 하거나 가르쳐줄 필요가 있다. 인증에 성공하면 칭찬과 격려를 해주어 열심히 하고 싶도록 동기를 부여해준다.

독서인증을 하다보면 아이들이 자기 학년의 책을 얼마나 이해하고 있는지 그 수준을 짐작할 수 있게 된다. 자기 학년의 책을 계속 인증 받지 못한다면 아래 학년의 책부터 인증 받으면서 그 수준을 점차 높여가는 것이 순서이다.

마지막으로 덧붙이고 싶은 것은 독서인증제가 독서교육의 전부는 아니라는 점이다. 독서교육에서 독서인증제는 이해력의 기초를 닦기 위한 일종의 독해훈련 프로그램이다. 독해가 바탕이 되어야 비판하고 분석하며 감상할 수 있다. 그러므로 인증을 받은 책이라도 부모나 교사와 함께 이야기를 나누며 새롭게 해석하고 비판하는 과정을 거칠 때 아이의 생각은 쑥쑥 자라게 된다.

인증제는 책을 많이 읽되 자세히 읽고 제대로 이해하기 위한 평가 방법이자 독서의 기초 체력을 다지는 프로그램이다. 앞에서 언급했듯이, 독서는 이해를 통해 감상의 단계로 발전해야 한다. 독서인증을 활용하면 아이가 책에 대해 어느 정도 이해했는지 무엇을 더 이해해야 하는

독서인증제 활용법
* 문학과 비문학을 골고루 선정한 뒤 자세히 읽는다(1주에 2권 정도가 적당하다).
* 무슨 질문이 나올지 예상하면서 책을 읽게 한다.
* 독서인증을 받은 후 어떤 부분에서 이해를 못 했는지 책을 다시 보며 확인한다.
* 독서인증제를 통해 독서수준을 짐작할 수 있다. 자기 학년 책을 인증 받는 데 계속 실패한다면 아래 학년 책부터 인증 받으면서 그 수준을 점차 높여가야 한다. 자기 학년보다 낮은 수준의 책이라도 인증을 받으면 이해력 향상에 도움이 된다.
* 교과와 관련된 책을 골라 읽힌 뒤 인증 받게 하면 학교 공부에 도움을 줄 수 있다.

지를 부모가 확실히 체크할 수 있다.

리딩웰 인증 결과표

박선우님의 인증내용은 다음과 같습니다.

인증일	책 종류	책 제목	출판사	학년	정답률	결과
2006-04-02	이야기글	해리포터와 불의 잔 3	문학수첩	5	96	인증
2006-03-12	정보글	가자, 만화의 세계로!	다섯수레	5	0	취소
2005-12-02	이야기글	어둠 속의 참새들	아이세움	6	80	인증
2005-11-18	이야기글	할아버지 양복 입고 있어요?	여명미디어	4	92	인증
2005-11-18	이야기글	꽝포 아니야요! 남북 공동 초등학교	문원	5	70	인증
2005-11-18	정보글	우리 땅을 지켜낸 위대한 역사 이야기	늘푸른아이들	3	76	인증
2005-11-18	이야기글	장발장	삼성출판사	5	92	인증
2005-11-18	이야기글	왕자와 거지	시공주니어	6	0	취소
2005-09-23	정보글	우리 조상들의 의식주 이야기	다산교육	4	76	인증

총 217번의 인증 시험에 148권을 인증 : 인증률 68%

이렇게 하자

* 약속한 만큼 인증을 받으면 단계를 올려주고 적절한 보상을 하여 동기유발을 한다.
* 도서관이나 학교 등 단체로 독서인증을 할 경우에는 지정한 책들을 읽게 한 후 컴퓨터실에 모두 모여 함께 인증을 받는다.
* 부모나 교사가 열성을 갖고 꾸준하게 인증제를 활용하는 것이 중요하다.
* 부모가 곁에서 인증 과정을 지켜보며 관심을 갖는 것이 지속적인 동기유발에 도움이 된다.

5장

독서교육의 핵심은 교과서에 있다

• • •

1 | 교과서는 독서교육의 좋은 길잡이
2 | 3학년 읽기교과서를 활용하여 사고력을 높여라
3 | 4학년 읽기교과서를 활용하여 독서전략을 가르쳐라
4 | 5학년 읽기교과서를 활용하여 논술의 기본을 만들어라
5 | 6학년 때는 무엇을 배울까?

1 교과서는 독서교육의 좋은 길잡이

"모든 교사는 독서교사이다"라는 말이 있다. 다른 말로 표현하면 모든 교사는 독서지도 교육을 받아야 한다는 뜻이다. 왜냐하면 수업 자체가 곧 독서하는 과정이기 때문이다. 사회, 과학, 수학, 미술 등 모든 교과는 읽어서 이해해야 한다. 그런데 글을 읽고 이해하는 것은 저절로 되지 않는다. 그렇기 때문에 이해하는 방법을 배워야 한다. 즉 생각하는 방법을 배워야 한다는 말이다.

읽기 과목은 다른 교과를 잘 이해하기 위한 독서기술을 가르치고 있기 때문에, 읽기 과목이야말로 모든 교과의 중심이자 도구 역할을 한다. 읽기 과목의 의도를 제대로 파악했다면 모든 교사는 읽기 과목에서 배운 이해기술을 다른 교과를 가르칠 때 적용해야 마땅하다. 부모 역시 독서하는 방법을 알려면 읽기교과서를 자주 들여다보면 된다.

현행 7차 읽기교과서는 독서교육이라는 큰 틀 안에서 만들어졌으며 그 중심역할을 한다. 교과서야말로 독서교육의 좋은 길잡이이며, 특히 읽기교과서는 모든 교과의 어머니이다. 그럼 읽기교과서는 어떻게 구성되어 있으며 그 내용이 무엇일까? 3, 4, 5학년의 읽기교과서 체제가 어떻게 이루어져 있고 그 내용은 무엇인지 살펴보도록 하자.

읽기교과서의 짜임

읽기교과서의 차례를 보면 여러 마당으로 나누어져 있다. 시작 부분에는 배워야 할 '학습목표'가 제시되어 있는데, 이 학습목표가 곧 독서전략, 즉 독서방법이다. 다음으로 '소단원'이 2~3개 정도 나온다. 소단원은 도입에서 제시한 학습목표를 적용하는 훈련을 한다. 소단원마다 많게는 3개 이상의 지문이 나오는데, 지문을 읽으면서 혹은 읽고 나서 학습목표로 제시한 전략을 훈련해본다. 소단원 공부를 마치고 나면 '되돌아보기'에서 학습목표를 제대로 달성했는지 평가한다. 이렇게 평가가 끝나면 '더 나아가기'에서 보충 또는 심화하는 공부를 한다. 정리하자면, 읽기교과서의 체제는 독서전략을 인식하고, 그 전략을 훈련하고, 전략을 평가하며, 그것을 보완, 심화하는 과정으로 되어 있다고 할 수 있다.

학습목표	→	소단원 1, 2	→	되돌아보기	→	더 나아가기
(학습목표 제시)		(원리학습, 적용학습)		(평가하기)		(보충 심화)

예) 3학년 1학기 읽기교과서 둘째마당

✽ 학습목표 : 장면이나 인물의 성격을 생각하며 글을 실감나게 읽을 수 있다.

✽ 소단원 1 : 노래하듯이 시를 낭송하여 봅시다.

　　　　　　느낌을 살리며 시를 낭송해 봅시다.

　　　　　　내가 좋아하는 시를 옮겨 쓰고 느낌을 살려 친구들과 함께 낭송하여 봅시다.

✽ 소단원 2 : 이야기를 읽고 인물의 성격이 무엇인지 알아 봅시다.

　　　　　　인물의 성격을 살리며 글을 소리 내어 읽어 봅시다.

✽ 되돌아보기 : 인물의 성격을 생각하며 글을 실감나게 읽어 보았습니다. 내가 잘할 수 있는지 알아 봅시다.

✽ 더 나아가기 : 되돌아보기에서 살펴본 내용을 생각하며 더 공부하여 봅시다.

　위의 예에서 보이듯이, 교과서는 아이들이 책을 읽을 때 어떻게 읽어야 효과적인지를 가르치고 있다. 글을 잘 읽으려면 인물의 성격을 생각하면서 읽어야 하는데, 인물의 성격을 어떻게 파악하는지도 가르치고 있다. 문학작품을 읽을 때 줄거리만 파악하지 말고 인물의 성격을 찾아 읽으라고 말하는 것이다. 그런데 인물의 성격 파악은 인물의 주요 행동을 묶어 추론해야만 가능한 일이다. 결국 3학년부터는 단순히 줄거리를 파악하는 데에 머물지 않고 깊이 생각하면서 책을 읽어야 한다는 것을 교과서에서 강조하고 있는 것이다.

읽기교과서 지도방법

교과서는 혼자서 줄줄 읽고 이해할 수 있는 책이 아니라 지도를 받기 위한 책이다. 선생님의 지도와 도움을 받으며 읽는 책이다. 그러므로 혼자서 알아서 교과서 읽기를 좋아하는 아이는 많지 않다. 교과서는 누군가의 도움 없이 혼자 즐길 수 있는 수준이 아니기 때문이다. 아이가 교과서가 재미없다고 말하는 것은 편집이나 글의 내용이 이상해서가 아니라, 혼자서 읽고 이해하기가 부담스러워서이다.

그러다보니 많은 아이들이 교과서 공부를 설렁설렁 하고 넘어가버린다. 그러나 교과서에 등장하는 어휘만 제대로 이해해도 상당한 어휘력을 확보할 수 있다. 부모들은 학교에서 충분히 배우기 때문에 집에서 따로 교과서를 읽을 필요가 없다고 생각하지만 사실 그렇지 않다. 아이가 교과서를 유창하게 읽지 못하거나 낱말 뜻을 물어봐도 모르는 경우, 그리고 글을 이해하지 못하고 내용을 간추려 말하지 못하는 경우에는 집에서 찬찬히 교과서 읽기를 지도해주어야 한다. 외국의 경우 학교에서 아이들의 독서능력을 진단하여 자기 학년에서 2년 이상 뒤떨어진 아동은 방과 후에 독서전문가에게 독서수업을 받도록 하고 있다. 하지만 우리나라는 아직 이런 제도를 도입하지 않아 읽기가 부진한 아동을 학교에서 따로 가르칠 형편이 아니므로 그만큼 부모의 역할이 중요하다.

결국 교과서 공부는 독서공부이므로 부모의 관심과 열정이 필요하다. 부모는 아이가 적어도 교과서에 나오는 글을 잘 이해하고 있는지, 요약은 할 수 있는지, 어휘는 알고 있는지, 글쓴이의 생각은 읽어내고 있는지 파악해야 한다. 교과서는 아이의 수준을 가늠해볼 수 있는 가장 현실적인 잣대이다. 아이의 성적이 낮을 때 무조건 학원에 보내면 해결될 것이라고 생각할 것이 아니라 교과서를 제대로 이해하고 있는지를 알아보아 구체적인 도움을 주어야 한다.

아이와 교과서 함께 읽기

1. 독서전략이 무엇인지 알아보게 한다.

부모가 읽기교과서 공부를 도와주는 방법은, 먼저 그 단원에서 가르치고자 하는 독서전략이 무엇인지 알아보는 것이다. 그 단원의 학습목표가 바로 독서전략이다. 각 학습목표에서는 구체적인 읽기 방법과 그 의의를 설명하고 있다. 예를 들면 '글의 내용을 간추리는 방법을 알아봅시다'라는 학습목표 아래에는 '내용을 간추리며 글을 읽으면 글 전체의 내용을 이해하기가 쉽습니다. 글의 내용을 간추리려면 먼저 무엇에 대해서 쓴 글인지 생각해야 합니다'라고 나와 있다. 각 단원의 학습목표를 아이와 함께 큰 소리로 읽으면 된다.

2. 모르는 어휘를 찾게 한 뒤 문맥에서 뜻을 헤아려보게 한다.

잘 모르는 어휘에 밑줄을 긋고 앞뒤 문맥을 통해 그 뜻을 헤아리며 읽는 것은 읽기의 기본 자세이다. 현행 교과서에는 글을 읽는 중간에 내용을 생각하면서 읽도록 글 옆에 질문을 삽입해놓았다. 아이들이 읽는 도중에 질문에 대한 답을 찾도록 하면 된다.

3. 다 읽은 후 내용을 말해보게 한다.

글을 읽고 내용을 떠올려 말해보아야 한다. 읽은 내용을 말해보면 자신이 무엇을 기억 못 하는지, 왜 못 하는지를 깨닫고, 확인을 위해 다시 책을 읽게 된다. 그리고 내용을 간추려서 말하는 것이 아주 중요하다는 것과 간추리는 방법을 배워야 한다는 것도 깨닫는다.

4. 얼마나 이해하였는지 함께 확인해본다.

단원의 뒷부분에 나오는 여러 질문들에 대해 답을 하다보면 무엇을 제대로 이해 못 했는지 아이 스스로 알 수 있다. 특히 학습목표에서 배우려고 했던 독서방법을 제대로 이해했는지를 확인할 수 있으므로 단원 뒷부분의 질문들은 꼭 답을 찾고 넘어가야 한다.

그 밖에 예습을 위해 교과서를 읽어줄 때에는 무엇에 관한 글인지, 잘 모르는 어휘는 무엇인지 찾는 정도로 대화를 나누는 게 좋다. 함께 복습을 할 때에는 문단의 중심내용을 제대로 알고 있는지, 등장인물의 성격을 파악할 수 있는지, 자기 의견을 낼 수 있는지 등을 살펴보아야 한다.

어떤 부모는 아이에게 한 번만 말로 지시하고 요령을 알려주면 아이가 금세 그 방법대로 실천할 것을 기대하지만, 대부분의 아이들은 독해훈련이 자리 잡힐 때까지 상당히 오랜 시간이 걸린다. 아이들은 잘 잊어버리는 데다 아직 독서의 중요성을 인식하지 못하기 때문이다. 그러므로 독서에 철이 들 때까지 부모가 훈련에 동참하며 도와주어야 한다.

2. 3학년 읽기교과서를 활용하여 사고력을 높여라

3학년 읽기교과서의 가장 큰 특징은 '생각하면서 읽을 것' '읽은 후에 내용을 정리할 것'을 강조한다는 것이다. 그러기 위해서 책을 꼼꼼히 읽어야 하고 문단에서 중심내용을 찾고 인물의 마음이나 생각을 찾으며, 글쓴이의 생각과 내 생각을 비교하면서 읽으라고 가르치고 있다. 또 인물의 성격을 알기 위해서는 인물이 한 일을 찾아볼 것도 가르친다. 특히 글을 읽고 나서 내용을 간추리고 정리하는 것이 중요하다고 가르치고 있다.

3학년 읽기교과서에 나온 독서전략과 지도방법

1. 내용 간추리기—요약하는 방법 배우기

① 낱말의 뜻을 생각하며 글을 읽고, 줄거리를 간추리기

모르는 낱말을 만나면 밑줄을 긋고 앞뒤 문맥을 꼼꼼히 살펴가며 읽어서 낱말의 뜻을 이해해야 전체 줄거리를 요약할 수 있다. 어휘의 뜻이 문맥에 분명하게 드러난 경우도 있지만 어림잡아 파악해야 하는 경우도 있다. 사전을 찾기 전에 문맥상에서 단어의 뜻을 찾는 훈련은 아주 중요한 이해 전략이다.

② 내용의 연결을 생각하며 글을 읽고, 줄거리를 간추리기

문장을 이어주는 말('그러나' '그러므로' '그래서' 등)에 주의하며 읽어야 글을 잘 이해할 수 있다. 이어주는 말들은 이야기의 관계를 연결해주는 중요한 매개역할을 하기 때문이다. 3학년이 되어서도 글을 대충 읽는 아이는 이해에 문제가 생길 수 있다.

③ 이야기를 읽고, 일이 일어난 차례를 정리하기

일이 일어난 과정을 정리하려면 일의 원인과 결과를 파악해야 하며 흐름을 읽어야 한다. 인물이야기는 인물의 일생을 시간 순서대로 정리할 수 있다. 생활을 소재로 한 동화의 경우 장소의 이동에 따라 내용을 정리할 수 있다. 과학책을 읽으면서 요약할 때에는 실험의 진행 과정이나 생물의 일생을 차례대로 정리할 수 있을 것이다.

2. 깊이 생각하며 읽기-추론하기

① 장면이나 인물의 성격을 생각하며 글을 실감나게 읽기

추론하면서 읽는다는 것은 글의 내용을 깊이 생각하면서 읽는다는 것이다. 작가는 인물의 성격을 통해 주제를 드러내는데, 인물이 주로 하는 말과 행동을 종합하여 인물의 성격을 판단한다.

② 분위기에 어울리게 이야기 읽기

분위기를 생각하며 읽는다는 것은 이야기의 장면이나 인물의 성격, 인상 깊은 표현을 살피며 읽는다는 것이다. 글을 읽고 나서 아이에게 "어떤 장면이 가장 인상 깊었어?"라고 물어보거나 재미있는 표현, 비유적인 표현을 찾아보도록 한다.

③ 인물의 마음이나 생각을 알아보며 글을 읽기

인물의 마음과 생각을 파악하려면 인물이 왜 그런 행동을 하였을까, 그때 어떤 감정을 느꼈을까 생각해봐야 한다. 인물의 심정을 파악하려면 아이가 '나라면 그때 어떤 감정이 들까?'를 생각해보도록 지도한다.

④ 겪은 일과 관련지으며 이야기 읽기

글을 읽으면서 자기 경험을 떠올리고 비교하면서 읽는 것은 아주 좋은 태도이다. 자신의 배경지식이나 경험을 떠올리며 글을 읽을 때 더 적극적인 독서가 되며 새로운 정보도 더 잘 기억된다.

3. 중심내용을 찾기-주제 파악하기

① 글을 읽고, 문단의 중심내용을 알아보기

글을 읽으면서 문단의 중심내용을 찾는 것은 대단히 중요하다. 대

개의 경우 하나의 문단에는 하나의 중심내용이 있게 마련인데, 보통은 문단의 첫 문장이나 마지막 문장이 중심내용이다. 중심내용이 눈에 띄게 드러나지 않고 문단 안에 녹아 있는 경우에는 문단 전체 내용을 종합하여 중심내용을 추론해야 한다. 중심내용 찾기는 글을 자세히 읽어야 가능하다. 문단의 중심내용을 정리하면 글 전체의 뼈대를 금방 파악할 수 있다.

② 글을 읽고, 글쓴이의 생각을 알아보기

글쓴이의 생각을 파악하기 위해서는 글쓴이가 가장 강조하는 것이 무엇인지를 찾아야 한다. 방법은 각 문단의 중심내용을 알아본 다음 글 전체의 주제를 찾으면 된다. 글쓴이는 주로 글의 앞부분이나 맨 나중에 자기 생각을 밝힌다. 읽을 때 글쓴이의 생각과 다른 생각이 떠오르면 밑줄을 긋고 자기 생각을 적어보는 것도 주제를 파악하는 데 큰 도움이 된다.

4. 정보를 찾아 정리하기

① 새로 알게 된 내용을 정리하기

정보를 수집하는 방법을 가르치는 전략이다. 글의 화제와 관련하여 이미 알고 있는 배경지식이 무엇인지 떠올려본 다음, 글을 읽으면서 새롭게 알게 된 정보를 찾아 정리하는 것이다. 자신이 무엇을 알고 있고 무엇을 모르는지를 인식하는 단계이다.

독서는 일종의 정보처리과정이다. 새로운 정보를 수집하고 머릿속에 저장하여 재구성하는 과정인 것이다. 3학년부터는 새롭게 알게 된 정보를 인식하면서 읽는 훈련을 시작해야 한다.

② 더 알고 싶은 것을 찾아보기

새롭게 알게 된 정보를 정리한 다음에는 그것과 관련하여 더 알고 싶은 것을 생각하고 그것을 스스로 찾아보는 것이 중요하다. 궁금한 것을 질문해보고, 그 해답을 다른 책이나 매체에서 찾아 정리할 때 주도적인 학습을 한다고 할 수 있다. 이러한 과정이 곧 공부하는 방법이다.

5. 독서습관 기르기

3학년 정도면 스스로 학교 도서관이나 마을 도서관을 찾아 자기가 좋아하는 책을 골라 읽고 반납하는 일을 할 수 있다. 읽고 싶은 책을 스스로 찾아 읽는 습관을 길러야 한다. 자신이 어떤 분야의 책에 흥미를 가지고 있으며, 어떤 분야를 읽기 힘들어하는지도 인식할 수 있어야 한다. 자기가 원하는 정보를 어디서 어떻게 찾는지도 배워야 한다.

3 4학년 읽기교과서를 활용하여 독서전략을 가르쳐라

4학년부터는 본격적으로 독서전략을 가르친다. 4학년 때에는 글의 종류에 따라, 그리고 글을 읽는 목적에 따라 독서방법이 다름을 배우게 된다. 이것은 책의 형식을 인식하고 그에 따라 효과적으로 읽는 방법을 알아야 한다는 뜻이다.

4학년 교과서는 '주제'라는 어휘를 직접 사용하여 주제 찾는 방법을 가르치고 있다. 특히 4학년 때에는 국어사전 찾는 방법을 비롯하여 잘못된 표현 찾기, 어휘 구조 파악 등 어휘공부가 강조되고 있다. 4학년 교과서의 또다른 특징은 배워야 할 어휘를 본문 아래에 따로 뽑아놓았다는 점이다. 이는 아이들이 글을 읽을 때 낱말에 유의하며 읽으라는 의미와 함께 어휘의 뜻을 배우라는 의미를 담고 있는 것이다.

4학년 읽기교과서에 나온 독서전략과 지도방법

1. 내용 간추리기-요약하는 방법 배우기

글을 읽고 내용을 간추리려면 먼저 그 글이 무엇에 관한 글인지 알아야 한다. 글의 화제는 주로 제목과 관련되므로 제목을 생각하면서 글을 읽으면 무엇에 관한 내용인지 파악하기 쉽다. 또한 문단별로 중심내용이 무엇인지 파악하면서 읽어야 요약을 할 수 있다. 이때 글 전체가 시간 순서로 되어 있는지, 사건 중심으로 전개되어 있는지, 장면에 따라 전개되는지 등을 알면 요약을 더 잘 할 수 있다.

2. 주제 찾기

① 시나 이야기를 읽고 주제 알기

주제를 찾으려면 글의 제목과 글감, 그리고 글 내용을 관련지어 생각해보아야 한다. 예를 들어 『아낌없이 주는 나무』의 주제를 찾으려면 왜 제목이 아낌없이 주는 나무인지 생각해본다. 이야기글에서 주제는 주로 인물의 성격이나 결말을 통해 드러난다. 시를 읽을 때에는 글쓴이가 겪은 일이 무엇이고 그 일에 대해 느끼고 생각한 것은 무엇인지 살펴보면 글쓴이가 말하고자 하는 주제를 알 수 있다.

② 글을 읽고 제목 붙이기

제목은 글 전체 내용을 담고 있다. 따라서 제목을 보고 내용을 짐작하면 글을 더 잘 이해할 수 있다. 다 읽은 후에 전체 내용을 아우르는 제목을 스스로 붙여보는 것도 주제를 찾는 연습이다. 제목을 붙이려면 글을 읽을 때 각 문단의 중심내용을 찾아서 정리한 다음 그것을 종합해야 한다. 예를 들어 연에 대한 글에서 '연에 얽힌 이야기' '연 만드는 법' '연의 종류' '연날리기와 관련된 재미있는 말' '연을 잘 날리는 방법' 등이 나왔다면, 제목은 '우리의 민속놀이 연'이나 '연날리기'로 붙일 수 있을 것이다.

③ 글쓴이의 주장 찾기

글에는 글쓴이의 주장이 나타난다. 그리고 그렇게 주장하는 이유와 근거가 제시되어 있다. 보통 글쓴이는 주장을 할 때 '~하자' '~해야 한다' 등으로 문장을 완성하므로 그런 말에 유의하면서 읽으면 주장을 더 쉽게 찾을 수 있다. 또 글의 앞부분에서 주장하고 싶은 것을 확실하게 밝히거나 마지막 단락에서 강조하기도 하므로 글의 처음과 끝을 유의해서 읽도록 한다.

3. 추론하기

① 이어질 내용 예측하며 읽기

이야기의 뒷부분에 이어질 내용을 예측하며 읽으면 이야기 속에 푹 빠져들 수 있다. 이야기 뒷부분을 예측하려면 먼저 인물이 한 일과 그 결과를 정리해본 다음, 뒤에 일어날 일을 예측한다. 예측하면서 글을 읽으면 계속 읽고자 하는 마음이 생기고, 집중해서 글을 읽을 수 있다.

② 시대와 환경에 따른 인물의 생각과 행동 알아보기

이야기 속에 나오는 인물은 살고 있는 시대와 환경에 따라 생각하고 행동하는 것이 각각 다르다. 인물이 왜 그런 일을 했는지 그 이유를 책에서 찾으며 읽도록 한다. 시대적 배경에 대한 지식이 없는 아이들은 왜 인물이 그렇게 행동했는지 잘 모를 수 있다. 이럴 때에는 역사책을 함께 읽으면서 그 시대 사람들의 생활 모습을 알아본다.

③ 인물의 마음이 어떻게 바뀌는지 알기

인물의 처음 행동과 나중 행동을 비교해보고, 왜 그렇게 행동했는지 그 마음을 생각해보면 심리 변화를 알 수 있다. 옛이야기는 인물의 생각이 처음부터 끝까지 일관적인 편이지만 창작동화의 인물들은 여러 사건을 거치면서 심리 변화를 겪는다.

4. 어휘공부

① 국어사전에서 낱말 찾기

글을 읽다가 잘 모르는 낱말이 나오면 앞뒤 문맥을 살펴서 그 뜻을 헤아려야 한다는 것은 3학년 때에 배웠다. 4학년 교과서에서는 문맥에서 뜻을 알아차리기 힘든 낱말을 직접 사전에서 찾아보고 새로 알게 된 그 낱말을 넣어서 짧은 글을 지어보도록 하고 있다. 사전 찾기는 학년이 올라갈수록 자주 해야 한다. 낱말 뜻을 어림짐작하여 읽는 습관은 정확한 독해를 방해하고 독해력을 키우지 못한다. 사전을 찾아보고, 정확한 사전적 의미를 파악하는 연습이 꼭 필요하다.

② 낱말 사이의 관계 알기

비슷한 낱말, 반대되는 낱말, 다른 낱말의 뜻을 포함하거나 다른 낱말의 뜻에 포함되는 낱말을 찾는 연습이다. 글을 읽을 때 비슷한 말을 찾으면서 읽으면 글을 더 잘 이해할 수 있으며, 어휘력을 키우는 데 도움이 된다.

다른 낱말의 뜻을 포함하거나 포함되는 낱말이란 큰 개념과 작은 개념, 즉 상위개념과 하위개념을 찾는 것을 말한다. 예를 들면 계절이라는 상위개념 안에 봄, 여름, 가을, 겨울이라는 하위개념들이 포함되어 있음을 찾는 것이다. 낱말을 배울 때 그 낱말을 포함하는 상위개념을 찾아보고, 다른 낱말들을 찾아보는 연습을 하면 어휘력이 부쩍 늘어난다.

5. 글의 종류와 목적에 따른 독서법 알기

그 글이 어떤 목적으로 쓰였는지를 생각하며 읽는 독서전략이다.

시는 시인이 자신의 생각과 느낌을 표현한 것이므로 시를 읽을 때에는 시인이 무엇을 느꼈는지, 그리고 느낀 것을 어떻게 표현하였는지를 생각하며 읽는다. 설명문은 글쓴이가 어떤 것에 대해 정보를 주기 위해 쓴 글이므로, 중요한 정보가 무엇인지 찾으며 읽어야 한다. 주장하는 글을 읽을 때에는 처음 부분에서 주장한 것과 나중에 결론으로 강조한 것에 유의하면서 읽는다. 편지글은 글쓴이가 전하려고 하는 소식이나 마음을 찾으며 읽는다.

6. 독서습관 기르기

① 독후감 쓰기의 좋은 점 알기

책을 읽고 나서 가장 기억에 남는 장면이나 마음에 드는 인물을 소개하는 글을 쓰는 습관을 기르는 것이 중요하다. 독후감은 만화, 시, 편지글 등 다양한 형식으로 쓸 수 있다. 교과서를 통해 배운 전략들을 적용하여 글을 읽은 다음 가장 강조하고 싶은 점을 쓰면 된다. 인물의 성격을 중심으로 써도 되고, 새로운 정보를 소개하며 자기 의견을 써도 된다.

② 책을 끝까지 읽으면 좋은 점 알기

4학년이면 책을 끝까지 읽는 것이 중요하다. 중간에 포기하지 않고 읽어가는 동안에 책에 대한 자신감이 생기고 이해력도 향상될 수 있기 때문이다. 책을 끝까지 못 읽는다면 그 까닭은 무엇인지, 어떻게 하면 끝까지 읽을 수 있는지 아이와 함께 대화를 나누어보는 것도 좋다. 아이 스스로 자신의 독서습관을 점검하는 것은 독서에 철이 들어간다는 좋은 신호이다.

4 5학년 읽기교과서를 활용하여
논술의 기본을 만들어라

5학년이 되면 책을 읽으면서 비판하는 훈련을 시작한다. 5학년 교과서는 글에서 사실과 의견을 구별하고, 의견을 뒷받침하는 근거를 찾은 다음, 그 근거가 정확한 것인지 아닌지 따져가면서 읽도록 하고 있다. 비판적 읽기의 시작인 셈이다.

5학년 교과서의 또다른 특징은 문장의 성분을 구체적으로 가르친다는 것이다. 주어와 서술어, 목적어의 뜻과 역할을 가르치고, 아울러 글에서 비유적 표현을 찾아 그 뜻을 이해하는 방법을 가르친다. 또 글에 쓰인 낱말이 적절한 표현인지 아닌지 판단하는 훈련도 하게 한다.

5학년부터 시작하는 또다른 독서전략은 글에 드러나지 않는 내용을 추론하는 것이다. 글의 앞뒤를 꼼꼼하게 읽고 연결성을 깊이 생각해야 추론을 할 수 있다. 이야기를 읽고 나서 인물을 분석할 때에도 인물의 성격이 사건 전개에 미치는 영향을 생각해보고, 인물이 처한 시대와 환경을 찾아보는 한편, 인물의 행동을 통해 삶에 대한 태도를 읽어내도록 가르치고 있다.

5학년 읽기교과서에 나온 독서전략과 지도방법

1. 어휘공부 방법

① 비유적 표현을 이해하기

어떤 대상을 다른 것에 빗대어 표현하는 것을 비유적인 표현이라고 한다. '목련꽃은 웃음이다'라는 문장은 목련꽃을 웃음에 빗대어 표현하고 있다. 비유적인 표현은 작가가 왜 그렇게 표현했는지를 곰곰이 생각해야만 그 뜻을 알 수 있다. 비유적 표현을 이해하려면 낱말이 지닌 여러 가지 의미를 떠올려보아야 하기 때문에 어휘력이 필요하다.

비유적 표현을 이해하는 능력을 키우기 위해서는 많이 읽어보고 그 뜻을 이해하는 것이 중요하다. 그리고 평소 광고 문구에 자주 등장하는 비유적 표현에 관심을 가지고 이해하려 애써야 한다. '침대는 가구가 아닙니다. 과학입니다'와 같은 표현에 담긴 의미는 침대가 인체공학에 맞게 설계된 제품으로 대단히 과학적이라는 점을 말하고 있다. 과학에 대한 소비자들의 믿음을 이용한 선전 전략인 셈이다.

'맞장구를 치다' '헛다리를 짚다' 같이 평소에 자주 사용하는 관용적 표현도 비유에 해당한다. '하룻강아지 범 무서운 줄 모른다'와 같은 속담들 또한 비유적 표현으로 볼 수 있는데, 이러한 비유적 표현들은 단시일 내에 외운다고 이해할 수 있는 것이 아니므로 이야기를 읽을 때 여러 상황 속에서 그 뜻을 익혀야 한다. 물론 비유적 표현 역시 자신의 경험과 연결지을 때 효과적으로 배울 수 있다. 비유적 표현을 배우는 가장 좋은 방법은 글을 읽을 때 인상 깊은 표현이나 비유적인 표현을 찾아 줄을 긋고 그 뜻을 반드시 알고 넘어가는 것이다. 비유적 표현을 사용하여 짧은 글을 지어보는 훈련을 하는 것도 좋다.

② 적절한 표현인지 판단하며 읽기

5학년이 되면 글을 읽으면서 낱말이 어울리게 쓰였는지, 전체 주제에 맞는 내용인지 판단하는 훈련을 하기 시작해야 한다. 자신이 쓴 글을 읽으면서 틀린 낱말은 물론, 어법에 맞지 않거나 전체 흐름에 어긋나는 부분을 찾아내어 수정하는 연습을 해야 한다는 말이다. 적절한 표현인지 아닌지를 알려면 집중해서 읽어야 한다. 마치 남의 글을 교정한다는 생각으로 문맥에 맞는지, 표현은 적절한지 생각하며 읽어보도록 한다.

2. 비판하며 읽기

① 사실과 의견을 구별하며 읽기

글을 읽으면서 사실 부분과 의견 부분을 구분할 줄 아는 것은 비판적 읽기의 시작이다. 사실은 보고 듣고 한 일 등 경험적, 과학적, 역사적으로 증명된 것들을 말하고, 의견은 그 사실에 대한 글쓴이의 견해나 주장을 적은 것이다. 저자는 자신의 주장을 펴기 위해 여러 가지 사실들을 근거로 내세우기 때문에, 어떤 것이 사실이고 어떤 것이 의견인지를 구별하며 읽는 것은 글을 제대로 이해하기 위해 꼭 필요한 훈련이다.

특히 광고나 신문을 읽을 때에 사실과 의견을 구분하여 읽을 필요가 있다. 광고는 대부분 소비자의 욕구나 심리를 자극하기 위해 이미지를 부각시키는 말을 제목으로 내세운다. 그래서 광고에서 가장 크게 강조하는 머리글(표제)은 주로 의견에 해당한다. 구체적인 정보를 주는 사실들은 작은 글씨로 조그맣게 나와 있는 경우가 많고, 어떤 광고는 전체 내용을 의견으로 채우기도 한다.

3. 추론하기

① 인물의 성격과 사건의 관계에 주의하며 읽기

이야기를 읽을 때에는 인물의 행동과 말을 통해 성격을 파악해야 한다는 것은 3학년 때에도 배웠다. 5학년 때에는 인물의 성격이 사건의 전개에 어떤 영향을 끼치는지 살펴보며 읽는 것을 배워야 한다. 인물의 성격은 사건의 전개를 바꾸는 중요한 요인이 되기 때문이다. 인물의 성격이 이야기 속에 나온 것과 달랐다면 사건의 결과가 어떻게 되었을지 생각하면서 읽도록 한다.

② 인물의 생각과 인물이 처한 환경 알아보기

이야기에는 항상 인물이 처한 상황이 있다. 인물은 자신이 처한 상황과 환경에 따라 생각과 행동이 달라진다. 인물이 어려운 상황 속에서 어떻게 행동했는가를 찾아보면 등장인물에 더욱 공감할 수 있게 된다.

③ 인물들의 삶을 비교하고 삶의 태도를 판단하기

이야기 속의 인물들은 다양한 삶의 모습을 보여준다. 같은 상황 속에서도 인물마다 살아가는 방법이 다르고 선택이 다르다. 그 선택에 따라 삶의 모습도 달라진다. 인물들은 선택을 위한 자신만의 잣대를 가지고 있는데, 이것을 가치관이라고 한다. 가치관을 통해 인물들이 무엇을 선택하고 어떤 행동을 하는가를 보고 삶에 대한 태도를 판단할 수 있다.

어떤 인물은 지혜를 찾는 것을 중요하게 생각하는 태도를 지닐 수 있고, 어떤 인물은 삶을 즐기는 것을 중요하게 여길 수 있다. 사람들을 대하는 태도도 인물마다 다르다. 어떤 인물은 원칙에 따라 공정하게 판단하고, 어떤 인물은 원칙보다는 사람의 감정을 더 중요하게 생각할 수 있다. 이야기를 읽으면서 인물들이 무엇을 행동의 기준으로 삼고 판단하고 있는지 짚어볼 때 좀더 깊이 있는 독서가 된다.

④ 글에 직접 드러나 있지 않은 내용을 이해하기

글쓴이는 모든 것을 글로 쓰지는 않는다. 인물들이 느낀 감정이나 생각을 일일이 묘사하지 않고 독자가 알아서 추론하도록 한다. '아, 이럴 때 이런 감정이 생기겠구나!'라고 독자가 생각하며 읽도록 하는 것이다. 인물들 간의 관계도 독자가 알아서 가늠해보도록 한다. 인물들의 행동과 말을 통해 관계가 어떠하다는 것을 짐작할 수 있다. 또한 이야기의 흐름을 읽으면서 이야기 앞부분에 일어났을 일을 짐작할 수 있으며, 이야기 중간에 무슨 일이 벌어졌을지도 알 수 있다.

4. 독서습관

5학년 때부터는 자신이 읽을 책을 스스로 골라 읽는 훈련을 하도록 지도해야 한다. 5학년 교과서는 자신의 수준과 흥미, 관심에 따라 책을 고르고, 읽은 내용을 잘 기억할 수 있도록 글로 정리하는 습관이 매우 중요하다고 말하고 있다. 흥미를 느끼는 책과 정보를 얻을 책을 골라 골고루 읽는 것도 강조하고 있다. 5학년 교과서에서 새롭게 제시하는 전략 중에 눈에 띄는 것은 수준에 맞는 책을 골라 읽으라는 것이다. 이는 아이 스스로 자신의 독서수준을 인식하는 것이 중요하다는 말이다. 5학년이면 아이가 자신의 독서수준과 습관을 돌아보고, 어떤 점을 고칠 것인지 인식하는 것이 필요하다.

5 6학년 때는 무엇을 배울까?

6학년은 이제까지 배운 전략을 종합하여 사고하는 훈련을 한다. 글을 읽을 때 그 의미를 파악하기 위해 다양한 전략을 배웠다면 이제는 이러한 전략들을 총동원하여 글을 이해하고 나아가 다양한 관점에서 글을 바라보기 위한 훈련을 해야 한다는 뜻이다.

6학년이 되면 새롭게 등장하는 장르가 있는데 그것은 바로 '옛글(고문古文)'이다. 6학년 교과서는 옛글을 읽는 가치와 방법을 가르치고 있다. 또 외국작품을 읽으면 좋은 점과 읽는 방법을 배우며, 문학작품을 읽을 때 인물이 추구하는 삶을 찾고, 작품 속에 반영된 문화를 읽어내는 법을 배운다. 뿐만 아니라 6학년이 되면 글의 짜임을 공부하고 그에 따라 요약하는 방법을 배운다. 글의 짜임이 '비교와 대조' 구조로 이루어져 있는지, '원인과 결과' 구조 혹은 '문제와 해결' 구조로 되어 있는지 등을 판단한 뒤 내용을 요약하는 방법을 연습한다.

6장

골고루 읽혀서
논술의 배경지식을 쌓자

● ● ●

1 | 장르별로 골고루 읽도록 지도하자
2 | 동화책을 읽기 위한 독서방법
3 | 인물이야기를 읽기 위한 독서방법
4 | 역사책을 읽기 위한 독서방법
5 | 과학책을 읽기 위한 독서방법

1 장르별로 골고루 읽도록 지도하자

앞에서 언급했듯이, 과도기에는 편독 현상이 나타날 수 있다. 좋아하는 책이 생겨서 아이가 그 책만 읽으려고 하는 것이다. 음식이나 옷도 특별히 좋아하는 취향이 있듯이 책도 마찬가지이다. 더 눈길이 가는 책이 있기 마련이다. 하지만 자기가 좋아하는 책만 읽고 관심 없는 분야의 책은 읽지 않는 것은 균형 잡힌 독서라 할 수 없다. 독서는 생각하는 과정이고 생각을 키우는 훈련이다. 그러므로 과도기에 다양한 분야의 책을 읽도록 지도함으로써 사고의 균형을 이뤄야 한다.

책의 종류는 주제와 형식에 따라 구분할 수 있는데, 크게 이야기 형식의 책과 정보를 주는 책으로 나눌 수 있다. 이야기글은 옛이야기, 신화, 창작동화, 인물이야기, 역사소설, 명작소설 등으로 나눌 수 있고, 정보글은 과학, 사회, 역사, 경제, 환경, 예술, 문화, 철학, 성(性) 등 주제별로 나눌 수 있다. 그리고 신문, 만화, 팸플릿, 잡지 등 책 이외의 매체들도 읽어야 한다.

"다양한 책을 읽으면 좋겠는데, 저희 애는 요즘 순정소설과 인터넷 소설에만 빠져 있어요. 내용도 주로 자살이나 죽음으로 끝나는 내용이어서 정서에 안 좋은 영향을 끼치지는 않을까 걱정입니다."

올해 초등학교 5학년 딸을 걱정하는 어머니의 목소리이다. 인터넷 소설의 경우 잠깐 즐기다가 시들해지기 마련이지만, 문제는 정작 읽어야 할 책들을 읽을 시간을 빼앗긴다는 데에 있다. 무엇보다 편중된 독서가 편향된 사고를 가져올 수 있다는 문제 때문에라도 과도기에는 아이가 다양한 분야의 책을 읽도록 지도할 필요가 있다.

따라서 과도기에는 재미로 읽는 책과 학습을 위해 읽는 책을 구분하여 독서계획을 세워야 한다. 별로 좋아하지 않지만 읽어야 할 책은 부모가 함께 읽고 안내해주어야 한다. 그렇게 하면 처음에는 책에 눈길을 주지 않던 아이의 생각이 차츰 바뀌게 된다. 그리고 배경지식이 충전되면 학습의욕과 자신감이 높아지기 때문에 점차 균형 잡힌 독서를 하게 된다.

과도기 아이들의 편독 현상이 반드시 부정적인 면만 있는 것은 아니다. 자기 나름대로 흥미를 느끼는 분야가 생겼고, 그것을 계속 탐구하려는 태도는 바람직한 일이라고 할 수 있다. 그러므로 무턱대고 편독은 안 된다는 생각보다는 한 분야에 전문성을 키워주는 것 역시 중요함을 알아야 한다. 다만 좋아하는 책을 즐기게 하되, 꼭 읽어야 할 책도 놓치지 않도록 하는 것이 과도기 자녀를 둔 부모가 반드시 신경 써야 하는 점이다.

간혹 남자아이들 중에는 문학작품에는 전혀 관심이 없고 과학이나 역사물만 찾는 경우가 있다. 창작물은 지어낸 이야기여서 재미가 없다는 소리도 한다. 이런 아이들은 슬픈 이야기를 읽고도 "이게 왜 슬퍼요? 눈물이 왜 나요?"라며 의아해한다. 그러면 부모는 "우리 애가 정서가 메말랐나봐요"라며 걱정하곤 한다.

인물의 심정에 얼른 공감하지 못하는 아이들은 대체로 문학작품보다 지식과 정보 위주의 책읽기를 많이 하는 아이들이다. 이런 아이들은 배경지식이 많아서 똑똑해 보이지만 인간의 삶과 감정에 대해 무디다는 말을 듣는다. 필자의 아들도 어려서부터 역사와 인물이야기를 아주 좋아하고 창작동화는 별로 좋아하지 않았다. 책꽂이에서 빼서 보는 책은 늘 역사 관련 책이었다. 창작동화나 소설류를 권하면 "그거 다 지어낸 이야기잖아요. 시시해요"라면서 통 읽으려고 하지 않았다. 그래서 매일 책을 읽어줄 때 일부러 창작동화를 한 권씩 읽어주곤 했다. 특히 『오체불만족』이나 『내게는 아직 한쪽 다리가 있다』처럼 실화를 엮은 책을 많이 읽어주었다. 학년이 올라가면서 책이 두꺼워졌을 때에는 창작동화 앞부분 10장 정도를 소리 내어 읽어주면 나머지는 스스로 읽겠다고 낚아채갔다. 아이는 이렇게 소설에 재미를 붙인 후에 명작동화와 판타지 동화를 가리지 않고 많이 읽게 되었다.

이와는 반대로 정보를 주는 책을 통 읽으려고 하지 않는 아이들은 동화의 주제와 관련 있는 정보글을 찾아 부모가 함께 읽는 것이 좋다. 예를 들어 『씨앗을 지키는 사람들』이라는 장편동화를 읽고 나서 생명공학에 관한 정보글을 읽으며 대화를 나누는 것이다. 『씨앗을 지키는 사람들』은 미래의 종자전쟁을 실감나게 그린 공상과학동화이다. 전쟁에 관한 주제라면 『전쟁과 소년』이라는 창작동화를 읽으면서 『전쟁은 왜 일어날까?』라는 정보를 주는 책을 함께 읽을 수 있다. 역사를 주제로 한 경우에도 역사소설과 역사책을 한데 묶어 읽게 하면 된다. 이렇게 주제 중심으로 문학과 비문학작품을 함께 읽다보면 문학작품을 분석하는 눈도 길러지고 정보글에 대한 거부감도 자연스럽게 해소된다.

과도기에는 장르별로 읽기 방법이 다르다는 것을 배우는 것 또한 중요하다. 동화를 읽을 때와 인물이야기를 읽을 때, 과학에 관한 글을 읽을 때의 목적이 각각 다를 수 있음을 가르쳐야 하는 것이다. 다음에 소개하는 장르별 읽기 전략들은 아이들에게 각 장르의 책을 어떻게 읽을 것인지 도움을 주기 위한 것이다. 장르별로 제시한 질문들은, 책을 읽으면서 또는 읽은 후에 부모가 아이에게 물어볼 수 있고, 독후감을 쓸 때 참고할 수도 있다.

균형 잡힌 독서를 위한 독서계획 짜기
✽ **먼저 아이가 어떤 책을 즐겨 읽는지 돌아본다**
최근에 아이가 읽었던 책 제목을 20권 이상 적어보아 주로 어떤 분야의 책을 읽는지 확인한다. 이야기책을 많이 읽는가, 정보를 주는 책을 많이 읽는가? 이야기책이라도 옛이야기, 신화, 창작동화, 인물이야기, 역사소설, 명작소설 등을 골고루 읽고 있는가? 정보책은 과학, 사회, 역사, 경제, 환경, 예술, 문화, 철학, 성 등 주제별로 골고루 읽고 있는가?

이렇게 하자

❋ **아이와 함께 독서계획을 세운다**

이렇게 적어보아 편독을 하고 있음을 알고 나면 어떤 책을 골라서 읽어야 할지 아이와 함께 의논한다. 초등 3학년이라면 문학과 비문학의 비율이 6:4 정도가 적당하지만 4학년부터는 반반씩 균형을 이루어야 한다. 비문학 책은 정보량이 많으므로 분야별로 한 학년에 2권씩 골라 정독하는 것이 좋다.

❋ **재미로 읽는 책과 학습을 위해 읽는 책을 구분하여 독서계획을 세운다**

좋아하지는 않지만 꼭 읽어야 하는 책은 아이 혼자 읽기는 어려우므로 부모가 함께 읽고 안내하며 읽어야 한다. 그렇게 하면 책에 대한 아이의 취향이 차츰 넓어지면서 균형 잡힌 독서를 하게 된다.

❋ **책읽기를 너무 싫어하는 아이라면 흥미를 느끼는 분야부터 읽어주는 것이 좋다**

책은 싫어하지만 축구를 좋아하는 아이라면 축구에 관한 책을 읽어주다가 축구선수 일대기, 축구공에 담긴 과학이야기 등으로 장르를 넓혀가며 읽어준다.

2 동화책을 읽기 위한 독서방법

일반적으로 동화라고 하면 이야기 형식으로 지어진 책이라고 말할 수 있다. 옛이야기, 신화, 창작동화 등을 동화의 범주에 넣을 수 있지만, 과학동화, 인물동화, 경제동화, 철학동화 등 정보를 주기 위해 이야기 형식을 빌어 쓴 글들은 원래 목적이 정보 전달에 있으므로 이야기글이 아닌 정보글의 영역에 포함시키는 것이 좋을 것이다.

동화는 작가가 상상력을 바탕으로 지어낸 이야기이므로 아이들이라면 누구나 좋아하는 문학 양식이다. 동화를 재미있게 읽으면서도 생각하면서 읽는 습관을 들이자는 것이 과도기의 목표이다. '작가는 주인공의 행동을 통해 무엇을 말하고 싶은 걸까?' '결말 부분을 통해 알 수 있는 작가의 생각은 무엇일까?' 과도기부터는 이렇게 분석하면서 감상하는 단계로 나아가야 한다. 아래에 옛이야기, 신화, 창작동화를 읽고 아이와 무엇을 나눌 수 있을지 소개하였다. 제시된 여러 항목 가운데 적절한 질문을 골라 대화하다보면 책을 감상하는 눈이 한층 높아질 것이다.

옛이야기를 읽을 때

유아기나 초등 저학년 아이들은 옛날이야기가 언제 만들어졌으며 누가 지었는지에 대해 특별히 궁금해하지 않는다. 아이들은 옛날이야기를 실제라고 믿기 때문이다. 아이들은 옛이야기를 들으면서 주인공과 자신을 동일시하는데, 주인공이 온갖 시련을 겪다가 마침내 승리하면 자신도 함께 승리하였다고 생각하는 것이다. 그래서 옛이야기를 많이 듣고 자란 아이들은 미래를 불안해하기보다 자신이 옛날이야기의 주인공처럼 문제를 잘 해결해갈 수 있을 것이라고 상상한다.

물론 모든 옛이야기가 어린이가 보기에 적합하다고 볼 수는 없다. 입에서 입으로 전해 내려오다가 문자로 기록되는 과정에서 기록자의 생각이 보태지고 원래 형태가 변형된 것들도 많으며, 어떤 옛이야기는 어린이 주인공을 내세워 어른들의 심리적 만족감을 취하고 있는 것들도 있다. 사실 옛이야기는 민담에 그 기원을 두고 있는데 민담의 독자층은 원래 어린이가 아니라 성인이었다. 그러므로 아이에게 책을 골라줄 때 옛이야기니까 무조건 좋다는 생각은 주의할 필요가 있다.

옛이야기를 읽을 때에는 무엇을 중심으로 읽도록 지도할까? 옛이야기는 공통된 형식이 있다. 주인공이 처한 상황이 있고, 주인공에게는 문제가 생긴다. 그리고 주인공은 문제를 해결하기 위해 길을 떠난다. 길을 가는 중에 몇 번의 시련을 겪지만 결국 도움을 주는 이를 만나 해결하거나 지혜를 발휘해서 해결한다. 굳이 문제를 지니지 않았다 하더라도 주인공은 우연히 고통을 받아 위험에 처하게 되고, 결국 시련 끝에 행복을 얻는다. 그러므로 옛이야기를 읽을 때에나 읽은 후에는 다음의 몇 가지를 생각하도록 지도한다.

옛이야기 읽을 때 생각해요
* 옛날이야기임을 알 수 있는 부분은?
* 주인공이 처한 상황은?
* 주인공에게 생긴 문제와 해결과정은?
* 주인공이 행복하게, 또는 불행하게 된 까닭은?
* 만약 나라면 어떻게 문제를 해결했을까?
* 나랑 가장 닮은 사람, 또는 마음에 드는 사람은?
* 주인공의 행동 중에 이해가 안 되는 점은?
* 이야기가 우리에게 던지는 의미는?

읽을 만한 책
* '옛이야기 보따리' 시리즈(보리) 초등 3학년부터
* 『동화로 읽는 삼국유사』(우리교육) 초등 3학년부터
* 『동화로 읽는 삼국유사』(늘푸른아이들) 초등 3학년부터
* '이청준 판소리 동화' 시리즈(파랑새어린이) 초등 4학년부터
* 『재미가 솔솔 나는 우리 옛이야기』(시공주니어) 초등 5학년부터

이렇게 하자

신화를 읽을 때

얼마 전 만화로 된 그리스 로마 신화가 대유행을 한 적이 있다. 우리나라 신화의 경우 건국신화를 중심으로 나오던 것이 요즘 들어서는 구전된 신화를 어린이가 읽을 수 있도록 엮은 책들이 많이 나오고 있다. 중국 신화, 북유럽 신화 등 다른 나라의 신화도 소개되어 그리스신화 중

신화를 읽을 때에 생각해요
* 신화란 무엇이고, 누가 왜 만들었을까?
* 신화 속에 담긴 그 나라의 문화는?
* 나라별 창조신화의 차이점과 공통점은?
* 신화 속에 나오는 신들의 공통된 모습은?
* 신화 속에 묘사된 신과 인간의 관계는?
* 신화와 옛날이야기의 다른 점과 같은 점은?
* 오늘날 신화가 인기 있는 까닭은?
* 신화 속에 나오는 여성과 남성의 모습은?

읽을 만한 책
* 『바리공주』(한겨레아이들) 초등 3학년부터
* 『동화로 읽는 그리스 신화』(파랑새어린이) 초등 3학년부터
* '김원석 선생님의 다시 쓰는 우리 신화' 시리즈(대교출판) 초등 3학년부터
* 『신화따라 세계 여행』(아이세움) 초등 4학년부터
* 『신화야! 나오너라 세상 구경 가자』(아이세움) 초등 5학년부터

이렇게 하자

심이었던 신화 읽기에 변화를 주고 있다.

초등 3학년 이상이 되면 신화를 읽을 때에도 분석하는 태도가 필요하다. 신화 속에 담겨 있는 그 나라의 문화와 사고방식을 추론해보고, 그 의미를 곰곰이 생각해봐야 한다. 예를 들어 '그리스신화에서 여자는 왜 남자보다 나중에 만들어졌으며, 왜 남자보다 여자가 유혹에 잘 빠지는 것일까?'라고 의문을 품고 그 이유를 생각해볼 필요가 있다. 또 나라마다 가지고 있는 창조신화의 공통점은 무엇이며 그 의미는 무엇인지 생각해볼 수 있다.

대부분의 창조신화에서 인간은 흙으로 만들어졌으며 신이 숨을 불어넣어 생명을 갖게 되었다고 나온다. 우리나라 창조신화의 경우에는 금벌레 은벌레가 사람이 된 것으로 전해진다. 만든 과정은 다르지만 창조신화 속에는 '인간은 소중하고 귀한 존재'라는 공통된 의미가 담겨 있음을 알 수 있다.

창작동화를 읽을 때

아이들이 많이 읽는 창작동화는 학교생활이나 친구, 가족을 주제로 한 생활동화가 대부분이다. 판타지동화는 현실과는 다른 초자연적인 소재와 대상, 사건이 전개되지만 주제로 다루고 있는 것은 자아개념, 선과 악, 죽음, 사회 부조리 등 보통의 창작동화에서 나오는 것과 크게 다르지 않다. 창작동화도 옛이야기처럼 인물이 나오고 주요 사건이 등장한다.

창작동화 읽을 때 생각해요
✽ 작가는 누구인가?
✽ 주인공의 생활환경(가정환경, 가족관계, 친구관계 등)은?
✽ 주인공에게 닥친 문제와 문제해결 과정은?
✽ 등장인물들 간에 갈등이 있는가?
✽ 주인공이 가장 힘들 때의 심정은?
✽ 주인공의 행동 가운데 칭찬할 만한 점과 그 이유는?
✽ 주인공과 비슷한 경험이 있었다면?
✽ 행동을 통해 드러나는 주요 인물들의 성격은?
✽ 작가의 생각이 가장 잘 드러난 부분은?
✽ 결말을 바꾼다면?

읽을 만한 책
✽ 『까막눈 삼디기』(웅진닷컴) 초등 3학년부터
✽ 『나는 나』(한겨레아이들) 초등 3학년부터
✽ 『너는 특별해』(베틀북) 초등 3학년부터
✽ 『돌아온 진돗개 백구』(대교출판) 초등 4학년부터
✽ 『안내견 탄실이』(대교출판) 초등 4학년부터
✽ 『내 짝꿍 최영대』(재미마주) 초등 4학년부터
✽ 『목수들의 전쟁』(문학동네) 초등 5학년부터
✽ 『산왕 부루』(푸른책들) 초등 5학년부터
✽ 『수일이와 수일이』(우리교육) 초등 5학년부터

이렇게하자

3 인물이야기를 읽기 위한 독서방법

예나 지금이나 위인전집 하나쯤 책장에 꽂혀 있지 않은 집이 드물 정도로, 위인전을 읽혀야겠다는 부모들의 열성은 여전하다. 위인들의 이야기를 읽으면서 인물의 삶을 거울삼아 올바르고 성공적인 인생을 살라는 소망을 담고 있으리라. 그렇지만 부모의 열망에 비해 위인전을 스스로 즐겨 읽는 아이가 많지 않은 까닭은 무엇일까?

여러 가지 이유가 있지만 무엇보다 위인전을 읽을 준비가 되어 있지 않기 때문이다. 인물이야기를 읽기에 적절한 시기는 따로 있다. 위인전은 한 인물이 자신의 시대 속에서 어떻게 살았는가를 보여주는 것이므로 인물을 이해하려면 그 시대 모습을 살필 수 있어야 한다. 아이들이 세상을 이해하는 데에는 일정한 발달 과정을 거치는데, 자기중심적인 사고에서 벗어나 타인에게 관심을 가지고 나아가 사회에서 일어나는 여러 일에 관심을 가지려면 만 10세에서 12세 정도는 되어야 한다.

초등 저학년의 경우, 과거의 역사적 사실들을 논리적 순서에 따라 이해하고 국가나 이념, 역사적 희생이라는 측면들을 받아들이는 데 무리가 있다. 초등 저학년은 유관순 열사가 독립을 위해 목숨을 바친 까닭을 논리적으로 이해하기가 아직 쉽지 않은 것이다.

위인전이 어린이들에게 희망을 주기보다는 자칫 좌절감을 심어줄 수 있으므로 너무 일찍 읽히는 것은 바람직하지 않다는 주장도 있다. 위인전의 주인공이 지나치게 영웅적이고 교훈적이어서 아이들의 현실과 동떨어져 있기 때문에 '위인은 어려서부터 특별하게 태어나고 머리가 좋은 천재만이 될 수 있구나!' 하는 생각을 갖게 한다는 것이다. 따라서 아이들이 작가의 저술 방식이나 인물의 행동을 비판할 수 있는 능력이 생겼을 때 위인전을 읽혀야 한다는 것이다. 이 또한 틀린 말은 아니다.

그렇다면 유아나 초등 저학년에게는 위인전을 읽어줄 필요가 없을까? 그렇지는 않다. 아이가 역사와 인물에 대해 관심을 갖도록 흥미와 호기심을 불어넣는 것은 부모나 교사가 당연히 해야 할 일이다. 다만 아이의 상황과 수준을 고려하여 읽어주어야 한다. 유아나 저학년이라면 인물이 겪은 사건을 중심으로 엮은 이야기글을 읽어주고, 그 시대 사람들이 어떻게 살았는가를 이야기해주는 방법이 좋다. 유아들은 나라를 위해 일한 사람들의 이야기를 들으면서 남을 위해 사는 것이 가치 있음을 어렴풋이 느끼게 될 것이다.

초등 3학년 이상의 아이라면 사진이나 그림이 많은 인물이야기와 역사책을 읽어주고, 만화로 엮은 인물이야기도 읽도록 하여 역사에 대한 관심도를 부쩍 높일 필요가 있다. 인물이야기는 역사적 맥락을 알았을 때 더 잘 이해할 수 있으므로 역사적 사건과 함께 읽는 것이 효과적이다. 과도기에는 역사만화를 읽으면서 생소한 역사용어들과 친숙해질 필요가 있다. 임진왜란이나 병자호란 등은 얼른 이해하기 힘든 낱말이지만 만화를 통해 반복적으로 접하다보면 익숙해지고 차츰 정보를 입력할 수 있게 된다.

과도기의 아이들은 만화를 즐겨 읽는다. 『삼국지』 『초한지』와 같은 시리즈 만화에 빠져 밥 먹는 것도 잊을 정도이다. 만화는 무엇보다 강렬한 이미지를 통해 아이들에게 역사적 현장을 각인시키기 때문에 아이들이 무리 없이 역사를 받아들이도록 도와줄 수 있다. 다만 만화만으로 역사나 인물공부를 할 수는 없다. 만화를 통해 역사를 공부한 아이는 역사적 사건의 원인이나 그 의의 등을 읽어내지 못한다. 따라서 부모는 아이가 만화만 본다고 야단치기보다는 "이번에는 글로 된 책을 보면서 같은 내용을 만화로 볼 때와 책으로 읽을 때 무엇이 다른지 생각해보렴" 하고 자연스럽게 책을 권하는 게 좋다. 그러면 아이는 이미 만화를 통해 익숙한 내용이기 때문에 부담 없이 책을 읽게 된다. 이 시기를 잘 넘기면 아이들은 만화를 즐기면서도 소설의 재미 또한 놓치지 않게 된다. 소설을 읽는 재미를 알게 되는 것이다.

이제 5학년 정도 되면 학교 교과서에도 군데군데 역사를 다루는 부분이 나오고 꽤 많은 인물들의 이름이 등장한다. 따라서 5학년은 인물이야기를 어떻게 읽어야 할지 독서전략을 배워야 하는 시기이다. 무엇보다 어떤 인물을 '위인'이라고 말할 수 있을 것인가부터 논의되어야 한다. 가끔 나폴레옹이나 칭기스칸을 위인전 목록에서 발견하곤 하는

데, 이들이 역사적으로 비중 있는 인물이긴 하지만 본받아야 할 가치를 지닌 인물인가는 재고할 필요가 있다. 최근에는 빌 게이츠나 스필버그, 정주영 등 기업가나 전문 직업인에 관한 책이 많이 출판되고 있는데, 이 또한 아이들과 토의를 통해 비판적으로 인물을 분석하는 시간을 가질 수 있도록 지도해야 한다.

그러려면 인물이야기는 어떤 책인가부터 배워야 한다. 인물이야기는 역사적 사실을 바탕으로 작가가 꾸며낸 이야기이다. 따라서 작가의 생각에 따라서 인물에 대한 평가가 달라진다. 그렇기 때문에 한 인물에 관한 책은 두 권 이상 읽어서 그 차이점을 알아보는 것이 필요하다. 책을 읽은 후에는 인물이 살았던 시대배경과 성장환경, 중요한 업적, 역사적 평가를 중심으로 내용을 요약해보고, 인물에게 닥친 시련이 무엇이었으며 그것을 어떻게 극복하였는지, 인물의 삶이 오늘날 우리 사회와 자신에게 주는 의미는 무엇인지 생각해보도록 한다.

인물이야기를 읽을 때 생각해요

✽ 인물이 살았던 시대배경은?
✽ 인물의 성장배경은?
✽ 인물에게 닥친 시련과 극복 과정은?
✽ 인물의 주된 업적은?
✽ 인물이 성공하게 된 까닭은?
✽ 비범함이 드러난 인물의 행동은?
✽ 인물이 당시 사회에 끼친 영향은?
✽ 인물의 행동 중 이해되지 않는 점은?
✽ 인물이 오늘날에 주는 의미나 교훈은?
✽ 비슷한 일을 한 인물과의 공통점 및 차이점은?

읽을 만한 인물이야기

✽ '위인이 좋아요' 시리즈(산하) 초등 3학년부터
✽ '어린이중앙 인물 이야기' 시리즈(랜덤하우스중앙) 초등 4학년부터
✽ '늦깎이 위인전 시리즈' 시리즈(세이북스) 초등 4학년부터
✽ '겨레의 인걸 100인' 시리즈(산하) 초등 4학년부터
✽ 『유일한 이야기』(웅진닷컴) 초등 4학년부터
✽ '우리 시대의 인물이야기' 시리즈(사계절) 초등 5학년부터
✽ '창비 아동 문고 위인전기 시리즈' 시리즈(창비) 초등 5학년부터
✽ '역사 인물 동화 시리즈' 시리즈(파랑새어린이) 초등 5학년부터
✽ 『여자는 힘이 세다』(교학사) 초등 5학년부터
✽ 『할아버지 손은 약손』(네모북) 초등 5학년부터
✽ 『도산 안창호 이야기』(아이들판) 초등 5학년부터

이렇게 하자

4 역사책을 읽기 위한 독서방법

역사책은 언제부터 읽혀야 할까? 성급한 부모들은 초등학교에 들어가자마자 역사물 전집을 들여놓지만 모든 아이들이 역사에 선뜻 흥미를 느끼는 것은 아니다. 일본과 중국의 역사교과서 왜곡과 독도 문제, 텔레비전 사극 등의 영향으로 갈수록 역사에 대한 관심이 고조되고 있는 가운데 서점에 나가면 어린이를 위한 역사 관련 책이 홍수를 이루고 있다. 부모 입장에서는 어떤 책을 골라주어야 할지 모를 정도이다.

과도기는 역사와 친해져야 하는 시기이다. 그래서 이 시기에는 역사를 연대기적으로 배우기보다 주제별로 읽으면서 역사에 재미를 느끼도록 하는 게 좋다. 우리나라가 겪은 전쟁이나 나라를 세운 사람들의 이야기, 종교, 문화재, 예술, 풍속 등을 중심으로 엮은 책들을 읽어가면서 역사와 점차 친해지도록 하면 된다.

아이들과 역사책을 읽을 때에는 드라마나 역사책에 나온 사실이 모두 진실인가를 의심해보아야 함과, 역사는 기록한 사람이 무엇을 중요하게 여겼는가에 따라 다르게 기록됨을 강조할 필요가 있다. 즉 아이에게 역사책을 읽어주면서 '궁예는 정말 나쁜 사람이었을까?' '의자왕은 진짜 방탕한 생활을 하였을까?' 같은 질문을 던지는 것이다.

또 역사적 사건을 기억하는 데에 그치지 말고 여러 다른 사건들과 연결하고 오늘날의 문제와 관련시켜 생각해보게 하는 것이 좋다. 예를 들어 세종대왕의 한글창제에 대해 읽을 때 세종대왕이 백성의 편리와 유교의 보급을 위해서 한글을 만들었다는 사실만 배우고 마는 것이 아니라, 일제시대의 조선어학회 사건과 주시경 선생에 관한 이야기를 들려주면서 왜 일본이 한글을 배우지 못하게 했는지에 대해서도 이야기를 나누며 주제 인식의 폭을 확장하는 것이다. 나아가 '한국인이 한국어를 모르면 과연 한국인이라고 할 수 있을까' '영어를 공용화해야 할까' 등 좀더 현실적이고 본질적인 문제에 대해서도 토의해볼 수 있다.

역사책 읽을 때 생각해요
✽ 책 전체 내용 살피기(무엇에 대한 책인가?)
✽ 나는 왜 이 책을 읽는가?
✽ 역사란 무엇이고, 역사를 배우는 까닭은 무엇인가?
✽ 역사적 사건이 일어난 배경과 직접적인 원인은?
✽ 사건의 전개 과정과 결과는?
✽ 사건이 가진 역사적 의의나 문제점은?
✽ 비슷한 사건이나 오늘날 사회문제와 관련하여 생각할 점은?

이렇게 하자

* 맵(map)이나 도표 등으로 책에서 알게 된 새로운 정보들을 정리한다.
* 역사 관련 용어사전을 만들고 자주 보면서 활용한다.

읽을 만한 역사책
* '우리 역사 한입에 꿀꺽' 시리즈(은하수) 초등 3학년부터
* 『우리 역사의 명장면』(두산동아) 초등 3학년부터
* 『우리 땅을 지켜낸 위대한 역사 이야기』(늘푸른아이들) 초등 3학년부터
* 『한국사 100장면』(국민출판사) 초등 4학년부터
* 『만화 살아있는 한국사 교과서』(휴머니스트) 초등 4학년부터
* 『만화 한국사 1, 2』(산하) 초등 5학년부터
* 『사진과 그림으로 보는 한국사 편지 1-5』(웅진닷컴) 초등 5학년부터
* 『역사야, 나오너라』(푸른숲) 초등 5학년부터
* 『얘들아, 역사로 가자』(풀빛) 초등 5학년부터
* 『교양있는 우리아이를 위한 세계역사 이야기 1-5』(꼬마이실) 초등 5학년부터

읽을 만한 역사소설
* 『어린 임금의 눈물』(파랑새어린이) 초등 3학년부터
* 『마지막 왕자』(푸른책들) 초등 5학년부터
* 『네가 하늘이다』(현암사) 초등 5학년부터
* 『광개토대왕』(꿈소담이) 초등 5학년부터

5 과학책을 읽기 위한 독서방법

 과학에 관한 책을 읽는 목적은 과학 지식을 알기 위한 것이다. 그러므로 새로운 정보를 얻는 것이 과학책 읽기의 일차적 목표이다. 과학책은 한 가지 분야를 집중적으로 다루는 것과 여러 가지 정보를 다양하게 소개하는 것이 있다.

 예를 들어 곰팡이에 관한 책을 읽는다고 하자. 먼저 책 제목과 차례를 훑어보면서 곰팡이에 대해 이미 들어보았거나 알고 있는 낱말들을 찾아서 적어본다.

 다음에는 머리말이나 추천사 등을 읽으면서 이 책이 가장 중요하게 생각하고 있는 것이 무엇인지 찾아본다. 대개 머리말에는 책에서 다루고 있는 중심내용과 저자의 의도가 나와 있다. 곰팡이에 관한 정보 중 이 책에서 특별히 다루고 있는 점이 무엇인지 찾아보는 것이다.

 그 다음으로 할 일은, 본문을 본격적으로 읽기 전에 스스로 질문을 해보는 것이다. '곰팡이는 왜 습한 곳에서 자라는가?' '왜 곰팡이는 독성이 있을까?' 등 궁금한 것들을 질문하여본다.

    이제 본문을 천천히 읽으면서 새롭게 알게 된 정보들에 밑줄을 긋는다. 잘 모르는 낯선 어휘에도 밑줄을 긋고 그 뜻을 헤아린다.

    다 읽은 후에 정보들을 범주화하여 정리한다. 범주화한다는 것은 정보들을 다시 조직한다는 뜻이다. 곰팡이의 구조, 곰팡이의 영양, 곰팡

과학책 읽을 때 생각해요

✸ 알고 있는 것이 무엇인가?
    차례를 훑어보며 이미 알고 있거나 익숙한 정보는 무엇인지 찾는다.
✸ 어떤 내용을 다루고 있는가?
    머리말이나 안내글을 읽으면서 이 책이 무엇을 다루고 있는지 찾아 밑줄을 긋는다.
✸ 어떤 질문을 할 수 있는가?
    화제와 관련하여 관심 있거나 알고 싶은 것에 대해 질문을 한다.
✸ 정보들을 어떻게 정리할 수 있는가?
    책을 읽으면서 새롭게 알게 된 정보들을 맵이나 도표 등으로 정리한다.
✸ 내 의견 말하기
    책을 읽고 난 후 알게 된 정보에 대해 나름대로 해석을 한다.
    더 탐구하고 싶은 내용이나 다르게 생각한 점을 내세운다.

이의 종류 등으로 범주화하여 정보들을 정리하는 것이다. 맵이나 그림, 도표 등으로 시각화하여 정리하면 기억하는 데에 더 도움이 된다. 정보들을 정리한 다음에는 수집한 정보들에 대해 자기 지식과 경험을 토대로 해석을 할 수 있다. 그런 뒤 아직도 궁금한 것이 있거나 저자와 다르게 생각하는 점도 적어본다.

읽을 만한 과학책

* 『그런데요, 생태계가 뭐예요?』(토토북) 초등 3학년부터
* 『콩알 하나에 무엇이 들었을까?』(봄나무) 초등 3학년부터
* 『지구를 구한 꿈틀이사우루스』(현암사) 초등 3학년부터
* 『권오길 박사의 아름다운 생명일기』(두산동아) 초등 4학년부터
* 『우주야, 말해줘』(한겨레신문사) 초등 4학년부터
* 『최열 아저씨의 지구촌 환경 이야기』(청년사) 초등 4학년부터
* 『생물이 사라진 섬』(비룡소) 초등 4학년부터
* 『놀이동산에서 배우는 과학』(이가서) 초등 4학년부터
* 『미래 과학 사전』(계림) 초등 5학년부터
* 『맛있는 자연 공부』(청년사) 초등 5학년부터
* 『달맞이꽃은 왜 밤에만 필까』(아이세움) 초등 5학년부터
* 『과학의 배꼽』(아이세움) 초등 5학년부터

이렇게하자

7장

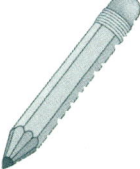

이제는 독서도 전략이다

1 | 열심히 읽었는데 왜 기억이 안 날까?
2 | 잘 읽는 비법은 전략에 달려 있다
3 | 책을 읽기 전에 미리 생각하면 책의 절반은 읽은 셈이다
4 | 어떤 점을 생각하며 읽어야 할까?
5 | 다 읽은 후에는 어떻게 생각을 정리해야 할까?

1 열심히 읽었는데 왜 기억이 안 날까?

5학년인 정희는 수업시간에 참 열심히 듣는다. 선생님이 강의한 내용도 깔끔하게 메모할 줄 안다. 눈을 반짝이며 열심히 듣는 모습으로 보아 머릿속에 새겨진 것들이 많을 거라고 생각했다. 그런데 막상 질문을 하거나 시험을 쳐보면 예상 밖으로 너무나 아는 게 없어서 의아해진다.

"요즘 들어 저희 정희가 기억력에 문제가 있는 게 아닌가 싶은 생각이 들 때가 많아요. 열심히 설명해주고 몇 시간 후에 물어보면 아무것도 생각나지 않는다고 하거든요."

초등 5학년인 정희의 독서수준을 알아보니 이야기글의 경우 4학년 수준이고 정보글은 3학년 수준에 머물러 있었다. 더구나 정희는 글을 읽고 난 뒤 읽은 내용을 다시 떠올리는 회상력이 아주 낮았다. 정희처럼 글을 읽고 나서 글 내용을 재생하는 능력이 부족한 데에는 여러 가지 원인이 있다. 가장 주된 원인은 어휘력 부족이다. 모르는 어휘가 많으면 읽을 때 이해가 안 되어 무슨 내용인지 기억할 수가 없는 것이다.

또다른 이유는 기억하는 전략을 사용할 줄 모르기 때문이다. 글을 읽거나 다른 사람의 설명을 들을 때 내용을 정리하고 요약하는 전략을 사용하지 않기 때문에 정보를 그냥 흘려보내게 된다. 그러다보니 읽은 내용의 처음과 끝만 기억나거나 인상 깊게 들은 내용만 저장된다. 정희는 4학년까지는 성적이 평균 이상이었으나 5학년이 되면서 성적에 문제가 생겼고, 정희 엄마는 시험을 앞두고 정희와 함께 문제집도 풀어보면서 성적 향상을 위해 노력하고 있지만 번번이 실망하고 있었다.

정희처럼 학년이 올라갈수록 정보를 효과적으로 처리하지 못해 힘들어하는 아이들이 종종 있다. 이런 아이들은 책을 열심히는 읽지만 조금 지나면 재생이 되지 않아 스스로 실망을 거듭하게 되고 심하면 열등감에 빠질 수 있다. 친구와 똑같은 시간을 공부했지만 시험 결과에 너무 큰 차이가 날 때 심한 좌절감을 느끼는 것이다.

전략적으로 읽어야 기억이 잘 된다

이런 경우 가장 시급한 것은 어휘수준을 끌어올리는 것이다. 어휘 공부는 여러 번 읽고 그 뜻을 완전히 이해하는 수밖에 없다. 보통 7회 이상 같은 낱말을 계속 보고 익히면 장기기억 속에 저장되어 잊어버리지 않는다는 연구보고가 있다. 그러므로 먼저, 책을 읽을 때마다 낱말의 뜻을 문맥 속에서 이해한 뒤 낱말장에 그 뜻을 기록하여 수시로 보면서 암기하는 연습이 필요하다.

그 다음, 어휘를 많이 확보하는 훈련만큼 중요한 것이 효과적으로 읽는 법을 배우는 것이다. 즉 책을 읽으면서 정보를 머릿속에 저장하는 방법을 훈련하는 것이다. 글을 읽어가면서 '아, 이건 중요한 거야. 꼭 외워둬야지!' 하며 중요한 내용을 소리 내어 읽는 것도 하나의 기억술이다. 여러 가지 기억방법이 있지만 가장 효과적인 것은 전략적으로 읽는 것이다. 전략적 읽기란 읽기 전에, 읽으면서, 읽은 후에 적극적으로 생각하는 것이며, '적극적인 생각'이란 책과 끊임없이 대화하는 것이다.

전략적으로 읽는다는 것은 계산적으로 읽는다는 말이 아니다. 전략적인 책읽기는 새기고 또 새기며, 음미하고, 따지고, 분석하며 읽는 것을 말한다. 이렇게 읽다보면 어느새 새로운 정보들이 머릿속에 자리 잡게 된다. 전략적으로 읽을 때 우리의 뇌가 훨씬 더 활발하게 작용한다는 연구결과도 있다.

과도기는 독서전략을 배워야 하는 시기

올해 초등 5학년인 재영이는 일주일에 서너 권 이상 읽어낼 만큼 다독을 하는 아이이다. 그렇게 책을 많이 읽지만 재영이는 읽은 내용을 조리 있게 말하지를 못한다. "무슨 내용이 나왔지?" 하고 물으면 잘 기억이 안 난다고 대답하거나 책 내용 중 인상 깊은 부분만 떠올려 말한다. 『괭이부리말 아이들』을 읽었다기에 "작가가 가장 말하고 싶은 것이 뭐라고 생각하니?"라고 묻자 "뭐, 가난하게 살면 고달프다, 그런 거죠"라고 한다. 재영이 어머니는 재영이가 워낙 말주변이 없어서 표현력이 떨어진다고 하지만 재영이는 글쓰기에서도 마찬가지였다.

소설을 어떻게 읽어야 하는지에 대해 전혀 모르기 때문에 자기 식대로 줄거리만 읽은 것이 바로 재영이의 문제였다. 다시 말하면 소설을 읽는 방법, 즉 읽기 전략을 모르기 때문에 열심히 읽었어도 작가가 전달하고자 하는 주제가 무엇인지 읽어낼 수 없었던 것이다.

소설을 읽는 전략이 무엇인지 알고 읽으면 읽고 나서도 내용을 더 잘 기억할 수 있다. 왜냐하면 소설을 읽는 방법은 소설의 형식, 즉 뼈대를 아는 것이기 때문이다. 5학년이라면 시대배경과 인물의 성격을 파악하는 것이 소설을 읽는 중요한 전략임을 인식할 수 있어야 한다.

비단 소설뿐만 아니라 인물이야기, 역사책, 과학책 등 장르에 따라 어떤 독서전략이 필요한지 배워야 하는 시기가 바로 과도기이다. 무엇을 읽을 것인가도 중요하지만 어떻게 읽어야 하는가도 대단히 중요하다. 책을 아무리 많이 읽어도 꼭 필요한 정보를 찾지 못한다면 그 책을 제대로 읽었다고 볼 수 없다.

책읽기 전략은 운전으로 비유하면 운전기술에 해당한다. 운전을 잘 하려면 먼저 운전하는 기술을 배워야 하고, 그 다음 배운 기술을 열심히 훈련해야 운전이 능숙해진다. 책읽기도 마찬가지이다. 책을 읽는 전략을 배운 다음, 다양한 책을 읽으면서 전략을 많이 사용해보면 자동적으로 책을 잘 읽게 된다. 책을 읽을 때 전략적으로 읽는다는 것은 곧 생각하면서 읽는다는 뜻이다. 전략을 많이 사용할수록 폭넓고 깊이 있게 생각하게 되는 것이다. 그리고 바로 과도기에 이러한 전략적 읽기를 훈련받기 시작해야 한다.

2 잘 읽는 비법은 전략에 달려 있다

오늘날 전략이라는 말은 곳곳에서 자주 사용되고 있다. 전쟁이나 전투에서 쓰이던 전략이라는 단어는 이제 기업경영이나 광고, 홍보 분야에서 흔하게 사용된다. 학습전략이라는 말도 이제는 흔히 듣는 얘기가 되었다. 전략적 사고를 많이 할수록 사고력이 향상된다는 학자들의 보고에 따라 학습전략에 대한 관심은 날로 높아지고 있다.

전략은 어떤 목표에 이르는 과정이기도 하고, 문제를 해결하기 위한 기준이나 원칙을 말하기도 한다. 최소한의 노력으로 최대한의 결과를 얻기 위한 작전이라고도 할 수 있다. 이를 독서에 빗대어보면 독서전략이란 효과적인 독서, 효율적인 독서를 위한 방법으로 해석할 수 있다.

책을 전략적으로 읽는다는 것은 자신이 왜 이 책을 읽는지, 어떻게 읽을 것인지를 알고 읽는다는 뜻이다. 물론 모든 책을 전략적으로 읽는 것은 아니다. 어떤 책은 별 생각 없이 가볍게 재미로 읽기도 한다. 이 경우는 굳이 말하자면 재미로 읽자는 것이 전략이다. 전략은 책을 읽는 목적을 스스로 세우는 것이요, 글을 읽으면서 생각할 거리를 정하는 것이다. 마치 군인이 작전을 세우지 않고 전쟁에 나가면 패할 가능성이 높듯이 전략을 짜지 않고 책을 읽으면 책을 통해 얻고자 하는 목적을 달성하기가 어렵다.

독서전략은 생각훈련이다

책을 읽는 과정은 생각을 하는 과정이다. 생각하지 않고 글을 읽으면 아무리 많은 양을 빨리 읽는다 해도 읽지 않은 것이나 다름없으며 시간 낭비가 될 뿐이다. 많은 사람들은 책을 많이 읽으면 저절로 이해력이 생기는 것으로 생각하지만, 독서전략을 배우지 않으면 이해력은 결코 저절로 향상되지 않는다.

운전이나 수영, 뜨개질 등 무언가를 배우려면 그 기술부터 배워야 한다. 무작정 하다가는 실수도 많이 하고 시간도 많이 걸린다. 그래서 그 기술에 능숙한 사람에게 잘하는 방법을 배운 다음, 스스로 잘할 수 있을 때까지 연습을 해야 한다. 처음에는 한 단계 한 단계 진행될 때마다 선배가 가르쳐준 기술들을 되새기고 확인하며 연습을 하겠지만 많은 연습 끝에 기술이 몸에 익으면 자동화되어 속도가 빨라지고 숙달된다.

책읽기도 마찬가지이다. 어떻게 책을 읽을 것인가를 배우는 것은 어떻게 생각하는가를 배우는 것과 같다. 생각의 속도가 빨라지고 생각이 무르익으면 비로소 사고력이 뛰어나다는 말을 듣는다. 스스로 생각해서 판단하고 결정할 수 있는 단계에 이르는 것, 바로 그 단계에서 주도적으로 책을 읽고 이해하며 생각하는 성숙한 독자가 되는 것이다. 그런데 생각기술도 배움을 통해 연습되고 숙달될 때까지 시간이 걸린다. 그러므로 독서전략은 과도기부터 꾸준히 훈련을 받아야 된다.

하루아침에 전략가가 되지는 않는다

전략적으로 읽는 습관은 하루아침에 생기지 않는다. 책을 재미로만 읽는 습관이 몸에 밴 아이들은 전략을 사용하며 읽는 것에 꽤 부담을 느낀다. 그렇다고 "자, 이제부터는 책을 전략적으로 읽자!"라고 덤벼서도 곤란하다. 갑자기 모든 책을 읽을 때마다 머리를 써가며 생각하자고 덤비면 책읽기가 너무 싫어질 수도 있기 때문이다.

전략적으로 읽으려면 적극적으로 읽으려는 열성과 에너지가 필요하다. 부모나 교사가 먼저 전략적으로 읽는 방법을 보여주면서 차근차근 전략적인 독자가 되도록 아이를 이끌어야 한다.

전략은 그때그때 상황에 따라 달라질 수 있다. 책을 읽기 전에는 차례를 보며 나올 내용을 예측하라는 전략이 있지만 그렇다고 해서 책을 읽을 때마다 예측하며 읽어야 한다는 뜻은 아니다. 하나의 전략을 사용할 것인가 아닌가는 전적으로 독자의 선택과 의지에 달려 있다. 독자가 이미 알고 있거나 필요하지 않다면 굳이 예측할 이유는 없다.

다만 과도기 아이들은 책 읽는 방법을 배우는 시기에 있으므로 다양한 전략들을 익힐 필요가 있다. 이런저런 전략을 많이 사용하여 읽을 수록 책 읽는 맛이 깊어진다는 것을 느끼도록 해주어야 한다. 그냥 목적 없이 전략도 모른 채 읽었을 때와, 독서전략을 써가면서 이리저리 궁리하고 따져보고 비교하며 읽을 때의 맛이 다르다는 것을 알게 되면 아이는 점점 적극적이고 능동적인 독자가 되어간다.

사실 부모들도 책 읽는 전략을 체계적으로 교육받지 못했다. 그러다보니 어른이 되어서도 어떻게 책을 읽어야 할지 몰라 답답해하는 사람이 적지 않다. 그러므로 아이에게 전략을 가르치기 전에 부모가 먼저 자신의 독서습관을 돌아보고, 독서전략을 자꾸 사용해보는 훈련을 해야 할 것이다.

다음에 소개하는 독서전략은 책을 읽기 전과 읽는 도중, 읽은 후에 무엇을 할 것인가를 정리한 것이다. 전략은 상황에 따라, 독자에 따라 적절하게 선택해서 사용할 수 있다. 한 권의 책을 읽으면서 다음에 소개된 모든 읽기 전략을 다 사용하라는 뜻은 아니다. 아이들에게 지도할 만한 전략들을 모두 소개하였으므로 부모가 먼저 독서전략을 적용하여 책을 읽어본 다음 자녀에게 하나씩 가르치면 된다.

3 책을 읽기 전에 미리 생각하면
책의 절반은 읽은 셈이다

아이들은 물론이고 많은 어른도 책의 본문을 읽기 전에 '미리 생각하기'를 하는 습관이 되어 있지 않다. 읽을 책에 대해 미리 생각하는 것은 사전 준비를 하는 것과 마찬가지이다. 학습, 즉 이해가 가장 잘 되는 상태는 이미 학습자가 그 주제에 관해 60~70퍼센트 정도 파악하고 있을 때이다. 미리 생각하기를 한 아이는 읽어야 할 책 내용이 무엇인지 알고 읽으므로 책에 대한 막연한 두려움이나 불안함이 없다. 그러니 내용 이해가 잘 되는 건 당연하다.

미리 생각하기는 일생을 두고 모든 일에 영향을 끼치는 사고력 중 하나라고 할 수 있다. 미리 생각해보지 않고 행동했을 때의 결과가 어떠하겠는가. '내가 지금 하려고 하는 일이 무엇이지?' '내가 만약 그렇게 하면 어떻게 될까?' '그 사람은 어떤 생각을 하고 있을까?' 등 미리 생각해보는 것이야말로 실수를 줄이고 일을 더 잘 수행하기 위한 태도이다.

1. 이 책은 어떤 책일까? – 장르 인식하기

책이 손에 들어오면 맨 처음 눈길이 가는 곳은 어디인가? 앞표지와 제목, 뒤표지일 것이다. 표지 그림과 소제목, 선전문구들을 훑어보고 나면 작가나 번역자에 대해 소개한 앞날개 부분을 읽어보게 된다. 이제는 책을 죽 훑어보면서 어떤 그림과 사진들이 나오는지 살핀다. 그러고 나서 '아, 이 책은 이런 책이구나!'라고 판단을 한다. 아이들과 책을 읽을 때에도 의도적으로 이러한 과정을 보여줄 필요가 있다. 읽으려고 하는 책의 종류가 창작동화인지 인물이야기인지 역사책인지 등을 먼저 파악하는 태도를 직접 가르쳐주는 것이다.

2. 무엇에 관해 쓴 책일까? – 글의 화제 찾기

많은 아이들은 머리말과 차례를 읽지 않는다. 무엇에 대해 말하고 있는 책인지 알아보지도 않고 무작정 본문부터 시작한다. 이렇게 책의 의도를 모르는 상태에서 읽기 시작하기 때문에 책을 읽으면서도 무슨 내용인지 이해하지 못하는 경우가 허다하다.

그 책의 주된 화제가 무엇인지를 먼저 알아보는 것은 마치 산을 오르기 전에 사전답사를 하거나 지도를 펴고 가야 할 길을 미리 점검하는 것과 같다. 그렇게 하면 어떤 길로 가는 것이 가장 좋은 방법인지를 알 수 있는 것이다. 무엇에 관한 책인지는 제목을 봐도 알 수 있지만 머리말과 차례를 읽으면 더욱 잘 알 수 있다.

3. 이 책을 왜 읽으려고 하지? – 읽는 목적 인식하기

무엇에 관한 책인지 파악했다면 이번에는 '내가 이 책에서 원하는 것은 무엇이지?'라고 질문을 한다. 책을 선택한 까닭을 스스로에게 묻는 것이다. 어떤 사람은 독후감을 쓰기 위해 읽을 것이고, 어떤 사람은 필요한 정보를 찾으려고 읽을 것이다. 자신이 왜 읽는지를 알고 있어야 읽는 목적이 분명해지고 집중해서 읽게 된다. 단지 읽어야 하니까 읽는다는 식으로 책을 읽는 것은 왜 길을 가는지도 모른 채 무작정 걷는 것과 같다.

4. 이런 책을 읽는 방법은 무엇이지? – 장르에 따른 독서전략 알기

읽으려고 하는 책의 종류에 따라 읽는 방법이 다르다는 것은 앞에서 여러 번 강조했다. 읽을 책이 판타지동화라면 판타지동화란 무엇인지 이야기를 나눈다. 판타지는 실제 세계가 아닌 가상의 세계에서 일어날 수 있는 일을 작가가 상상하여 지은 글이라는 것을 알려주고, 사람들이 왜 판타지동화를 좋아할까 같은 질문을 해본다. 판타지동화는 배경이 비현실적이고, 등장인물들이 초인적인 힘이나 마법을 쓰는 등 일반적인 동화와 다르지만, 이야기 속에 담긴 주제는 비슷하다는 것도 일러준다. 책을 읽으면서 어떤 부분이 판타지동화의 특성을 보여주는지 찾아보도록 하면 좋다.

5. 나는 무엇을 알고 있을까? – 배경지식 끌어내기

책 제목이나 화제에 대해 이미 알고 있는 지식을 배경지식이라고 한다. 이미 알고 있는 지식이 무엇인지를 끌어내는 것은 독서에서 아주 중요한 전략이다. 독서는 이미 알고 있는 것과 새로운 정보를 연결지어 이해하는 과정이기 때문이다.

배경지식은 글을 잘 이해하기 위한 첫 관문이며 책을 읽고 싶게 만든다. 이미 알고 있는 내용이라면 친숙하게 느껴 읽고 싶어하기 때문이다. 독자 스스로 자신이 무엇을 알고 있고, 무엇을 모르고 있는가를 인식하는 것은 대단히 중요하다. 배경지식을 끌어내는 것은 자신이 무엇을 알고 싶은가를 생각하여 책을 읽는 목적을 갖게 한다. 그리고 알고 싶은 것이 분명해지면 집중해서 읽게 되어 새로운 정보를 효과적으로 찾을 수 있게 된다.

그런데 많은 아이들은 자신의 배경지식을 끌어내는 일에 서툴다. 부모나 교사 또한 대부분 아이들에게 새로운 정보를 집어넣어주는 것만을 사명감으로 여기기 때문에 아이가 이미 알고 있는 지식을 끌어내는 일에는 많은 시간을 쓰지 않는다. 그러나 책을 읽으면서 아이가 이미 알고 있는 배경지식을 끄집어내도록 지도하는 것은 매우 중요하다. 배경지식을 끌어내는 일은 꼭 책을 읽기 전에만 하는 것은 아니다. 책을 읽는 중간이나 읽은 내용을 곱씹을 때, 책 내용을 비판할 때에도 계속 배경지식을 끌어낼 수 있다. 독서 자체가 배경지식을 끌어내어 글을 재해석하는 과정이라고 할 수 있는 것이다.

6. 내가 경험한 것은 무엇일까?—경험 되살려서 책과 연결짓기

그 책의 내용과 관련된 자신의 경험도 배경지식에 해당한다. 이야기글의 경우 책 표지나 책 안의 그림들, 차례에 나온 소제목들을 보면서 자신의 경험과 유사한 점을 찾아 이야기하는 것은 책에 관심을 갖게 하고 독서의 동기를 불러일으킨다.

7. 내 생각은 이렇다—미리 의견 세우기

읽을 책의 주제나 쟁점에 대해 자기 의견을 미리 세우는 전략이다. 논설문이나 설명문을 읽을 때 저자의 생각을 접하기 전에 미리 자신의 생각을 정리해보는 것이다. 읽기 전에 자기 의견을 세워보는 것은 미리 가설을 세워보는 것과 비슷하다. '나는 이렇게 생각한다'라고 전제를 한 다음 책을 읽으면 자신의 생각과 저자의 생각이 어떻게 같고 다른지 비교하면서 읽을 수 있다. 이 또한 적극적이고 능동적인 읽기이다.

8. 이런 점은 궁금하다—스스로 질문하기

배경지식을 떠올려보아 자신이 무엇을 알고 있는지를 인식했다면, 이번에는 책에서 자신이 알고 싶은 것은 무엇인지 스스로 질문을 던져본다. 판소리에 대한 책이라면 '판소리에서 소리꾼은 어떤 공부를 할까?' '판소리가 남쪽 지방에서 유행한 까닭은 무엇일까?' '판소리는 누가 즐겼을까?'와 같은 질문을 스스로 만들어볼 수 있다. 이렇게 질문을 만들면 책을 읽을 때 질문에 대한 답을 찾으며 읽게 되어 집중력을 높일 수 있다. 자신이 질문한 것에 대한 답을 책에서 찾았을 때 읽는 재미가 한층 더해진다.

9. 저자는 이런 내용을 썼을 것이다—예측하기

책을 읽기 전에 나올 내용을 예측해보는 것은 본격적인 독서를 위한 준비운동이다. 제목과 차례를 훑어보거나, 책 안의 그림, 도표 등을 훑어보면 나올 내용을 예측할 수 있다. 대부분 책에서 다루어질 내용은 책의 차례에 잘 제시되어 있다. 그래서 차례에 나온 소제목들을 보고 세부적인 내용을 짐작할 수 있다.

예측하기는 책을 읽기 전뿐만 아니라 읽어가면서, 읽은 후에도 계속 할 수 있다. 독자는 책을 읽는 내내 다음에 무슨 일이 벌어질지, 어떤 내용이 나올지 궁금해하면서 읽는다. 이어질 내용에 대한 궁금증이 바로 책을 읽게 하는 강력한 힘인 것이다.

읽기 전에 생각하기

책을 읽기 전에 아래와 같은 점들을 미리 생각하면 좋다.

1. 이 책은 어떤 책일까? - 장르 인식하기

다음의 과정을 통해 먼저 어떤 장르의 책인지 파악하는 태도를 가르친다.

① 앞표지, 제목, 뒤표지를 훑어본다.
② 표지 그림, 소제목, 선전문구들을 훑어본다.
③ 책을 죽 넘기면서 본문의 그림과 사진들을 훑어본다.

2. 무엇에 관해 쓴 책일까? - 글의 화제 찾기

① 머리말을 읽으면서 저자가 무엇에 대해 썼는지, 왜 썼는지 책의 주요 내용과 저자의 의도를 찾아보고 밑줄을 그은 뒤, 책에서 다룰 내용에 대해 아이와 부모가 함께 이야기를 나눈다. 이런 연습을 자꾸 하다보면 아이들은 머리말을 먼저 읽으면 책 내용 이해에 많은 도움이 된다는 것을 어느 순간 깨닫게 된다.

이렇게 하자

② 차례에 나온 소제목들을 훑어보면서 글이 실린 순서와 대략의 내용을 짐작해본다.

③ 차례를 보면서 미리 요약문을 작성해보는 것도 좋다. 차례에 제시된 상위항목과 하위항목들을 노트에 다시 한번 정리하면서 저자가 무엇에 관해 쓰고 있는지 그 뼈대를 알아보도록 한다. 차례에 나온 소제목과 하위제목들의 관계를 살펴보는 훈련을 하다보면 저자가 어떻게 화제를 구조화하는지 배울 수 있다.

3. 이 책을 왜 읽으려고 하지? –읽는 목적 인식하기

① "이 책을 읽는 목적이 무엇이니?"라고 아이에게 물어서 자신이 이 책을 왜 읽는지 아이 스스로 생각하게 한다.

② 숙제에 필요한 정보를 찾기 위해 읽을 수 있다.

③ 역사적 사건의 과정을 알고 싶어 읽을 수 있다.

④ 정보를 얻기 위해, 재미를 얻기 위해, 교훈을 얻기 위한 목적 등이 있을 수 있다.

4. 이런 책을 읽는 방법은 무엇이지? –장르에 따른 독서전략 알기

① 창작동화는 작가가 누구인지 살펴보고, 이야기의 배경과 인물의 성격을 통해 주제를 파악한다.

② 인물이야기는 인물이 살았던 시대배경과 어린 시절 성장배경, 인물의 주된 업적, 사회적 평가 등을 중심으로 읽는다.

③ 역사책은 주요 사건의 원인, 과정, 결과, 의미를 중심으로 읽는다.
④ 과학책은 과학에 대한 새로운 정보와 과학적 원리를 찾으며 읽는다.

5. 나는 무엇을 알고 있을까?-배경지식 끌어내기

배경지식을 끌어내기 위한 질문

아이에게 아래의 질문을 던져서, 아이가 이미 알고 있는 배경지식을 끌어내도록 한다.

① 제목과 표지를 보면 떠오르는 것은 무엇이니?
② 책 제목과 관련하여 이미 알고 있는 것은 무엇이니?
③ 책 내용과 관련하여 이미 알고 있는 것은 무엇이지?
④ 표지 그림과 책에 나온 그림들에서는 어떤 분위기가 느껴지니?
⑤ 이야기의 시대배경이나 역사적 사건에 대해 알고 있는 것은 무엇이니?

배경지식 활용하기

① 제목이나 책에서 다루는 주제와 관련하여 아이가 알고 있는 내용을 자유롭게 말하게 한다.
② 아이가 말한 내용을 범주화하고 시각화하도록 한다. 예를 들어 판소리에 대해 알고 있는 내용을 범주화할 때 어떤 하위개념들로 나눌 수 있을지 의논한다. 즉 판소리의 뜻, 판소리의 유래, 판소리 소설, 판소리 종류 등으로 범주화한 다음, 이런 하위개념마다 자신이 이미 알고 있

는 정보들을 정리한다.

〈그림1〉 나는 이런 것을 알고 있어요!

책 제목 : 이청준 판소리 동화/이청준/파랑새어린이

학년 수준 : 초등 4학년

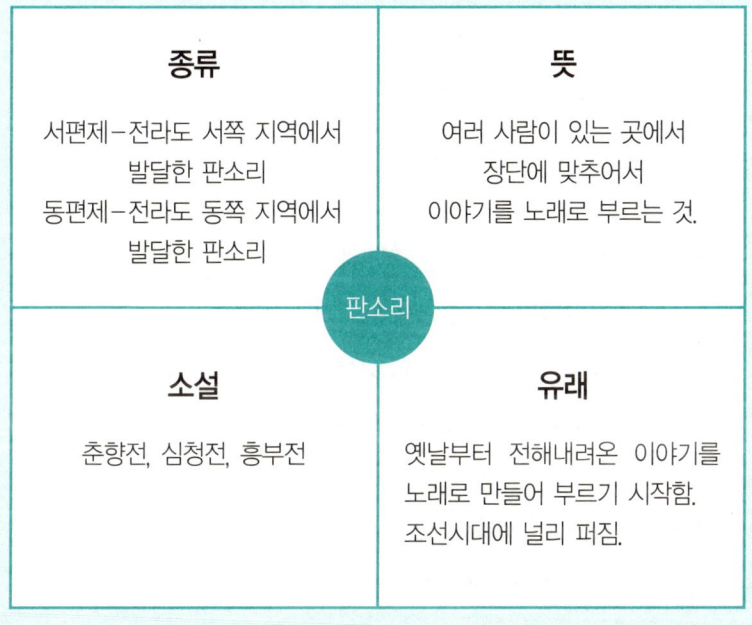

③ 아이가 책에서 다루는 주제에 대해 얼마나 알고 있는지, 배경지식을 어느 정도 가지고 있는지 미리 알아보는 방법은, 책을 읽기 전에 먼저 그 주제에 관해 테스트를 해보는 것이다. 부모나 교사가 본문 내용을 바탕으로 문제를 만들어보거나 본문 일부분을 발췌하여 빈칸 메우기

나 OX 문제를 풀어보게 한다. 빈칸 메우기는 주제와 관련된 어휘를 얼마나 알고 있는지 알아보려는 목적으로 만들기 때문에 어휘를 써넣을 칸을 비워둔다. 이렇게 미리 문제를 만들어서 풀어보게 하면 아이의 배경지식 정도를 알 수 있고, 이 책을 읽으면서 아이가 무엇을 배울 것인지도 알 수 있다.

〈그림2〉 나는 얼마나 알고 있나?
책 제목 : 그런데요, 생태계가 뭐예요?/김성화, 권수진/토토북
학년 수준 : 초등 3학년

*맞는 것은 O, 틀린 것은 X로 표시하세요.
1. 식물이 제일 좋아하는 공기는 산소이다.(   )
2. 식물은 물과 공기만으로 광합성 작용을 한다.(   )
3. 곰팡이, 박테리아처럼 동물의 배설물, 시체를 먹고 사는 생물을 생산자라고 부른다.(   )
4. 박테리아는 남극의 얼음 밑에서도 살고, 화산 속에서도 산다.(   )
5. 살아남기 위해 속임수를 쓰는 식물도 있다.(   )

6. 내가 경험한 것은 무엇일까?-경험 되살려서 책과 연결짓기
① 책과 관련된 아이의 실제 체험을 되살리도록 한다. 만약 갯벌에 관한 책을 읽는다면, 책을 읽기 전에 먼저 갯벌에 가본 경험을 떠올려 갯벌에서 본 것과 경험한 것을 이야기하게 한다.

② 책 내용과 관련하여 아이가 본 것을 떠올려보게 한다.『목수들의 전쟁』을 읽는다면 목공소나 집 짓는 장면을 본 기억을 떠올려 이야기할 수 있다.

③ 책과 관련된 다른 매체를 연결짓게 한다. 로봇에 관한 책을 읽는다면 로봇이 나오는 애니메이션이나 영화를 본 경험에 대해 이야기한다.

7. 내 생각은 이렇다–미리 의견 세우기
책의 제목과 내용과 관련하여 자신의 의견을 세워본다. 복제인간에 관한 동화를 읽는다고 할 때 "복제인간을 만드는 것에 대해 나는 이렇게 생각한다"라고 미리 자기 의견을 말하거나 서술해본다. 공룡의 멸종에 관한 글을 읽기 전에 "나는 공룡이 기후 때문에 사라졌다고 생각한다"라고 의견을 세울 수 있다.

8. 이런 점은 궁금하다–스스로 질문하기
① 질문하기에도 교육과 연습이 필요하다. 우선 아이에게 궁금한 것들을 모두 질문해보게 한다.

② 그중 중요한 질문을 추려낸다. 이때, 부모가 아이와 함께 어떤 질문이 중요하다고 생각하는지 의논하면서 중요 질문을 추린다.

③ 질문을 추려낼 때, 아이가 만든 질문에 대해 부모나 교사가 적절하게 평가를 해주어 아이가 질문을 만들어내는 방법을 배워가도록 한다. 예를 들어 아이가 "된장은 어떤 음식이에요?"라는 질문을 했다면

부모나 교사가 "된장에 대해 구체적으로 더 알고 싶은 점이 무엇이니?"라고 아이에게 되묻는 것이다. 그러면 아이는 "된장은 언제부터 먹기 시작한 거예요?"라는 구체적인 내용으로 질문을 바꾸게 된다. 이런 과정을 통해 아이는 질문을 할 때는 분명하고 구체적으로 해야 한다는 것을 배울 수 있다.

④ 질문을 한 다음 아이가 스스로 그에 대한 답을 추측해보게 하는 것도 좋은 방법이다.

⑤ 여럿이 함께 책을 읽을 때에는 다른 사람의 질문에 대해 서로 답을 적어보고 이야기를 나누는 것도 좋다.

〈그림3〉 나는 이것이 궁금해요!
책 제목 : 밥 힘으로 살아온 우리 민족/김아리/아이세움
학년 수준 : 초등 5학년

내가 궁금한 것을 질문으로	책에서 답을 찾아보아요
된장은 언제부터 먹기 시작했을까?	삼국시대부터 메주를 쑤어서 만들어 먹었다.
김치는 언제부터 먹었을까?	삼국시대부터 먹었다.(고춧가루나 양념을 넣지 않고 소금에만 절여 먹었다.)
고사상에 왜 돼지머리를 올릴까?	우리 민족이 돼지를 좋아해서이다.
아기를 낳고 나면 왜 미역국을 먹었을까?	고래가 새끼를 낳은 후 미역을 뜯어먹으며 상처를 아물게 하는 것을 보고 미역국을 먹게 되었다.

9. 저자는 이런 내용을 썼을 것이다 – 예측하기

읽기 전에 예측하는 질문

책을 읽기 전에 예측하는 질문을 던져 아이가 먼저 생각해보도록 지도한다.

① 제목으로 보아 책에는 어떤 내용이 나올까?

② 표지나 머리말로 보아 주인공은 누구이며 어떤 성격을 가지고 있을까?

③ 이 글에서 내가 새롭게 배울 수 있는 내용은 무엇일까?

④ 이 글은 어떤 방식으로 문제를 풀어나갈까?

〈그림4〉 제목을 보니 이런 내용이 나올 것 같아요

책 제목 : 우주야, 말해줘!/앤 마셜/한겨레신문사

학년 수준 : 초등 3학년

별은 어떻게 생겼는지 나올 것이다.

태양계와 은하계에 대해 나올 것이다.

블랙홀에 대해서 나올 것이다.

별똥별은 어떻게 생기는지에 대해 나올 것이다.

배경지식과 질문하기를 활용한 K-W-L 전략

K-W-L 전략은 특히 정보가 많은 책을 읽을 때 아주 유용하다. 이 전략에 따라 꾸준히 읽고 정리하는 습관을 들이면 읽은 내용을 잘 잊어

버리지 않게 된다.

〈그림 5〉 K-W-L 전략

책 제목 : 최열 아저씨의 지구촌 환경 이야기/최열/청년사

학년 수준 : 초등 4학년

주제 : 유전자 조작		
Know (내가 이미 알고 있던 내용)	**W**hat (알고 싶은 것)	**L**earned (글을 읽고 새롭게 알게된 내용)
●수퍼 옥수수 ●뿌리는 감자, 열매는 토마토인 과일 ●서로 다른 유전자를 섞는 것	●왜 유전자 조작을 할까? ●유전자 조작을 한 식품은 문제가 없을까? ●유전자 조작 식품을 어떻게 알 수 있을까?	●유전자 조작의 뜻 : 하나의 생명체 속에 다른 생명체의 유전자를 넣어 다른 성질을 갖게 하는 것 ●유전자 조작 농산물의 문제점 : 다른 작물에 영향을 주어 어떤 문제가 생길지 아직 모른다. 생태계의 균형이 깨질 수 있다. ●유전자 조작을 주장하는 쪽 의견 : 싼 값에 많은 수확을 거두어 굶주림을 면할 수 있다.

4 어떤 점을 생각하며 읽어야 할까?

"책을 읽으면서 굳이 밑줄을 긋고, 질문을 하고, 내용을 따져가며 읽어야 하나요? 오히려 읽는 흐름을 방해하여 이해하는 데 문제가 생기지는 않을까요?"라고 의문을 제기하는 사람들이 있다. 이런 의문을 제기하는 사람들은 책이란 부담 없이 느긋하게 감상해야지 분석하며 읽으면 읽는 재미를 잃게 된다는 생각을 갖고 있다.

그러나 책을 읽는 사람은 누구나 읽는 동안 무수한 생각을 한다. 생각하지 않고 읽으면 아무것도 머릿속에 들어오지 않고 기억되지 않기 때문이다. 느긋하게 감상한다고 하나, 감상하려면 집중해서 읽어야 저자의 생각을 알 수 있다. 1970년대 후반 들어 인지심리학자들은 책을 읽어가는 과정에서 활발한 사고가 일어나며, 그것이 인지능력에 도움을 준다는 연구결과를 발표하기 시작했다. 인지심리학자들은 글을 읽는 중간에 잠깐 멈추어 자신이 읽은 내용을 돌아보고, 저자가 강조하는 것을 찾아보며, 다음에 이어질 내용을 예측해보는 것은 모두 글을 잘 이해하게 만드는 전략임을 강조한다.

읽다가 잠깐 멈추고 생각하면 이해가 더 잘 되고 저자의 의도를 잘 파악할 수 있으며 따라서 기억이 더욱 잘 된다. 이러한 인식에 따라 현행 읽기교과서에는 글을 읽는 중간에 생각할 점이 질문 형식으로 제시되어 있다.

1. 앗, 내 생각과 다르다—나와 다른 생각 찾아 밑줄 긋기

글을 읽다가 자신의 생각과 다른 주장을 만나면 밑줄을 긋는다. 밑줄을 긋고 그 옆에 자신의 생각을 적는다. 책을 읽기 전에 예측했던 것이나 예전에 자신이 알고 있던 내용과 다른 것도 표시해둔다. 이러한 전략은 저자의 생각과 내 생각을 비교하고, 왜 다른지를 알아보려는 적극적인 자세를 갖게 한다. 이렇게 표시를 해두면 책을 읽고 나서 자신의 생각이 어떻게 달라졌으며, 여전히 수긍이 가지 않는 점이 무엇인지 분명하게 구분할 수 있다.

2. 몰랐던 내용이네—새로운 정보 찾기

글을 읽다가 자신이 몰랐던 새로운 정보를 찾아 밑줄을 긋는 것은 독서를 하는 기본적 자세이다. 새로운 정보를 찾고, 그것을 이해하는 것이 독서의 일차적 목적이기 때문이다. 새로운 정보에 밑줄을 긋는 것도 좋지만 지면의 좌우 여백에 간단한 어구로 정리해두는 것도 이해에 도움이 된다.

3. 읽다보니 번개처럼 생각이 떠올라요—아이디어 메모하기

글을 읽으면서 번뜩이는 아이디어가 떠오를 때 메모하는 습관은 아주 성숙하고 창의적인 독서태도라고 할 수 있다. 굳이 거창한 아이디어가 아니어도 좋다. 전에 읽었던 책과 비슷한 내용이 나왔거나 서로 연관이 된다고 생각하면 간단히 메모해둔다. 예를 들어 강화도조약에 관한 내용을 읽는 중에 '일본 상인들이 조선에서 죄를 지으면 조선국의 재판을 받지 아니하고 일본국의 재판을 받는다'와 같은 구절을 읽다가 오늘날의 SOFA(한미주둔군지위협정)가 떠올랐다면 그 옆에 '미군의 장갑차에 깔려 숨진 여중생 사건'이라고 적어두는 것이다. 이처럼 연관지어 생각하면 책 내용이 훨씬 생생하게 기억에 남는다.

4. 이다음에는 이런 내용이 이어질 거야—다음 내용 예측하기

글을 읽어가면서 다음에 나올 내용을 예측하며 읽는 것은 매우 적극적인 독서태도이다. 이야기글이라면 인물의 다음 행동이 궁금한 부분에서 잠깐 책을 덮고, 다음에 인물이 어떤 행동을 할지 상상해본다. 이어질 내용을 상상하려면 이제까지 인물이 어떻게 행동했으며, 어떤 성격인지를 알고 있어야 한다.

그렇다고 해서 이야기 전체의 흐름에 맞지 않는 생뚱맞은 상상을 해서는 안 된다. 그래서 아이들이 다음 이야기를 예측할 때는 왜 그렇게 생각하는지 그 이유를 물어보아야 한다. 이야기 속에는 주인공이 그렇게 행동할 만한 이유가 있고, 인물에게 생긴 문제가 있다. 일의 원인이 앞부분에 나왔다면 다음에는 그 결과가 나올 것이며, 문제가 나왔다면 해결 과정이 나올 것으로 예측할 수 있다. 이렇듯 예측하기는 글의 흐름을 꿰뚫어가면서 해야 하는 전략인 것이다.

아이들과 함께 글을 읽을 때에 부모나 교사가 "만약 주인공이 다음에 이렇게 행동한다면 어떤 결과가 나올까?"와 같은 질문을 던져 다음에 나올 내용에 따라 글의 전개가 어떻게 달라질지 이야기를 나누는 것도 좋은 방법이다.

5. 왜 그런 생각을 할까? – 저자에게 질문하기

저자의 생각에 의문이 들 때, 또는 인물의 행동이 이해되지 않을 때 저자에게 질문을 해보는 전략이다. 저자의 주장이나 설명에 논리가 부족하여 앞뒤가 맞지 않을 때에도 표시하고 질문을 한다.

6. 이게 바로 핵심이야 – 중심내용 찾기

글을 읽어가면서 문단의 중심내용을 찾는 것도 독서의 기본 자세이다. 대부분 글의 맨 앞 문장이나 마지막 문장이 문단의 중심내용이지만,

간혹 중간에 있는 경우도 있다. 중심내용을 말해주는 문장을 찾았다면 그 문장이 왜 중심내용인지 말하도록 한다. 또 중심내용은 그것을 뒷받침해주는 세부사항들이 있음을 알려주고 직접 그것들을 찾도록 한다.

중심내용이 문단에 드러나지 않는 경우에는 문단 전체 내용을 종합하여 중심내용을 만들어야 한다. 글에 드러나지 않은 중심내용을 정리하는 것은 많은 연습을 거치고 훈련을 받아야 능숙해질 수 있다. 이는 요령이나 방법만으로 쉽게 배울 수 있는 전략이 아니고, 풍부한 어휘력을 기반으로 하여 많은 독해훈련을 거듭함으로써 가능해진다.

7. 꼭 알아둘 어휘구나-낯선 어휘 찾아 이해하기

어휘력이 곧 독해력이라는 말이 있다. 글을 읽어가면서 잘 모르는 낱말을 찾아 밑줄을 긋는 것은 꼭 길러야 할 습관이다. 낯선 어휘에 밑줄을 그은 다음 어휘의 뜻을 생각해보는 데에도 여러 가지 방법이 있다.

어휘공부하기

어휘력이 뒷받침이 되어야 독해력과 이해력이 생길 수 있다. 과도기 아이의 어휘공부 방법을 살펴보도록 하자.

1. 소리 내서 읽어본다.
소리를 내어 읽는 순간 머릿속에 저장된 낱말이 떠오르면서 뜻을 이해할 수 있다.

2. 어디에서 보거나 들은 낱말인지 경험을 떠올려본다.
텔레비전이나 영화 등 어딘가에서 보고 들은 낱말은 아닌지 곰곰이 생각한다.

3. 앞뒤 문장을 다시 읽으며 뜻을 찾거나 추측한다.
낱말의 뜻은 대부분 문장 속에 설명되어 있거나 앞뒤 문맥을 다시 읽다보면 짐작할 수 있다.

이렇게 하자

4. 문맥을 생각하며 비슷하게 쓸 수 있는 말을 찾아본다.

앞뒤 문장을 다시 읽으면서 대신 써도 의미가 통하는 낱말을 찾아본다. 비슷한 낱말을 생각하면 낱말의 뜻을 이해할 수 있다.

5. 낱말의 형태와 짜임을 주의 깊게 살피며 의미를 추측한다.

예를 들어 '관기'의 뜻을 몰라도 관청, 관리, 관노, 관공서와 같은 낱말의 첫 글자 '관'이 나랏일을 보는 곳이라는 뜻임을 알면 관기는 나랏일을 보는 곳에 속한 기생임을 짐작할 수 있다.

6. 사전을 찾아 정확한 뜻을 알아본다.

위의 여러 방법으로 어휘 뜻을 찾지 못했다면 이제 사전을 찾아 정확한 뜻을 알 필요가 있다. 늘 낱말 뜻을 짐작으로만 알고 넘어가는 습관이 들면 글을 대충 감으로 이해하기 쉽다. 물론 낱말의 뜻을 앞뒤 문맥을 통해 추측하며 읽는 것도 독해의 방법이지만, 정확한 뜻을 알려고 애쓰는 자세가 중요하다. 모르는 말이 나왔을 때 사전을 찾아 뜻을 알아보는 것은 학년이 올라갈수록 가져야 할 자세이다.

7. 배운 어휘를 이용하여 짧은 글을 지어본다.

새로 배운 어휘를 가지고 짧은 글짓기를 해보면 자신이 뜻을 제대로 이해하고 있는지 확인할 수 있다. 낱말 뜻을 어설프게 알아서는 글을 짓기 힘들기 때문이다.

8. 낱말장을 만든다.

책을 읽으면서 낯선 낱말을 접하면 사전에서 뜻을 찾아 낱말장에 기록한다. 새로운 낱말을 기록할 때마다 이전에 기록한 낱말을 반복해서 보기 때문에 자연스럽게 뜻이 외워진다. 보통 하나의 낱말을 7회 이상 반복해서 보게 되면 머릿속에 장기 저장된다고 한다.

〈그림 6〉 내가 찾은 낱말

책 제목 : 목수들의 전쟁/김진경/문학동네

학년 수준 : 초등 5학년

낱말	내 생각과 문맥을 통해 추측한 뜻	사전에서 찾은 뜻	비슷한 말	짧은 글짓기
매정하다	차갑다, 야속하다	얄미울 정도로 인정이 없다.	무정하다	내 동생이 사탕을 한 개도 안 주고 혼자 다 먹어버려서 매정하다는 생각이 들었다.
뜬금없다	뚱딴지같다, 예상하지 못했다	갑작스럽고 엉뚱하다.	갑자기	밥을 먹다가 뜬금없이 크게 웃었다.

5 다 읽은 후에는
어떻게 생각을 정리해야 할까?

책을 읽고 나서 해야 할 독후활동은 크게 '정리하기'와 '생각하기'로 나눌 수 있다. 책을 읽기 전에, 그리고 책을 읽으면서 새로운 정보들을 받아들이려고 온 힘을 다했다면, 책을 읽고 난 후에는 받아들인 정보들 중에서 꼭 필요한 것들을 잘 추려야 한다. 읽은 내용을 정리하려면 머릿속에 입력된 정보들을 잘 분류할 줄 알아야 한다. 이렇게 정보를 분류하는 과정이 바로 생각창고의 서랍을 잘 정리하는 것이기 때문이다.

책에서 저자가 말하고자 한 내용을 잘 분류하여 정리했다면, 이제는 정리해둔 파일들을 다시 꺼내어 생각에 생각을 거듭하며 이 궁리 저 궁리 해보는 시간을 갖는다. 저자의 글을 이해하는 데에서 그치지 않고 새롭게 해석하여 재창조하는 과정을 거치는 것이다. 학자들은 이러한 사고를 초인지(超認知)라고 한다. 생각에 대해 생각한다는 뜻이다. 독자는 초인지 과정을 거치면서 저자의 언어를 자기 언어로 재창조하게 된다. 깨달음의 지평을 여는 것이다.

　책을 다 읽은 후에는 아래와 같은 방법으로 생각을 정리해보도록 한다.

1. 줄거리를 간추려요—요약하기

　부모들은 아이가 책을 많이 읽으면 저절로 요약을 잘할 줄 알지만 꼭 그렇지는 않다. 요약하기도 연습을 통해서 배우고 익혀야 하는 전략이다. 요약한다는 것은 중요한 내용을 가려낸다는 뜻이다. 중요한 것과 중요하지 않은 것을 가려낼 줄 아는 것이 바로 요약하기 전략이다.

　무엇이 중요한지를 알아내는 것은 큰 개념과 작은 개념을 잘 구분할 줄 아는 것과 같다. 또 문단의 전체 내용을 아우르는 핵심문장을 찾아야 하고, 때로는 문단에 중심문장이 없으면 전체 내용을 종합하여 중심내용을 추론할 수 있어야 한다. 이렇게 요약하기를 하면 글을 읽을 때 중요한 정보에 주의를 집중하게 되고, 읽은 것을 잘 기억할 수 있다.

　어떻게 하면 요약을 잘할 수 있을까? 가장 효과적인 방법은 글의 뼈대를 찾아내는 것이다. 글이 어떻게 짜여 있는지를 알면 그 짜임에 따라 내용을 정리할 수 있기 때문이다. 이야기글은 중요 인물이 있고, 사건들이 전개되며, 사건의 결말이 나온다. 따라서 이런 구조에 따라 이야기의 중심내용을 정리할 수 있다.

이야기글 요약하기

- 중심인물은 누구인가?
- 어디서 일어난 일인가?
- 인물에게 닥친 중요한 사건이나 문제점은 무엇인가?
- 어떻게 해결되었으며 결과는 어떻게 되었는가?

〈이야기지도 그림〉 이야기를 요약해요

책 제목 : 짜장 짬뽕 탕수육/김영주/재미마주

학년 수준 : 초등 3학년

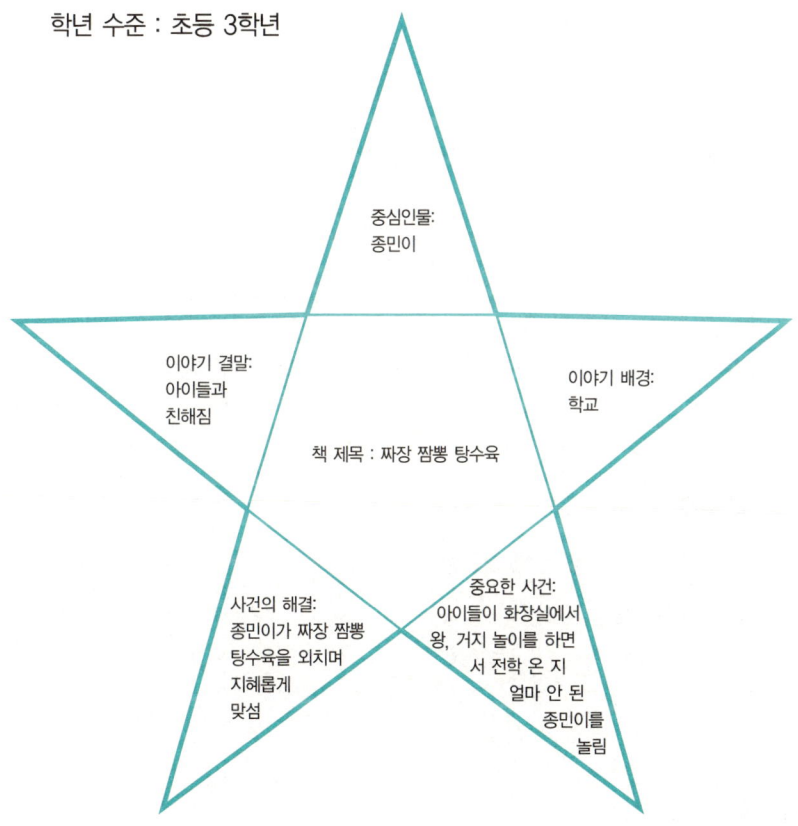

중심인물: 종민이

이야기 결말: 아이들과 친해짐

책 제목 : 짜장 짬뽕 탕수육

이야기 배경: 학교

사건의 해결: 종민이가 짜장 짬뽕 탕수육을 외치며 지혜롭게 맞섬

중요한 사건: 아이들이 화장실에서 왕, 거지 놀이를 하면서 전학 온 지 얼마 안 된 종민이를 놀림

글 구조 유형에 따른 요약하기

대부분의 글은 문제와 그 해결을 말하는 구조이거나, 원인과 결과 구조, 비교와 대조 구조, 개념과 정의 구조, 시간순서 구조 등으로 짜여 있다. 이러한 글 구조를 파악하려면 글 전체를 한눈에 바라보는 시야가 필요하다. 그래서 책을 읽은 후에 '저자가 어떤 방식으로 글을 조직화 했나?'를 생각하면서 다시 책을 살펴보아야 한다.

① 문제-해결 구조

책 제목: 나는 나/배봉기/한겨레아이들

학년 수준 : 초등 3학년

문제	아들은 남자답게 자라야 한다고 생각하는 아버지 때문에 고민이다.	
해결과정	시도한 해결방법	그 결과
	아버지에게 자신의 생각을 이메일로 적어 보냄.	아버지가 윤수의 생각을 받아들여 윤수가 하고 싶어하는 일을 하도록 허락함.
결론	용기를 내어 솔직하게 자신의 생각을 말할 때 문제를 해결할 수 있다.	

② 원인-결과 구조

책 제목 : 목수들의 전쟁/김진경/문학동네

학년 수준 : 초등 5학년

사건의 시작	노반이 초나라로 가서 목수 일을 시작함.	
사건의 전개	원인	결과
	재주가 뛰어나 전쟁에 쓰이는 무기들을 만들게 됨.	초나라와 송나라의 전쟁이 벌어질 위기에 처함.
결론	뛰어난 재주를 자신의 출세나 전쟁을 위해 쓰는 것은 기술자의 자세가 아니다.	

③ 비교-대조 구조

책 제목 : 잘 먹고 잘 자라기/김순영/작은씨앗

학년 수준 : 초등 4학년

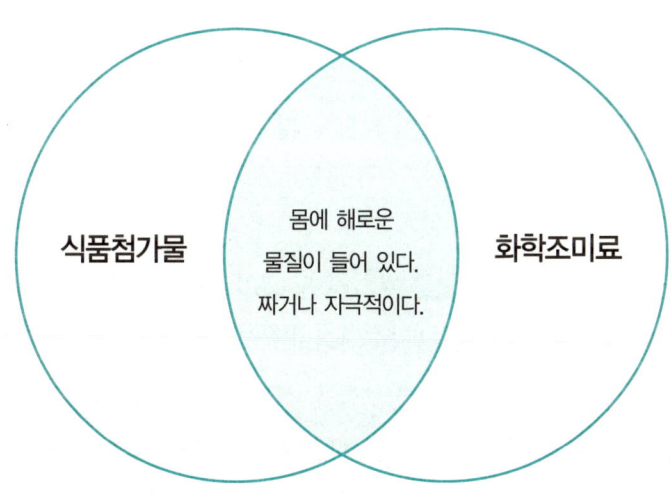

④ 목적-행동-결과 구조
- 인물이 이루려고 하는 목적은 무엇인가?
- 목적을 이루기 위해서 한 행동은 무엇인가?
- 행동의 결과 어떤 일이 일어났는가?
- 행동의 결과는 원래 목적한 바를 이루었는가?

⑤ 주장-근거 구조
- 주장하고자 하는 것은 무엇인가?
- 근거로 제시하고 있는 것들은 무엇인가?
  - 사실(경험한 것/역사적으로 또는 실험에 의해 증명된 사실)
  - 통계로 내세운 근거
  - 근거로 내세우는 사례
  - 전문가 견해
  - 저자의 논리와 추론에 의한 근거

2. 새롭게 알게 된 정보를 보기 좋게 정리해요─생각지도 그리기

이미 알고 있었던 정보들은 제외하고 글을 읽으면서 새롭게 알게 된 것만 정리하는 전략이다. 정보들을 시각화하여 정리하면 기억에 도움이 된다. 정보들을 정리하는 방법은 여러 가지가 있으나 가장 일반적으로 사용되는 방법은 의미지도이다.

- 새롭게 알게 된 내용이 무엇인지 모두 수집하여 적어본다.
- 내용에 따라 상위개념과 하위개념으로 구분한다.

예를 들어 우리나라 명절에 대해 알게 되었다면, 명절을 제목으로 두고, 그 아래에 추석, 설, 단오 등 '명절'이라는 제목에 속하는 다양한 하위개념들을 적는다. 그리고 추석, 설, 단오 아래에 각각 시기와 하는 일, 먹는 음식을 쓰고 해당 내용을 적어놓는다. 추석의 경우 시기는 음력 8월 15일이고, 하는 일은 차례 지내기, 먹는 음식은 송편을 적을 수 있다.

임진왜란에 대해 알게 된 정보를 시각화한다면, 전쟁이 일어나게 된 배경과 직접적인 원인, 전쟁 과정, 대표적인 전투, 전쟁의 결과, 전쟁 후 변화 등으로 나누어 정리할 수 있을 것이다.

3. 다시 읽어서 내용을 정확히 파악해요—내용 이해하기

글을 이해했는지는 '글에 드러난 사실을 이해하고 있는가?'와 '추론해서 해석할 수 있는가?' 두 가지로 물어볼 수 있다. 여기서 추론한다는 말은 글에 나와 있는 내용을 근거로 여러 맥락에서 해석하고 추리하여 이해하는 것을 말한다. 추론적 이해를 하려면, 배경지식을 기반으로 앞뒤 흐름을 잘 파악하는 능력이 필요하다.

책을 읽고 내용을 잘 이해했는가를 다시 알아보는 것은 아주 중요하다. 아이들은 책을 읽을 때 인상 깊은 장면에 몰입하거나 전체적인 느낌만 기억할 뿐 세부내용을 잘 기억하지 못한다. 주인공에게 무슨 일이 일어났고, 왜 그런 행동을 했으며, 왜 그런 결과가 생겼는지 따지지 않는다. 하지만 책을 읽고 나서 아이 수준에 맞게 질문을 하면 아이는 책 내용을 되새겨보거나 책을 뒤적이며 내용을 이해하려고 애쓴다.

이러한 이해 전략들은 책을 꼼꼼히 읽게 하고 분석하는 능력을 키워준다. 글을 읽고 나서 이해 정도를 점검하는 이러한 전략들은 아이들의 이해력을 향상시키는 데 도움이 된다.

① 글에 이미 나와 있는 세부내용 파악하기-사실 이해

먼저, 이야기의 기본 줄거리에 대해 아이가 얼마나 이해하고 있는지 알아본다. 책을 다 읽은 후 세부내용을 물어보아 아이가 얼른 대답을 못 하면 다시 책을 들춰보고 내용을 확인하도록 한다. 이러한 연습은 아이에게 자신이 대충 읽어서 빠트린 내용이 무엇인지 인식시키고, 꼼꼼하게 책을 읽어야겠다는 생각을 심어준다. 아래와 같은 점을 물어보도록 한다.

- 주인공은 어떤 사람이니?
- 어디서 벌어진 이야기이니?
- 무슨 일이 일어났지?
- 사건의 결과는 어떻게 되었니?
- 누가 어떤 행동을 했지?
- 주인공에게 생긴 문제는 무엇이니?

책 분량이 많아지고 일일이 질문하기가 힘들다면 독서인증제를 활용해도 좋다. 독서인증 프로그램을 활용하면 아이가 제대로 독해했는지를 그 책에 나와 있는 내용을 중심으로 확인할 수 있다.

② 앞뒤 맥락을 따지며 해석하기-추론하기

추론하기는 '왜 그랬을까?'라고 생각하는 것을 말한다.
- 그 상황에서 인물은 어떤 심정이었을까?
- 왜 그런 행동을 했을까?
- 여러 가지 표현으로 보아 어떤 분위기인가?
- 말과 행동으로 보아 인물의 성격은 어떠한가?
- 인물들은 무슨 일로 갈등을 겪고 있는가?
- 저자는 무엇을 근거로 그런 주장을 할까?

③ 주제가 무엇일지 깊이 생각하기-중심생각 찾기

중심생각은 글을 통해서 독자에게 전달하고자 하는 작가의 의도, 또는 글을 쓴 목적을 말한다. 독서의 일차적 목적은 저자가 말하고자 하는 메시지를 제대로 파악하는 데 있다. 그러므로 중심생각을 찾아내는 것은 아주 중요하다. 정보를 주는 글이나 주장하는 글은 작가가 말하고자 하는 중심생각이 글 맨 앞이나 뒷부분에 드러나 있는 경우가 많아 찾기가 쉬운 편이다. 또한 글의 제목에 이미 하고자 하는 말이 담겨져 있는 경우가 대부분이다.

반면 동화나 시, 수필 등은 중심생각이 숨겨져 있는 경우가 많다.

소설이나 창작동화와 같은 이야기글에서 주제 찾기

인물의 성격을 탐구하기

작가는 허구 인물을 창조하여 자신이 말하고 싶은 주제를 인물을 통해 나타낸다. 만약 주인공이 올바르고 정직하다면 작가는 올바르고 정직한 삶을 주제로 말하고 싶은 것이다. 인물의 성격은 인물의 말과 주요행동을 통해 추론할 수 있다. 예를 들어 『우리들의 일그러진 영웅』에서 주인공 한병태는 제목처럼 정직함과 정의를 잃어가는 일그러진 영웅이다.

이야기의 결말 탐구하기

작가는 이야기 결말 부분을 통해 하고 싶었던 말을 표현한다. 『괭이부리말 아이들』에서 작가는 동수가 공장에 홀로 남아 희망을 꿈꾸는 장면을 결말 부분에 그렸다. 작가는 동수가 주변 사람들의 사랑을 느끼며 자신의 삶에 대해 희망을 갖는 것으로 주제를 보여주었다. 가난하고 버림받은 동수가 따뜻한 사랑으로 힘을 얻어 살아간다는 것이 바로 이 소설의 주제인 것이다.

이런 글에서 중심생각을 찾을 때는 사실의 파악과 추론을 통한 이해를 바탕으로 전체 내용을 들여다보는 감상능력이 필요하다.

4. 옳고 그름을 따져봐요—판단하기

이제까지는 글의 내용을 잘 정리하고 이해하는 것에 초점을 맞춘 책읽기였다면 판단하기부터는 생각에 생각을 하는 초인지 독서에 해당한다. 저자의 생각을 꿰뚫었다면 이제는 독자 나름대로 판단하는 단계

이야기의 배경을 살펴보기

이야기에서 시대배경은 대단히 중요하다. 「홍길동전」은 조선 중기의 시대 모습과 밀접한 관계가 있다. 조선시대의 신분질서, 출세주의 등은 작가가 작품을 통해 말하고자 하는 주제와 깊은 관련이 있는 것이다. 시대배경 못지않게 작품의 공간적 배경도 아주 중요하다. 「괭이부리말 아이들」은 가난한 마을이 그 배경이다. 작가는 가난한 사람들이 살아가는 모습을 아주 자세히 그리고 있다. 그것은 작가가 가난한 사람들의 삶을 보여주고 싶었기 때문이다.

등장인물의 말을 탐구하기

이야기글에서 주제는 등장인물의 목소리에서도 드러난다. 작가는 등장인물이 주장하는 목소리를 통해 하고 싶은 말을 표현한다. 인물이야기나 역사소설에서는 백성들이 인물의 행동에 대해 말하거나 나랏일을 비판하는 말을 하는데, 그것이 바로 작가의 목소리이기도 하다.

이렇게 하자

인 것이다. 예를 들면 『홍길동전』에서 길동이가 집을 나가 도적이 된 것은 옳은 행동인가 잘못된 행동인가 판단하고 그 까닭을 말하는 것이다. 책을 읽고 판단하는 전략은 여러 가지가 있다.

- 등장인물이 한 행동에 대해 어떻게 생각하는가?
- 가장 마음에 드는 인물은 누구이고 그 까닭은 무엇인가?
- 인물 가운데 야단치고 싶은 사람은 누구이고, 그 까닭은 무엇인가?
- 주인공의 가치관에 대한 내 생각은 어떠한가?

- 주인공에게 어떤 충고를 하고 싶은가?
- 역사이야기에서 사실과 허구를 구별한다면?
- 등장인물 중에 상을 준다면 누구에게, 왜 주고 싶은가?

5. 내 경험과 관련지어 생각해요—적용하기

주인공이 문제를 해결하기 위해 선택한 행동을 찾아보고, 나라면 그 상황에서 어떻게 했을지 생각해보는 전략이다.
- 나라면 어떻게 할 것인가?
- 내가 그렇게 행동했을 때 다음 사건이 어떻게 전개되었을까?
- 등장인물과 비슷한 상황에 처한 적이 있었는가? 언제 무슨 일로 그러했는가? 다시 그런 상황에 놓인다면 어떻게 하고 싶은가?

6. 사회문제와 연관지어 생각해요—문제의식 갖기

책을 읽은 후 그와 연결하여 사회적으로 화제가 되고 있는 점을 찾아내는 연습이 필요하다. 장애인에 대한 글이라면 장애인에 대한 우리 사회의 시선은 어떠하며, 어떻게 장애인의 인권을 위해 노력해야 하는지 토의할 수 있다. 가난의 문제와 복지정책, 외모지상주의 문제, 효도와 노인문제, 혼혈아 및 외국인 노동자 문제를 다룬 책을 읽고 책과 연관된 사회적 현상을 알아보며, 어떻게 해결할 것인지 의견을 나눠야 한다. 3, 4학년이라면 책과 관련하여 한번쯤 생각해보는 정도로 언급하는 것이 좋겠고, 5학년부터는 좀더 심도 있는 대화를 나눠보는 것이 필요하다. 창작동화에는 사회문제로 확대해서 바라볼 만한 주제가 자주 등장한다. 작가는 문제의식을 가지고 글을 쓰기 때문이다.

창작동화가 아니어도 사회공부를 할 수 있는 많은 정보책들이 있다. 최근에 나온 정보책들은 단순히 정보만 나열하지 않고 과거의 역사적 사건이나 에피소드들을 삽입하여 흥미롭게 읽을 수 있게 만들어놓았다. 무엇보다 사회문제에 관심을 갖게 하는 방법은 텔레비전이나 신문을 아이와 함께 보면서 서로 이야기를 나누는 것이다.

7. 입장을 바꾸어 생각해보아요―관점 달리해서 보기

인물이야기나 창작동화를 읽은 후 인물을 다양한 관점으로 바라보는 전략이다. 간디는 인권변호사이면서 정치인이고, 독립운동가이며, 종교인이다. 또 교육가이기도 하다. 간디의 삶을 다양한 관점에서 해석해보는 것이 바로 관점 읽기 전략이다. 이순신은 군인이면서 작가이고 지도자이자 한 집안의 가장이었다. 이렇듯 인물의 삶을 다양한 각도에서 조명하는 작업은 인물을 객관적으로 바라보는 비판능력을 길러준다.

책에 나오는 인물 가운데 한 사람을 상상해서 자서전을 쓰는 것도 작품을 다른 관점에서 바라보게 하는 방법이다. 주인공의 입장에서만 작품을 들여다보는 것이 아니라 다른 입장에서 바라볼 때 새로운 관점이 생긴다. 등장인물 중의 한 명이 다른 인물에게 보내는 인사말이나 편지를 쓰는 것도 좋은 방법이다. 두 인물 간의 가상 대화를 만들어보는 것도 좋다.

8. 공통점과 차이점을 찾아요—비교하기

이미 읽었던 책과 비교해보는 전략이다. 굳이 책이 아니어도 좋다. 읽은 책이 영화나 드라마, 만화로 만들어졌다면 책과 비교하여 공통점이 무엇이고 다른 점은 무엇인지, 왜 다른지 토의해본다.

- 인물이야기는 전기 작가에 따라 다르게 쓰이기 때문에 반드시 2권 이상 읽어서 비교해본다. 예를 들어 인물의 출생과 신분, 집안환경에 대한 내용에 차이가 있는지, 인물의 성격 묘사에 차이가 있는지, 인물이 한 행동과 그 동기가 다르게 기술되어 있는지, 인물에 대한 평가와 해석에 다른 점이 있는지 등을 알아볼 수 있다.
- 같은 문제를 다룬 창작동화를 두 권 이상 읽은 후 등장인물의 행동이나 배경이 어떻게 다르고, 가치관이 어떻게 다른지 비교할 수 있다. 각각의 주인공이 같은 문제를 어떻게 해결하는지도 비교할 수 있다.

9. 시대를 달리해서 바라보아요—상상하기

작품의 시대배경을 달리하여 다양한 상상을 펼쳐보면서 상상력과 창의력을 기른다.

예를 들어 『홍길동전』을 대상으로 한다면
- 『홍길동전』에 나오는 그 장면이 오늘날 벌어졌다면 어떻게 되었을까 상상해본다.
- 책에 있는 장면이 무인도나 아프리카에서 일어난 일이라면 어떨지 상상하며 적어본다.
- 200년 전이나 200년 후에 일어날 사건을 상상해서 써보아도 좋다. 시대나 장소가 달라지면 인물들의 행동과 사건의 전개가 달라질 것임을 상상할 수 있다.
- 책 속의 사건을 실제로 일어난 사건으로 보고 취재하여 신문기사로 만들어보는 것도 즐거운 작업이다.

10. 결말을 바꾸어보아요―상상하기

결말을 바꾸어 만들어보는 것도 상상하기 작업이다. 결말을 바꾸는 것은 이야기의 주제를 바꾸는 일이 될 수 있다. 또 결말 이후에 몇 년이 지나고 나서 인물 중 한 사람이 어떻게 되었을지도 상상해본다. 상상하기 전략은 창작을 하는 수준으로, 아주 높은 단계의 사고력을 요구한다. 아이들은 결말 바꿔 이야기 짓기를 힘들어한다. 아이들에게 왜 결말을 그렇게 바꾸었느냐고 물으면 그 이유를 얼른 말하지 못한다. 따라서 주제와 관련지어 결말을 바꾼 이유를 말할 수 있도록 가르쳐야 한다.

11. 매체를 바꾸어 표현해봐요—창의적으로 생각하기

책을 읽고 이해하는 데에서 그치지 않고 다른 매체로 바꾸어보는 것을 매체전환(Transmediation)이라고 한다. 매체전환은 다매체시대에 살고 있는 오늘날 가장 창의적인 사고를 요구하는 분야이다. 이미 소설은 영화와 애니메이션, 만화, 뮤지컬 등 다양한 매체로 바뀌어 읽히고 있다. 제시된 지문을 광고문안으로 바꾸기, 라디오방송용 대본으로 만들기, 신문의 헤드라인 뽑기 등 수능시험에서 매체전환을 묻는 질문이 해마다 늘고 있다. 매체전환이 그만큼 고도의 창의적 사고를 바탕으로 하기 때문이다. 특히 매체 자체가 지니고 있는 속성을 잘 알아야 하기 때문에 미디어에 대한 공부를 해야 가능한 일이다.

매체를 바꾸어 표현하는 다양한 방법들
- 소설의 가장 중요한 부분을 그림으로 그려 책 표지 만들기
- 책을 광고하기 위한 포스터나 신문광고 만들기
- 책에 나오는 사건을 학급에 알려줄 뉴스로 만들기
- 책에 있는 장면과 배경을 연극무대로 구성하기
- 이야기의 중심인물과 인터뷰하기
- 연극이나 영화대본으로 책을 각색하기
- 이야기 속의 장면에 어울리는 배경음악 선정하기
- 과학책을 읽은 후 유아용 그림책 만들기
- 책에 대한 서평 쓰기
- 알게 된 정보를 이용하여 박물관 가이드를 위한 원고 작성하기

● 전통문화에 관한 책을 읽은 후 축제 이벤트 기획서를 작성하기

매체를 바꾸어 표현해봐요

책 제목 : 우리 조상들의 의식주 이야기/표시정/다산교육

학년 수준 : 초등 4학년

가상박물관 가이드 원고 쓰기	
안내할 주제	한옥
대상 및 인원	초등학생 20명
목적	한옥의 특징과 우수한 점을 알려서 우리나라 집에 대한 자부심을 갖게 한다.
전달할 핵심 내용	한옥의 구조와 쓰임
원고 구성	안녕하세요? 저는 오늘 여러분에게 한옥에 대해 소개하려고 해요. 여러분은 한옥 하면 어떤 그림이 떠오르나요? 우리나라의 집은 초가집, 기와집, 너와집 등 여러 종류가 있어요. 한옥이라고 하면 보통 조선시대 양반들이 살던 집을 말한답니다. 사진에서 볼 수 있듯이 한옥은 크게 여자들이 사용하는 안쪽 공간과 남자들이 사용하는 바깥 공간으로 나뉘어 있어요. 여자들은 주로 주택의 가장 안쪽에서 생활하고, 남자들은 바깥쪽에 위치한 사랑채에서 생활했어요. 또 신분에 따라 대문간에서 가까운 곳에는 머슴들과 청지기가 살았어요. ....

12. 저자와 다른 주장을 펼쳐봐요—주장하는 글쓰기

글에서 가장 쟁점이 되는 부분을 찾아 자기 생각을 논리적으로 전개하는 글을 쓰는 전략이다. 저자의 주장에 반박하는 글을 쓸 수도 있고, 전혀 다른 대안을 제시할 수도 있다.

- 서론-본론-결론 구조로 자신의 주장을 펼치는 방법
  서론, 본론, 결론의 뼈대를 만든 다음, 서론 부분에서는 자신이 하고 싶은 주장을 분명히 밝히고, 본론에서는 주장을 뒷받침할 근거를 들며 의견을 개진한다. 경험에서 얻은 사실, 다른 책에서 알게 된 지식, 여러 가지 통계자료, 전문가들의 의견, 증명된 사실, 논리에 따른 가능성 등을 근거로 들어 설명할 수 있다.

- 서론, 본론, 결론으로 나누지 않고 글쓴이의 주장을 조목조목 비판하는 글을 쓰는 방법
  만약 찬성과 반대 의견이 뚜렷한 사안은 먼저 이것이 쟁점이 되는 이유를 서술한 다음, 찬성편의 주장과 근거, 반대편의 주장과 근거를 정리한다. 그런 뒤 자기 나름대로 두 입장에 대해 해석을 하고, 역시 근거를 세워 자기 의견을 밝힌다. 의견을 낼 때에는 문제해결을 위한 대안도 제시한다.

8장

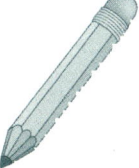

텔레비전도 책처럼 읽어내자

• • •

1 | 텔레비전은 독서의 적이 아니다
2 | 미디어도 책처럼 읽어내는 독해력을 길러야 한다
3 | 미디어 리터러시란 무엇인가?
4 | 텔레비전을 어떻게 읽을까?
5 | 신문을 어떻게 읽을까?
6 | 영화, 애니메이션은 어떻게 읽을까?
7 | 광고는 어떻게 읽을까?

1 텔레비전은 독서의 적이 아니다

수많은 독서칼럼에서 텔레비전은 독서를 방해하는 못된 매체로 등장한다. '텔레비전을 꺼야 독서를 한다'와 같은 칼럼들이 넘쳐나고 독서를 위해 '텔레비전 안 보기 운동'도 벌인다. 하지만 텔레비전을 보지 못하게 한다고 아이들이 독서를 하게 될까? 아마도 아이들은 컴퓨터 게임이나 인터넷으로 달려갈 것이다. 컴퓨터를 없앤다면? 휴대폰이라는 강력한 통신매체가 기다리고 있다.

필자는 언젠가 어떤 독서단체에서 "텔레비전도 책처럼 적극적으로 읽어야 한다. 텔레비전은 더이상 독서의 적이 아니다"라고 강연한 적이 있었다. 그러자 많은 질문이 쏟아졌다. "텔레비전은 바보상자라고 하는데 어떻게 책처럼 읽는다는 말인가요?"와 같은 질문이었다.

오랫동안 텔레비전은 역기능이 강조되어 비판의 대상으로만 여겨졌다. 시민단체의 '텔레비전 모니터 감시단 활동'은 텔레비전의 폭력성이나 선정성 등을 가려내어 질이 나쁜 프로그램을 추방하는 데에 역점을 두어왔다. 이는 미디어를 수용하는 사람들의 이해능력보다는 제작자의 철학이나 도덕성에 초점을 맞춘 운동이었다. 다시 말하면 방송제작자의 사회적 책임을 더 강조하는 입장이지, 텔레비전 시청자들이 어떻게 텔레비전을 이해하고 받아들여야 하는가에 대한 관심은 아니었던 것이다.

하지만 1990년대 들어서면서부터 미디어는 읽어야 하는 대상으로 패러다임이 바뀌고 있다. 외국의 경우 학교에서 미디어는 교육적 도구의 개념으로만 인식되다가 지금은 미디어 자체를 적극적으로 해독하도록 가르치는 미디어 리터러시(Media Literacy) 개념으로 바뀌고 있다. 미디어도 책처럼 이해해야 할 매체라는 것이다.

미디어를 책처럼 이해할 줄 알아야 하는 까닭은 무엇일까? 우선 우리가 살고 있는 시대는 다매체시대로, 책 이외에도 해석하고 비판하고 활용할 매체들이 많기 때문이다. 예를 들어 신문이라는 매체가 지닌 속성을 모른다면, 신문을 바로 이해하기 힘들다. 신문을 비판적인 시각에서 읽으려면 신문의 내용을 해석하는 것과 함께 그런 기사가 실리게 된 배경과 의도를 파악하는 것도 중요하다.

둘째, 우리를 둘러싼 매체들은 우리의 삶에 지대한 영향을 미치기 때문에 매체의 의도와 사회적인 영향에 귀를 세워야 한다. 과연 무엇이 진실인지 알기 위해 대중은 끊임없이 매체를 탐구해야 하는 것이다.

셋째, 현대 사회는 매체를 이해하고 해석할 줄 아는 능력뿐 아니라 매체를 적극적으로 활용하고 만들어내는 능력을 요구하고 있다. 사람들은 매체를 통해 생각을 공유하고, 신념을 확산시키기 때문이다.

이러한 시대적 요청에 교육이 앞장서야 하는 것은 지극히 당연하다. 현행 7차 교과서가 신문, 광고, 인터넷, 영화 등 미디어에 대해 가르치고 있는 것도 이런 이유에서이다. 그렇다면 부모는 어떤 자세로 자녀에게 매체를 접하게 하고 이해하도록 해야 할까?

가장 먼저 할 일은 매체의 속성에 대해 알려주는 것이다. 매체의 속성이란 예를 들어 방송의 제작방법, 방송을 움직이는 사람들, 방송 제작 목적 등을 말한다.

다음은 매체에 담긴 생각을 읽어내게 돕는 일이다. 뉴스를 보면서 뉴스에 담긴 뜻을 이해하도록 해야 한다는 말이다. 뉴스의 속성과 내용을 알게 되면 그 뉴스에 대해 분석하고 비판할 수 있게 된다.

매체에 대해 비판적인 시각을 갖도록 교육하는 것이 곧 미디어 교육이라고 할 수 있다. 한 사람의 시민으로서 사회를 건설적인 방향으로 이끌어갈 책임이 있다고 볼 때 매체를 바로 이해하고 비판하는 능력은 책을 읽고 이해할 줄 아는 능력 못지않게 중요한 능력이다.

2. 미디어도 책처럼 읽어내는 독해력을 길러야 한다

"초등학교 4학년인데 휴대폰을 사달라고 떼를 씁니다. 같은 반 아이들이 하나 둘 휴대폰을 살 때마다 조르는 통에 정말 난감할 때가 많아요."

텔레비전, 신문, 라디오, 영화, 잡지 등 온갖 대중매체에 휴대폰 광고가 넘쳐난다. 하루가 다르게 다양한 기능들이 개발되고 엄청난 자본을 들여 광고를 하기 때문에 어지간한 소비자는 휴대폰을 사고 싶은 유혹을 뿌리치기가 쉽지 않다. 더구나 아직 판단력이 부족한 아이들로서는 얼마나 갖고 싶은 장난감이겠는가?

생각해보면 광고처럼 철두철미하게 복습을 시키는 선생님도 없다. 같은 말을 몇 번이고 반복하여 들려주고 보여주기 때문에 시청자는 그것을 어느 순간 외워버린다. 과외가 필요 없는 교육이다. 텔레비전을 보지 않아도 광고로부터 자유로울 수 없다. 지하철, 버스, 택시, 길거리 전광판, 화장실에 이르기까지 광고가 없는 곳을 찾기 힘들 정도이다.

결국 우리는 광고로부터 도망칠 수 없다. 책을 읽지 않고 살 수 없듯이 광고를 읽어내지 않고 살 수는 없다. 광고는 읽어야 할 매체인 것이다. 책의 저자가 무엇을 말하고 싶은지 그 주제를 파악해야 하는 것처럼 광고를 볼 때도 광고를 만든 사람이 무엇을 의도했는지 파악할 수 있어야 한다. 휴대폰을 팔기 위해 어떤 선전 전략을 썼는지, 어느 연령층을 겨냥하고 만들었는지, 소비자를 사로잡기 위해 어떤 이미지 전략을 쓰고 있는지 등을 알아야 하는 것이다.

'대한민국 1퍼센트' '99퍼센트는 가라!'라고 외치던 자동차 광고를 기억할 것이다. 이 자동차 광고의 전략은 '차별화'였다. 고급 자동차를 표방하며, 차를 살 수 있는 부유층을 잡겠다는 전략이었다. 그런데 문제는 1퍼센트에 해당되지 않는 99퍼센트의 사람들이 빚을 얻어서라도 그 차를 사고 싶어한다는 데 있었다. 대중매체를 이용할 수밖에 없는 광고의 특성상 누구든지 광고를 보게 되어 있다. 그러니 광고의 전략에 말려들어 차를 살 능력이 없는 사람들까지 차를 사려고 덤비게 되는 것이다.

이렇듯 지금은 그 어느 시대보다 미디어를 제대로 이해하는 리터러시(Literacy)를 필요로 한다. 이제 리터러시는 자신을 지키고 잘 살아가기 위한 생존능력이다. 오죽하면 맥루한이라는 학자는 미디어를 인간의 연장이라고 했겠는가. 그는 사람들이 미디어를 자아의 연장으로 생각하는 시대에 살고 있다고 말했다. 자동차를 운전하다가 누가 차를 들이박으면 "당신 나 박았어?"라고 항의하는 사람이 많다. 자동차를 바로 나(Self)라고 여기는 것이다. '당신이 살고 있는 집이 당신을 말해줍니다'라는 유명한 아파트 광고에서 보듯, 살고 있는 집이 바로 존재를 대신하는 것이다. 우리는 어떤 차를 몰고 다니는가, 어떤 집에서 사는가, 어떤 옷을 입는가를 가지고 그 사람의 가치를 판단해버리는 시대에 살고 있다고 해도 결코 과언이 아니다.

많은 사람들이 요즘 아이들의 소비 행태나 생활 습관에 대해 우려한다. 기업들은 아예 10대를 유행을 선도하는 층으로 보고 적극적인 마케팅 전략을 구사한다. 드라마와 광고가 어린이들에게 미치는 영향은 실로 지대하다. 문제는 아이들이 단순히 연예인의 행동을 모방하는 것에 그치지 않고, 아이들 사이에 드라마 주인공처럼 돈을 많이 벌어서 즐기며 살고 싶다는 생각이 지배적이라는 점이다. 사는 지역과 아파트 평수, 자동차, 명품 등으로 그 사람을 평가하는 어른들의 생각은 아이들에게 전이된다. 삶에 대한 가치관을 탐색하고 세우기 시작하는 초등 과도기부터 미디어에 대한 교육이 절실한 까닭이 바로 여기에 있다.

매체의 홍수에 노출되어 있는 요즘 아이들에게는 노숙자나 빈민가의 모습마저 영화나 드라마의 한 장면처럼 다가온다. 몇 년 전에 일어난 미국의 9·11 테러 사건 때 비행기가 건물로 돌진하는 장면을 마치 게임의 한 장면 같다고 표현한 아이들이 많았다. 지하철에서 걸인을 만나면 불쌍하다는 생각을 하지만 돌아서면 금방 잊어버린다. 몇 분 전에 거지를 만났어도 식당에서 음식을 먹을 때면 이것저것 마구 먹다가 남기는 게 다반사이다.

머리로 배운 것이 가슴으로 연결되지 않고 말과 행동이 따로 움직이는 것이다. 왜 그럴까? 여러 이유가 있겠지만 실제로 삶 속에서 체험으로 얻은 지식이 아니라 매체를 통해 얻은 지식이기 때문이다. 매체는 그 속성상 늘 새롭게 변화한다. 버튼만 누르면 자기 마음대로 변형할 수도 있다. 매체 속에서 자라나는 아이들을 어떻게 교육해야 할까? 그 답은 바로 매체를 바로 읽도록 가르치는 것이다.

책 많이 읽은 사람이 미디어 읽기도 잘한다

앞에서 말했듯이 리터러시는 매체를 이해하는 능력, 즉 매체를 읽고 쓰는 능력을 말한다. 미디어를 제대로 이해하려면 미디어를 열심히 접하기만 하면 될까? 이 물음은 '책을 많이 읽으면 독서능력이 키워질까?'와 같은 질문이다. 텔레비전을 열심히 본다고 해서 텔레비전을 잘 이해하게 되는 것은 아니다. 문제는, 제대로 이해하는 능력을 키우는 것이다. 독서교육의 목적이 이해와 활용에 있듯이 매체 읽기 역시 매체에 대한 이해와 매체를 활용하는 능력을 키우는 데 목적이 있다.

텔레비전을 잘 이해한다는 것은 텔레비전 프로그램에 나오는 사람이 누구이고, 어떤 내용이었는가를 기억하는 데에 있지 않다. 텔레비전 방송을 만든 사람은 누구이고, 누구를 주 대상으로 삼았으며, 어떤 목적으로 만들었는지 파악하는 것이 먼저이다. 그리고 방송이 만들어진 사회문화적 환경을 바라볼 줄 아는 시각이 있어야 프로그램의 성격을 이해할 수 있고, 나아가 프로그램의 문제점을 지적할 수 있다.

그런데 방송의 사회문화적 환경과 책임 등을 이해하려면 폭넓은 배경지식이 필요하다. 결국 깊고 넓은 독서가 바탕이 되었을 때 미디어를 바로 이해할 수 있다는 말이다. 미디어시대에 독서의 중요성이 더욱 강조되는 것은 바로 이 때문이다. 한 연구에 따르면 독서를 하는 텔레비전 시청자는 독서를 거의 하지 않는 시청자에 비해 시사문제에 대해 적극적인 사고를 하는 것으로 나타났다. 독서를 많이 하는 시청자는 방송에 나오는 정치 내용을 오락적으로 보지 않고 매우 중요한 것으로 바라본 반면, 독서를 하지 않은 시청자는 정치를 매우 단순하고 재미있는 것 혹은 골치 아픈 것이라고 대답했다.

이와 같은 현상은 텔레비전이 영상물이라는 데서 비롯된다. 극적인 효과를 위해 텔레비전은 주요 장면 중에서도 시청자의 눈을 사로잡을 만한 자극적인 장면만을 골라 영상을 내보낸다. 이때 독서능력이 부족한 시청자는 사고의 체계화와 논리적 구상력이 약하기 때문에 눈에 비치는 영상을 다양한 맥락에서 해석하지 못하고, 당장 보이는 일면만을 받아들이게 된다. 한마디로 영상에 대한 리터러시가 안 되는 것이다.

결국 미디어에 대한 이해능력을 높이는 방법은 독서능력에 달려 있다고 해도 과언이 아니다. 그래서 작서(Saxer) 같은 미디어학자는 "미디어 교육은 바로 독서교육에서부터 시작되어야 한다. 미디어 교육의 효과를 높이기 위해서는 그것이 효율적인 독서교육 안에서 이뤄져야 한다"라고 결론 내리고 있다. 미디어 교육을 교과과정 안에서 실시하고 있는 영국은 영어교사가 미디어 교육을 담당하기도 한다. 영국의 일부 사범대학에서 영어교사가 미디어 교육을 부전공으로 선택하는 것도 이 같은 이유에서이다. 영국이 이처럼 미디어 교육을 독서교육의 연장선에서 실시하고 있는 것은 독서교육을 통한 사고력이 미디어를 제대로 이해하고 분석하는 능력을 키운다는 생각 때문이다.

3 미디어 리터러시란 무엇인가?

텔레비전을 꺼야 독서를 한다는 주장이 넘쳐나고 '텔레비전 안 보기 운동'까지 벌이고 있다. 하지만 언제까지 텔레비전을 피하기만 할 것인가. 싫든 좋든 오늘날 텔레비전은 사회 전반에 걸쳐 엄청난 영향력을 지닌 매체이다. 텔레비전을 잘 이해하는 것은 세상 돌아가는 것을 잘 아는 것이나 다름없다. 오늘날 대중매체에 대한 이해 없이 사회를 진단하기는 거의 불가능하다고 해도 과언이 아니다.

　어디 텔레비전뿐인가. 한 편의 영화가 미치는 영향은 어떠하며, 신문이나 만화, 광고의 힘은 또 어떠한가. 대중매체를 읽고 해독하는 능력은 책을 읽고 이해하는 것만큼이나 중요한 능력이다. 그래서 서구에서는 이미 1990년대부터 매체를 읽어야 하는 대상으로 생각하여 이를 적극적으로 이해하도록 가르치는 미디어 리터러시 교육을 학교에서 실시하고 있다.

그렇다면 매체 읽기 교육은 왜 독서교육의 틀 안에서 함께 이루어져야 할까? 그것은 책과 매체가 모두 언어라는 공통점을 갖고 있는 텍스트이고, 잘 읽어내기 위해서는 사고 전략, 즉 읽기 전략을 사용할 수 있어야 하기 때문이다. 어떤 매체든 생각하지 않고 읽어낼 수는 없다. 마치 책을 읽을 때 깊이 생각하지 않고서는 제대로 이해했다고 말할 수 없는 것과 같다. 세계독서학회가 매체 읽기와 매체전환을 독서전문가가 가르쳐야 할 중요한 과정으로 제시하고 있는 것도 이와 같은 맥락에서 이해할 수 있다. 우리나라에서도 국어과목에서 매체 읽기를 중요한 하위 목표로 정하여 가르치고 있다.

하이퍼 시대에는 논리중심 독서교육이 더 필요하다

디지털이니 하이퍼텍스트(Hyper Text)니 하는 말들이 종종 등장한다. 하이퍼텍스트는 출판된 책이나 프로그램과 같이 고정된 차례에 따라 읽어야 하는 텍스트가 아니라, 독자가 다음에 일어날 일을 어떻게 선택하고 연결시키는가에 따라 이야기가 얼마든지 다양하게 바뀔 수 있는 것을 말한다. 말하자면 저자가 만들어주는 차례가 아닌 독자 자신이 목적에 맞게 바꾼 차례, 자기만의 개별화된 작품을 뜻하는 것이다.

몇몇 성급한 사람들은 이제 인쇄된 책은 사라지고 하이퍼텍스트와 같은 전자도서관, 전자책의 시대가 오고 있다며, 읽기의 시대는 가고 보기의 시대가 왔다고 말하기도 한다. 하이퍼 시대에는 두껍고 복잡한 책은 창고에 처박히고, 가볍고 감각적인 소비지향적 책읽기가 성행할 것이라고 예견한다.

그러나 하이퍼 시대에 대한 우려의 목소리도 만만치 않다. 많은 미디어학자나 미래학자들은 하이퍼 시대가 가져올 현상에 대해 걱정하고 있다. 무엇보다 그들이 걱정하고 있는 것은 가벼운 책읽기로 인해 심도 있는 지각능력이 결여되는 것이다.

그래서 미디어학자 포스트만(Postman)과 파글리아(Paglia)는 그 어느 때보다도 학교교육에서 논리중심적 독서교육이 강조되어야 한다고 주장한다. 그러지 않으면 미래 사회에서 아주 소수의 엘리트 집단을 제외하곤 깊이 있는 책은 아무도 읽지 않을 것이라고 경고한다. 소수의 지식소유자들이 세상을 지배하는 시대가 올 것이라는 것이 바로 그들의 지적이다.

이들은 하이퍼 시대의 독서를 뷔페에 비유하기도 한다. 뷔페에서는 별생각 없이 가까이에 있는 음식으로 배를 채우고 나면 배가 불러서 결국에는 진짜 맛있는 음식은 손도 못 대기 일쑤이다. 뷔페의 수많은 음식은 우리 주변에 수없이 널려 있는 정보라고 할 수 있다. 많은 학생이 인터넷을 뒤져 짜깁기식으로 숙제를 하고, 좋다는 정보들을 여기저기서 다운받아 저장해놓기에 바쁘다. 하지만 정작 제대로 읽는 자료는 거의 없다. 아무리 맛있는 음식도 먹지 않으면 쓰레기가 되어버리듯 아무리 귀한 정보라도 읽히지 않으면 쓰레기나 다름없는 것이다.

따라서 많은 미래학자들은 하이퍼 시대에 길을 잃지 않으려면, 즉 항해를 잘하려면 독자 스스로 항해 코스의 방향을 잡고 조절하는 초인지능력이 요구된다고 말한다. 이러한 초인지능력은 독서에서 강조하는 사고 전략으로서, 이는 다매체 시대에 독서교육이 얼마나 중요한가를 말해주고 있는 것이다. 다매체 시대에 가장 우선적으로 필요한 능력은 수많은 정보를 검색하고 분석하여 활용하는 능력이다. 책에서 정보를 찾고 분석하고 평가하여 자신의 언어로 재구성하는 과정을 거치듯, 매체를 통해 이리저리 떠다니는 수많은 정보를 제대로 읽고 이해하며 활용할 수 있는 전략들을 배워야 한다는 것이다. 즉 자신에게 필요한 정보를 선택하고, 학습의 순서를 결정하며, 자신의 학습과정과 결과를 스스로 평가할 수 있는 조작능력 및 자기 주도적 독서전략을 사용할 수 있어야 한다는 뜻이다. 우리 아이들은 그 어느 때보다 독서전략가가 되어야 하는 시대에 살고 있는 것이다.

독서와 미디어 통합교육이 주도적인 학습자를 만든다

지금 시대를 다중상징성 시대라고 한다. 상징물들이 하나의 고정된 이미지만을 지니는 것이 아니라 상황과 맥락에 따라 여러 이미지로 변용되기 때문이다. 이러한 다중성은 매체의 성격에 따라 다르게 사용되고 해석된다. 이는 매체마다 그것을 구성하는 문법이 다르기 때문인데, 이로 인해 그 의미가 전혀 다르게 전달되기도 한다.

전쟁에 관해서 책을 읽을 때와 사진으로 볼 때, 인터넷을 통해 전쟁 현장을 볼 때, 영화로 볼 때, 하나의 주제를 전달하는 이미지는 매체에 따라 각각 다르게 다가올 수 있다. '전쟁'이라는 낱말이 지닌 일반적인 의미는 '비참함' '고통스러움' '죽음'이지만, 영화나 드라마에서는 인간

성의 상실이나 권력자의 야망 등으로 그려질 수 있다. 그런가 하면 신화 속에서 전쟁은 영웅적 이미지로 나타나기도 한다. 사악한 적군을 무찌르는 영웅의 활약에 몰입한 관객들은 전쟁이 주는 비참함은 잊은 채 주인공의 영웅적 모습에 열광한다. 이러한 전쟁영웅들은 가치판단도 되지 않은 채 광고나 인터넷상의 상품 모델이 되어 떠다닌다. 만약 역사적 사건 속에서 전쟁영웅들이 얼마나 잔인하고 무자비하게 정복전쟁을 벌였는지에 대한 배경지식 없이 단순히 광고에서 비춰주는 이미지만을 받아들인다면 어떻게 될까? 전쟁게임에만 익숙한 아이들 역시 역사적으로 전쟁이 얼마나 인류를 비참하게 했고 수많은 목숨을 앗아갔으며 가족을 생이별시켰는지에 대해 공감할 여지가 없다.

　　매체를 넘나드는 상징을 잘 해독하는 것은 무엇이 가장 본질적 의미인가를 생각해보는 것과 같다. 그런 면에서 책은 역사적 사건이나 정보를 비교적 충실하게 전해주는 매체이다. 책을 읽으면서 사건의 본질을 잘 꿰뚫은 독자라면 여러 매체 속에서 등장하는 상징들을 이해하기가 쉬워진다. 또한 풍부한 독서로 많은 배경지식을 쌓고 비판력이 형성되면 텔레비전이나 신문 등을 읽는 능력도 커진다. 미디어에 대한 이해력이 길러진 아이는 책에 대한 관심과 흥미도 높다. 뉴스를 통해 알게 된 인물에 대해 자세히 알고 싶어서 인물이야기를 찾아 읽을 수 있으며, 영화를 본 후 그 나라의 문화에 대한 책을 읽을 수도 있다.

　　무엇보다 독서미디어 통합수업은 책과 미디어의 연계성에 그 매력이 있다. 하나의 주제를 책으로, 인터넷으로, 영화로, 만화로 읽어가는 과정에서 아이들은 다양한 상징을 이해하는 능력을 키워가고, 매체 간전이를 체험할 수 있다. 신문이나 광고, 만화, 파워포인트, 홈페이지, 게임 등을 직접 만들어보면서 그 제작과정을 이해할 수도 있다. 책에서 읽은 전쟁이야기를 가지고 컴퓨터 게임 시나리오를 짜봄으로써 컴퓨터 게임을 즐기기만 하는 입장에서 벗어나 제작자 입장이 되어보는 것이다.

독서미디어 통합수업을 받는 아이들은 주도적인 학습자가 된다. 다양한 목적으로 인터넷에서 정보를 검색하며, 그 정보들을 분석하기도 하고, 정보를 활용하여 직접 제작을 해볼 수 있다. 매체를 읽는 것도 책을 읽는 것처럼 해독하고, 분석하며, 추론해야 한다는 것을 깨닫게 되는 것이다. 독서미디어 통합수업의 가장 큰 목적은 미디어 리터러시를 통해 아이가 비판적인 시민으로 성장하도록 돕는 데에 있다.

미디어를 잘 이해하기 위한 단계

미디어 읽기는, 책을 읽을 때 자신이 알고 있는 배경지식을 끌어내어 이해하고 예측하며 내용을 해석하듯이 미디어 역시 그런 과정을 거쳐 생각하며 읽는 것을 말한다. 또한 미디어마다 지니고 있는 고유한 특성을 이해하는 것이고, 미디어에 담긴 중심생각을 찾아내는 것이다. 무엇보다 미디어를 비판적으로 읽는 것이 중요하다. 비판적으로 읽는 것은 편집자나 제작자의 의도는 무엇인지, 자본투자자는 누구이고 어떤 목적으로 제작했는지를 따지며 읽는 것이다. 이와 같은 미디어 읽기 전략은 독서에서 책 내용을 이해하고 따지며 주제를 찾는 과정과 같다고 할 수 있다.

1. 미디어가 지니고 있는 특성을 배워요

만든 사람은 누구이며, 왜 만들었는가?
　미디어의 특징을 아는 것은 텔레비전 드라마를 보면서 드라마를 만든 사람은 누구이고, 누구를 대상으로 만들었으며, 어떻게 만드는지를

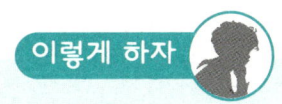

이렇게 하자

알고 시청하는 것을 말한다. 드라마를 만든 방송사가 드라마를 통해 어떤 목적을 달성하고자 하는가를 생각하면 드라마를 보는 시각이 달라질 수 있다. 방송사는 시청자에게 즐거움을 주는 동시에 시청률을 높여 광고수익을 올리려는 목적도 가지고 있다. 방송사가 시청률로부터 자유롭지 못하다는 매체 환경을 알고 있으면 연출가가 드라마에 어떤 가치관을 담고 있는지를 그에 연결지어 생각해볼 수 있다. 그러므로 대중매체들을 접할 때에는 누가 그 매체를 만드는 주체이며, 어떤 목적으로 만드는지에 대해 아이와 함께 이야기를 나눌 필요가 있다.

미디어 장르는 무엇인가?

책에도 여러 장르가 있듯이 미디어도 다양한 장르가 있다. 텔레비전 방송만 해도 뉴스, 다큐멘터리, 쇼, 드라마, 코미디 등 여러 장르가 있다. 드라마는 다시 멜로드라마, 로맨틱드라마, 홈드라마 등으로 구분할 수 있다. 매체에서 장르는 내용을 담고 있는 형식, 즉 그릇이라고 말할 수 있다. 그리고 매체가 그 내용을 어떤 그릇에 담는가에 따라 전달되는 느낌이 달라지게 된다. 예를 들어 소설을 영화로 볼 때의 느낌이 다르고, 만화로 볼 때의 느낌이 또 다르다. 마찬가지로 라디오를 통해 연설을 들을 때와 텔레비전을 통해 들을 때가 다르다.

드라마 장르에 따라 드라마의 분위기와 주제가 달라지기도 한다. 일반적으로 로맨틱드라마는 옛이야기처럼 현실적으로 이루어지기 힘든 사랑을 소재로 전개된다. 처음부터 로맨틱드라마라는 장르 설정이 되어 있기 때문에 계속 그런 방향으로 이야기가 전개되고 결말 역시 해피엔

덩이기 마련이다. 홈드라마는 대체로 저녁 뉴스 전에 방영되는데, 남녀 주인공의 사랑을 축으로 하되 가족 간의 갈등과 화해를 주제로 삼는다. 홈드라마는 가부장적인 가치관과 신세대의 가치관이 부딪치지만 크게 보면 보수 성향이 강하다.

이처럼 매체 장르를 알면 연출가가 어떤 구조와 어떤 방향으로 이야기를 전개할 것인가를 예측할 수 있다. 책을 읽을 때 장르가 무엇인지 알면 책 내용이 어떤 뼈대를 이루고 있으며 무슨 내용을 담고 있는지 예측 가능한 것과 마찬가지이다.

누구를 대상으로 만들었는가?

매체를 이해할 때 누구를 대상으로 만들었는지를 생각하는 것은 만든 사람의 의도를 파악하는 것이다. 텔레비전 뉴스는 대체로 남자 성인을 주 시청자로 생각하여 제작되는 경향이 있기 때문에 정치 관련 소식이 많이 나온다. 여성이나 노인, 어린이, 문화 분야는 뒷전으로 밀리기 쉽다. 광고를 읽을 때에도 누구를 대상으로 만들었는지를 이해하면 만든 사람의 선전 전략을 파악할 수 있다.

어떤 방법으로 표현하는가?

텔레비전이나 영화, 뮤직비디오, 애니메이션 등은 영상을 통해 메시지를 전달한다. 영상은 움직이는 그림으로 카메라가 무엇을 찍어서 보여주는가에 따라 때로는 내용과 의미까지 달라질 수 있다. 예를 들어 대통령 기자회견을 취재한 뉴스 화면은 방송사마다 약간씩 다를 수 있다. 언뜻 봐서는 같아 보이지만 카메라가 대상을 바라보는 시선이나 전체적인 분위기, 제스처 등에서 차이가 날 수 있다. 인쇄매체인 신문에서도 표현방법에 따라 전혀 다른 느낌을 주기도 한다. 사진 한 컷에 담긴 표정에도 연출가의 의도가 담길 수 있다. 예를 들어 이라크 파병에 찬성하는 보수 성향의 신문에서는 파병장에서 환하게 웃는 군인과 그 가족들 모습을 사진으로 찍어서 신문에 싣겠지만, 이라크 파병에 반대하는 언론에서는 울고 있는 부인과 아이의 모습, 그리고 무거운 표정의 군인을 사진으로 잡아서 내보낼 것이다. 따라서 매체가 지닌 특성이 무엇인지를 알고 매체를 접하면 훨씬 비판적인 시각으로 매체를 읽을 수 있다.

어떻게 만들까?

드라마를 만드는 과정을 알면 연출자의 눈으로 드라마를 보는 시각이 생긴다. 그 순간에 왜 주인공의 손을 확대해서 보여주는지, 왜 천둥이 치는 장면이 나오는지 등을 이해할 수 있게 되는 것이다. 또 5분짜리 뮤직비디오를 만들기 위해 얼마나 많은 시간과 노력이 필요한지는 직접 제작을 해보거나 곁에서 지켜보면 알 수 있다. 아이들은 제작과정에 참여함으로써 매체의 특성을 알게 되고, 매체를 소비하는 입장에 머물지 않고 매체를 만드는 입장에서 바라보고 비판할 능력이 생긴다.

매체가 미치는 영향은 무엇일까?

미디어 리터러시는 시청자 또는 독자, 관객이 비판적인 시각으로 미디어를 읽는 능력을 말한다. 대중매체는 일시에 수많은 사람에게 메시지를 전달할 수 있을 만큼 영향력이 대단하다. 예를 들어 카메라맨이 어떤 한 직업의 모습을 어떻게 찍어서 보여주는지에 따라 그 직업에 대한 이미지가 달라질 수 있다. 그럼에도 불구하고 미디어를 제작하는 사람들은 자신들이 제작한 미디어가 사회적으로 어떤 영향을 끼칠지에 대해 깊이 고려하지 않고 만들 때가 많다. 매체는 무언가를 담아서 전달해주는 매개체이기 때문에 가끔 실제를 왜곡하여 전달할 때가 있다. 따라서 시청자는 늘 보여주는 화면을 그대로 수용하기보다 '저 모습이 진짜일까?'라고 의심해보는 것이 좋다. 그리고 화면에서 보여주는 내용이 가져올 파장은 무엇인지, 부정적 측면과 긍정적 측면을 예상해보는 습관을 가져야 한다. 이렇게 역기능과 순기능을 예측해보는 습관은 한 사람의 시민으로서 매체를 비판적으로 바라보게 하고, 제작자로 하여금 매체에 대한 사회적 책임을 갖도록 촉구하는 역할을 한다.

2. 미디어에 담긴 이야기를 이해해요

모든 매체에는 전달하고자 하는 '의미'가 있다. 책을 읽을 때 저자가 하고 싶은 말이 무엇인지를 알아내는 것이 중요하듯이 텔레비전이나 영화, 만화, 신문을 읽을 때에도 메시지를 읽어내야 한다. 책도 그러하지만 매체는 특히 여러 가지 상징으로 가득 차 있다. 드라마에서 창가에 내리는 빗물은 주인공의 쓸쓸한 마음을 표현한 것일 수 있으며, 영화에서 먹구름은 불행을 예고하는 상징적 표현일 수 있다. 만화는 인물의 과장된 동작이나 표정으로 의미를 전달한다. 드라마를 볼 때에도 등장인물의 역할과 직업, 성격을 따져보는 것이 적극적인 시청자라고 할 수 있다. 책을 읽을 때처럼 작품의 줄거리를 이해하고, 추론하며, 주제를 찾는 훈련이 필요한 것이다.

3. 미디어에서 미디어로 생각을 연결해요

이는 미디어에 담긴 메시지를 찾아내는 것에서 나아가 매체가 사회문화적으로 어떤 의미를 지니고 있는지를 생각하는 단계이다. 책읽기로 말하자면 초인지 사고라고 할 수 있다. 누구든지 처음부터 사회문화적 의미를 읽어낼 능력을 가지고 있지는 않다. 텔레비전을 볼 때 아무 생각 없이 보지 않고 자꾸 생각하면서 보는 습관을 들일 때, 또 부모나 교사가 어떻게 미디어를 읽을 것인지 지도해줄 때 미디어를 깊이 이해하는 능력이 키워진다.

소설을 영화로 바꾸었을 때 무엇이 달라졌는지 찾아보는 것, 소설을 영화로 바꿀 때는 어떻게 표현하는 것이 더 나은지 생각해보는 것도 중요한 매체 읽기 과정이다. 텔레비전에서 인기리에 방영된 애니메이션을 인쇄된 책으로 만든 경우 어떤 점이 달라졌고 어떤 문제가 있는지도 따져볼 수 있다. 영화를 해석할 때 영화에 담긴 이념이나 종교적 의미, 역사적 의미 등을 읽어내는 것도 좋다.

4 텔레비전을 어떻게 읽을까?

"아이랑 함께 텔레비전을 보면서 이야기를 나눕니까?"라고 물으면 그렇다고 대답하는 부모는 많지 않다. 텔레비전을 보면서 프로그램 내용에 대해 이야기를 나누는 것은 책을 읽으면서 함께 대화를 나누는 것과 마찬가지로 필요한 것이다.

텔레비전 프로그램에도 뉴스, 드라마, 쇼, 코미디, 다큐멘터리, 교양 프로그램 등 여러 장르가 있다. 이런 장르들은 모두 영상이라는 공통된 언어를 갖고 있어서 실제 옆집에서 일어난 일처럼 친근감을 준다. 사람들을 텔레비전 앞으로 끌어들이는 가장 강력한 힘은 바로 영상이 갖는 이런 친근감이다. 문자기호인 책과 달리 영상은 실제 상황을 다룬 것 같은 착각을 불러일으키기 때문에 딱히 비판할 게 없다는 생각을 하게 된다. 마치 과학적으로 재현한 것 같은 느낌을 주기 때문에 진실이라고 착각하게 만드는 것이다.

하지만 대부분의 영상물은 찍는 사람에 의해 매혹적인 것만 선택되기 때문에 계속 보고 싶게 만드는 속성이 있다. 더구나 사람들은 심리적으로 자신이 좋아하고 관심 있는 것을 위주로 영상물을 선택하기 때문에 자기도 모르는 사이에 편견에 사로잡힐 수 있다. 그러나 제작자가 한 컷의 실감나는 장면을 내보내기 위해 수십 번을 찍어서 고른다는 것, 시청자에게 어떻게 하면 가장 멋있고 근사한 장면을 보여줄 것인가를 고민하고 또 고민한 뒤에 방송을 내보낸다는 것도 알아야 한다.

뉴스를 보면서 화면에 비치는 영상들을 보고 새롭게 일어난 사실들을 입력하기에 바쁘다보니 방송사에서 왜 저런 뉴스를 주요 뉴스로 내보내는지, 왜 저런 화면을 찍어서 보여주는지 생각해보지 않고 넘어가기 쉽다. 일반적으로 영상물은 소파에 누워 편안하게 보는 오락용으로 생각하는 경향 때문에 심각한 뉴스도 별생각 없이 보는 것이다. 그러므로 아이들과 함께 뉴스를 볼 때에는 "기자가 왜 저런 화면을 보여줄까?" "보여주는 화면들은 사실일까?" "인권침해의 문제는 없을까?" 등의 질문을 던지며 대화를 나눌 필요가 있다.

코미디나 드라마도 마찬가지이다. 외모에 대한 편견과 특정 직업에 대한 비하 등 우리 사회의 여러 문제를 찾아보고 이야기를 나눌 수 있다. 드라마에 등장하는 사람들의 옷차림, 등장인물이 사는 집, 가정생활, 직장생활 등을 유심히 보면서 드라마가 어떻게 유행을 만들며, 어떤 식으로 사람들에게 고정관념을 심어주는지도 찾아볼 수 있다. 특히 다큐물의 경우에도 자연스러운 화면 이면에는 보여주기 위한 연출이 개입되었음을 잊지 말아야 한다.

결론을 내리자면, 텔레비전을 볼 때에는 제작자가 어떤 의도로 만들었을 것인가를 늘 생각하면서 보아야 한다. 아이에게 무엇을 의심해 보라고 말하는 것은 교육상 좋은 일은 아닌 듯하지만 매체에 있어서만큼은 자꾸 의심을 해보라고 교육할 수밖에 없다. 의심하면서 보는 것, 그것이 비판적인 시청자가 되기 위한 첫걸음이다. 비판적인 시청자가 비판적인 시민이 된다. 텔레비전을 시청하는 시간도 어떤 프로그램을 볼 것인지, 그것이 꼭 보아야 하는 프로그램인지 생각해본 뒤 정한 시간만큼만 보고, 약속한 시간이 되면 반드시 텔레비전을 끄는 습관을 들여야 한다.

텔레비전 읽기 전략

아이와 함께 텔레비전을 보면서 아래의 질문들을 던지고 이야기를 나누어보자.

* 텔레비전 프로그램에는 어떤 장르가 있을까?
* 뉴스에서 보여주는 화면들은 사실일까?
* 이것은 어떤 의도로 만들어졌을까?
* 인권침해 문제는 없을까?
* 특정 직업을 찬양하거나 비하하는 태도는 없는가?
* 드라마가 고정관념을 부추기는 경우는 없는가?
* 소설과 드라마의 차이점은 무엇일까?

이렇게 하자

5. 신문을 어떻게 읽을까?

요즘에는 아침마다 신문 읽기를 하는 학교가 많다. 어린이신문에 나온 기사를 읽고 기사 내용을 이해했는지 묻는 질문에 답하거나 요약글을 쓰게 하는 식이다. NIE라고 하여 신문을 활용한 수업을 하는 곳도 많다.

하지만 신문을 읽는 것은 신문을 활용하는 것만을 의미하지 않는다. 신문을 읽을 때에는 신문이 무엇인지부터 알아야 한다. 초등 5학년 정도면 신문에 대해 공부하기 시작할 만하다.

언젠가 영국의 미디어 교육 사례를 들은 적이 있다. 초등학교에서 신문에 나온 기사를 읽으면서 신문에 보도된 소식이 사실인가를 주제로 수업을 했다고 한다. 선생님은 마침 그 지역에서 발생한 화재사건을 다룬 신문 보도기사를 아이들과 함께 읽으면서, 어떤 부분이 기자가 취재한 내용인지를 아이들에게 찾아보도록 하였다. 그런 다음 소방관을 교실로 초청하여 신문기사의 보도내용이 사실인지를 알아보았다. 소방관은 전문가 입장에서 신문기사 내용이 어떤 점에서 사실과 다른지를 자세하게 설명해주었다. 수업을 통해 아이들은 신문에 보도된 내용도 사실과 다를 수 있음을 알게 되었다. 신문을 읽을 때에는 보도된 내용이 사실인지를 먼저 알아보는 것이 중요하다는 것을 아이들에게 가르친 것이다.

신문 읽기는 신문을 통해 새로운 소식이나 정보를 얻는 것에서 머무는 것이 아니라 신문기사가 얼마나 사실에 충실하며, 무엇을 강조하는지 알아보는 것을 말한다. 신문 읽기는 신문에 들어 있는 여러 형식을 배우는 것에서 시작한다. 보도기사, 사진, 칼럼, 각종 정보기사, 기획기사, 만평, 만화, 독자투고, 신상품 소개, 찬반여론 등 각 코너의 성격과 역할을 아이와 함께 하나씩 알아보도록 한다.

또 기사 중에 과장된 표현은 없는지, 특정 직업을 비하하는 내용은 없는지, 기자가 어떤 방법으로 자신의 생각을 드러내는지 등을 생각해본다.

그 밖에 신문에 나오는 사진의 크기와 카메라 초점, 인물 표정과 시선을 들여다보고, 누구를 중점적으로 찍었는지도 살펴보게 한다. 특히 신문에서 특정 기사를 얼마나 비중 있게 다루고 있는가를 살펴보고, 왜 그런지도 생각해본다.

헤드라인으로 쓴 내용이 본문 기사 중에 나왔는지, 어떤 뜻으로 쓰였는지 살피는 것도 기자의 의도를 파악하는 일이다. 신문기사에서 편집이 얼마나 중요한지는 둘 이상의 신문을 펼쳐놓고 비교해보면 금방 알 수 있다. 똑같은 사건을 신문마다 어떻게 다르게 취재하고 기사화했는지를 비교해봄으로써 편집자의 역할이 얼마나 중요한지를 알 수 있다. 부모에게는 신문 리터러시에 도움이 될 만한 책으로 『신문 읽기의 혁명』(개마고원)을 권하고 싶다.

신문 읽기 전략
아래의 질문들을 나누면서 아이와 함께 신문을 읽어보자.

✱ 신문을 이루는 요소에는 무엇이 있을까?
✱ 신문 전체로 보아 기사를 얼마나 비중 있게 다루고 있는가?
✱ 헤드라인은 무엇을 다룬 내용인가?
✱ 헤드라인과 관련하여 내가 이미 알고 있는 것은 무엇인가?
✱ 헤드라인에 관한 내용이 본문에 어떻게 설명되고 있는가?
✱ 헤드라인만 보고 내 의견을 미리 말해본다면?
✱ 같은 사건을 두 신문은 어떻게 다르게 보고 있는가?
✱ 중요하게 다루어야 할 내용이 빠지지는 않았는가?
✱ 기자의 의견이 타당하다고 생각하는가?
✱ 특정 직업이나 사람에 대해 선입견을 심어줄 수 있는 내용은 없는가?
✱ 사진은 기사 내용과 어떤 관련이 있는가?
✱ 기사와 관련된 기업의 광고가 신문에 함께 실렸는가?

이렇게 하자

6 영화, 애니메이션은 어떻게 읽을까?

주말이면 영화관을 찾아 자녀와 함께 영화를 보는 부모들이 많다. 한 편의 영화를 보는 것도 한 권의 책을 읽는 것과 같다. 영화를 보기 전에 다른 사람으로부터 영화와 관련된 사전 정보를 들었는지, 또는 인터넷에서 영화평을 읽고 극장에 들어갔는지, 영화를 본 후에 누구와 어떤 이야기를 나누었는지에 따라 영화를 보는 눈이 달라진다.

모든 영상물이 그러하듯이 영화를 제대로 감상하려면 카메라의 위치가 어디에 있는가를 생각하면서 보면 좋다. 카메라의 눈이 어디에 있는지를 생각하면서 영화를 보는 것은 분석하면서 보는 것이다. 영화 내용에 푹 빠져서 울고 웃고 싶은데 굳이 그렇게 분석하면서 봐야 하느냐고 반문하는 사람도 많을 것이다. 하지만 영화는 영상이라는 특징 때문에 감독의 시선으로 보지 않으면 영화 전체의 맥을 놓쳐버리기 쉽다.

아이들과 함께 집에서 영화를 볼 때에는 적절하게 해석도 하고 인물평도 하면서 보는 것이 좋다. 영화를 보기 전에 감독이 영화를 만들게 된 배경이나 그의 작품세계에 대해 먼저 이야기를 나눔으로써 영화의 감상 동기를 갖게 할 수 있다. 영화를 보면서 중간중간 중요한 장면에 주의를 집중하게 하거나, 잠깐 화면을 멈추고 다음에 벌어질 내용을 예측해보게 하는 것은 적극적으로 영화를 보는 방법이다. 마치 책을 읽으면서 중요한 내용에 밑줄을 긋거나 "왜 이런 일이 벌어졌지?" 하고 질문을 하는 것과 같다. 이처럼 영화를 보는 중간에 질문을 하고 평가를 하면 더 깊이 있게 영화를 감상할 수 있다.

"영화를 보면서 질문을 하면 인물의 감정이나 줄거리에 푹 빠지지 못하지 않을까요?"라고 의문을 던지는 사람도 있다. 영화 읽기가 자칫 영화의 오락적 재미를 빼앗아버릴 수 있다는 지적이다. 하지만 아이들은 배움의 길에 들어서 있음을 잊어서는 안 된다. 영화도 분석을 통해 비판하고 추론함으로써 비로소 감상하는 능력이 키워진다. "이 장면에서 감독은 왜 주인공이 끼고 있는 반지를 크게 확대해서 보여주는 걸까?" "이 순간에 접시가 깨지는 것은 무엇을 암시할까?" 하고 질문을 던지며 함께 이야기를 나누다보면 영화를 보는 아이의 눈이 점점 달라진다. 또 폭력적인 장면이 등장할 때 감독이 왜 이런 장면을 넣었으며 어떤 점이 문제인지 생각해보게 한다.

몇몇 외국의 경우 영화를 교과과정에 삽입하여 영화 읽기를 가르치기도 한다. 꼭 읽을 책을 선정하여 가르치듯이 꼭 보아야 할 영화를 학년별로 선정하여 학교에서 영화 읽는 방법을 가르치는 것이다. 영화 읽기 과정은 단순히 영화를 즐기는 것이 아니라 영화를 보는 방법과, 영화를 통해 역사와 예술, 사회 등을 배우는 과정으로 구성되어 있다.

애니메이션도 오락용으로, 혹은 시간 때우기로만 볼 게 아니라 부모가 함께 보면서 작품 속에 담긴 상징이나 표현 방법 등에 대해 이야기를 나누는 것이 좋다. "왜 작가는 악한 사람이 입은 옷을 늘 까만색으로 칠했을까?" "부자는 왜 배가 나온 뚱뚱한 백인의 모습으로 그리고, 가난한 사람은 마르고 검은 피부의 흑인으로 그렸을까?"라는 질문을 던져 아이가 생각하면서 볼 수 있도록 해야 한다. 영화 읽기와 관련하여 부모와 자녀가 함께 볼 만한 책으로, 영화를 비교적 쉽게 설명해놓은 『이 영화 함께 볼래?』(문학동네)를 권한다.

영상물을 보는 전략

이렇게 하자

❋ 제목을 보니 어떤 내용일 것 같은가?
❋ 감독은 누구이고, 그의 작품세계에 대한 평은 어떠한가?
❋ 작품의 역사적 배경은 무엇인가?
❋ 어떤 장르의 영화인가?
❋ 영화의 첫 장면은 무엇이며 그 의미는 무엇일까?
❋ 등장인물은 누구누구이고 성격은 어떠한가?
❋ 인물들 간의 갈등은 무엇인가?
❋ 배경음악의 역할은 어떠하다고 생각하는가?
❋ 등장인물의 마음을 대신 드러내는 상징물은 무엇인가?
❋ 결말이나 마지막 장면이 의미하는 것은 무엇인가?
❋ 감독이 말하고자 하는 주제는 무엇인가?

7 광고는 어떻게 읽을까?

 어느 책에선가 초등학생들이 이순신 장군 동상을 보고 "아, 매가패스 장군이다!"라고 말했다는 글을 읽은 적이 있다. 또 '침대는 가구가 아닙니다. 과학입니다'라는 광고 카피 때문에 침대가 가구에 속하지 않다고 주장하는 초등학생이 있었다는 이야기도 들었다. 아이들과 수업을 하다 보면 불쑥불쑥 광고에서 등장하는 문구들이 튀어나온다. 이순신에 관한 책을 읽지 않은 아이들은 광고에 등장하는 이순신 장군의 이미지만을 간직하고 있는 것이다.

 광고는 막대한 자본을 들여 소비자를 길들인다. 15초짜리 광고 한 편을 위해 때로는 드라마 한 편보다 더 많은 기술과 노력이 투입된다. 그리고 끊임없이 반복하여 보여줌으로써 소비자가 그 물건을 구입하도록 강요한다. 광고에 나오는 물건을 사지 않으면 왠지 유행에 뒤떨어진 것 같은 생각마저 들게 할 정도로 광고는 집요하게 소비자의 생활 속으로 파고들어 때로는 생활 패턴과 가치관까지 바꾸어놓는다.

　광고는 기발하고 창의적인 아이디어를 총동원하여 만들어지기 때문에 대부분의 소비자들은 광고에 나오는 물건을 사고 싶어한다. 때로 광고는 노골적으로 '명품을 사용하는 사람이 곧 명품'이라는 생각을 갖게 한다. 심지어는 비싼 물건을 사지 못하는 사람을 약 올리는 듯한 광고도 있다. 하지만 이 모든 것이 광고를 만드는 사람들이 노리는 전략이다. 이러한 전략에 속아 넘어간다면 결국 광고의 전략에 넘어간 것이고, 광고를 비판적으로 읽지 못하는 사람이라고 할 수 있다.

　광고를 만드는 사람들은 여러 가지 방법으로 소비자의 눈길을 끌고 설득하려 한다. 예를 들어 '가슴에 기대면 그늘이 되는 사람이 있다' 같은 맥주 광고 문구는 정서에 호소하여 자사 제품의 부드럽고 감성적인 이미지를 소비자에게 전하려고 한다. '또하나의 가족'이라는 슬로건도 친근감과 늘 함께한다는 의미를 강조하는 기업이미지 광고이다. 어떤 광고는 일부러 논쟁을 일으켜 관심을 끌기도 하고, 전문가들을 등장시켜 제품의 가치를 강조하기도 한다.

　광고를 이해한다는 것은 광고 내용을 이해하는 것만을 의미하지 않는다. 광고를 이해한다는 것은 광고에 담겨 있는 무수한 전략을 알아차리는 것이요, 더 나아가 광고가 미치는 영향까지 전망할 수 있다는 말이다. 따라서 광고 읽기는 광고를 만든 사람의 메시지를 알아야 하고, 어떻게 소비자에게 호소하고 설득하는지를 알아차려야 가능하다.

　흔히 드라마나 뉴스, 영화, 신문 등에 대해서는 비판의 칼날을 들이대면서도 광고를 비판해야 한다는 생각은 하지 않는다. 광고가 아이들에게 어떤 영향을 끼치는지에 대해서는 깊이 생각해보지 않는다. 하지만 조금만 관심을 기울여 광고를 읽기 시작하면 광고가 얼마나 집요하게 아이들의 사고방식에 파고드는지를 알 수 있다. 광고는 유행을 창조해가기도 하지만 오히려 사람들에게 고정관념을 심어주기도 하고, 성차별, 인권침해 등 사회문제를 일으킬 만한 광고도 적지 않다. 그러므로 아이들과 함께 이러한 사회문제를 보여주는 광고는 없는지 이야기해보고, 광고를 만드는 사람은 물건을 팔기 위해 어떤 방법으로 소비자의 눈길을 끌고 설득하고 있는지 대화를 나눠보는 것이 좋다.

광고 읽기 전략

✱ 이 광고는 누구를 대상으로 만들었는가?
✱ 광고에서 사실 부분과 의견 부분을 구분하여 찾아보면?
✱ 광고에서 소비자에게 꼭 알리고 싶어하는 메시지는 무엇인가?
✱ 소비자의 눈길을 끌고 설득하기 위해 어떤 전략을 쓰고 있는가?
✱ 여성 혹은 남성을 비하하거나 고정관념을 심어줄 만한 내용은 없는가?
✱ 이기주의적 사고방식을 퍼뜨리는 점은 없는가?
✱ 어린이나 청소년에게 지나친 소비를 강요하고 있지는 않는가?
✱ 외모지상주의나 학벌지상주의를 조장하는 내용은 없는가?
✱ 미국이나 유럽의 문화를 일방적으로 선호하지는 않는가?
✱ 특정 직업, 특정 종교를 비하하는 내용은 없는가?

이렇게 하자

9장

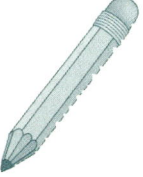

독서문제 어떻게 해결할까?
― 초등 3, 4, 5학년 엄마들이 가장 궁금해하는 독서문제

• • •

Q | 만화만 읽어요
Q | 편독을 해요
Q | 읽기를 못해요
Q | 정리를 못해요

Q 만화에 푹 빠져서 글이 많은 책은 거들떠도 안 봐요

A 만화만 본다고 반드시 독서력이 떨어진다고 말하기는 힘들지만 만화만 보아서는 어렵고 까다로운 글들을 읽어내기가 힘들어지는 것은 사실이다. 만화에만 익숙해진 아이들은 점점 글이 많은 두꺼운 책을 기피하게 되기 때문에 많은 부모들이 만화책만 보는 아이들을 걱정하는 것이다.

만화도 책과 마찬가지로 만화로서의 가치가 있는 책과 그냥 시간 때우기에 딱 좋은 책이 있다. 그러므로 부모는 아이가 평판이 좋은 만화가의 작품을 보도록 지도하고 다양한 만화에 대해 이야기를 나누면 좋다. 무조건 푹 빠져서 보는 것이 아니라 만화가 갖고 있는 상업적인 속성과 자극적인 표현 방식, 만화식 표현들에 대해 생각하면서 만화를 보도록 가르쳐야 한다는 것이다. 신문 만화, 카툰, 애니메이션 등 다양한 만화를 접하도록 하고 만화를 만든 저자나 출판사의 제작 의도를 들여다보도록 가르칠 필요가 있다.

만화책만 보는 아이가 책을 보도록 유도하는 가장 좋은 방법은 부모가 즐겁고 흥미로운 주제의 책을 아이에게 직접 읽어주어서 만화 외에도 재미있는 책이 얼마든지 많다는 것을 아이 스스로 느끼게 하는 것이다.

Q 학습만화 어떻게 읽혀야 할까요?

A "만화로 된 거니까 재미있게 볼 것 같아 사주었어요."
"글로 된 책은 읽지 않으니까 학습만화라도 보면 공부에 도움이 될까 해서 사주지요."

서점에 나가면 각종 학습만화가 넘쳐난다. 교과서를 만화로 만든 것에서부터 과학, 역사, 인물, 고전이나 명작에 이르기까지 그 종류가 아주 다양하다.

대부분의 아이들은 줄글로만 된 책보다 만화로 된 책에 눈길을 주게 마련이다. 그림은 사람들에게 시각적으로 친밀감을 주기 때문이다. 그렇다면 아이들은 학습만화를 읽으면서 내용을 잘 이해하고 있는 것일까? 만화로 읽으면 어려운 내용을 더 쉽게 이해할 수 있게 될까? 이에 대해 명쾌한 해답을 내기는 쉽지 않다. 다만 학습만화는 어려운 어휘나 원리, 정보를 그림을 섞어가며 설명해주므로 이해하는 데에 도움을 줄 것으로 기대할 수 있다.

만화에는 만화만이 갖고 있는 특성이 있다. 쉽게 자신과 동일시할 수 있는 캐릭터와 시원시원한 스토리 전개, 유머, 실제보다 더 역동적인 등장인물들의 행동 묘사 등이 아이들의 흥미를 끈다. 그러므로 책을 싫어하는 아이도 유쾌하게 만화를 보는 과정에서 낯선 어휘의 뜻을 이해하게 될 수 있다. 재미있는 만화는 아이들이 반복하여 보기 때문에 내용을 인지하는 데에 어느 정도 효과가 있을 것이라 짐작할 수 있다. 예를 들어 임진왜란이 무엇인지 전혀 모르던 아이도 만화에서 임진왜란이 반복적으로 나오면 만화를 읽으며 자연스럽게 그 뜻을 알게 된다.

그러나 만화 역시, 읽을 때 내용을 이해하려고 애쓰지 않으면 중요한 정보들을 놓칠 수 있다. 임진왜란에 대한 학습만화를 볼 때 우리나라 장군들이 왜군과 싸우는 장면에만 초점을 두고 읽게 되면 임진왜란이 어떤 시대적 배경을 가지고 언제, 왜 일어났으며, 그 의미가 무엇인지를 생각해볼 틈이 없게 된다. 만화의 그림들은 흔히 머릿속에 '이미지'의 형태로 남기 때문에 아이들은 왜군과 싸우는 장면만을 기억하고 임진왜란에 대한 체계적인 정보는 입력시키지 않는 것이다.

학습만화는 정보를 재미있고 친숙하게 익히자는 목적으로 만들어졌지만 독서수준이 꽤 높아야 제대로 읽을 수 있는 것이 많다. 화려하고 재치 있는 그림 안에 들어 있는 정보들은 초등학생이 이해하기 어려운 것들이 많기 때문이다. 이는 학습만화를 감수한 사람들이 그 분야의 전문가이긴 하지만 아이들의 어휘수준이나 독해능력을 고려하여 글을 꼼꼼히 살피지 않는다는 뜻이다.

그러므로 학습만화니까 재미있게 읽고 뭔가 배우는 게 있겠지 하는 막연한 생각으로 책을 사주기만 해서는 안 된다. 정보를 알려주는 글에서 새로운 정보를 이해하려면 이미 알고 있는 지식이 있어야 하기 때문에 아이의 배경지식에 신경 써야 한다. 그리고 자녀에게 학습만화를 사줄 때에는 책이 자녀가 이해하기 쉽게 구성되었는지 꼼꼼히 살펴보아야 한다. 어떤 학습만화는 정보를 너무 많이 실어서 아이들에게 버거운 경우도 있다. 얼마 안 되는 정보라도 제대로 이해하도록 재미있고 친절하게 설명하고 있다면 좋은 학습만화이다.

학습만화는 학교에서 배우고 있는 내용과 연관지어 읽도록 하면 자연스럽게 학습내용이 반복되고 심화될 수 있다. 그러려면 자녀가 요즘 학교에서 어떤 내용을 배우고 있는지 관심을 갖고 이야기를 나눠야 한다. 그리고 아이가 학습만화를 보면서 잘 모르는 부분이나 중요한 곳을 표시하도록 지도한다. "이 책을 읽고 새롭게 알게 된 사실을 열 가지만 말해볼까?" "가장 인상 깊은 내용은 무엇이니?" "퀴즈를 열 개씩 내어 알아맞히기를 하자!" 이렇듯 학습만화도 꼼꼼히 읽도록 지도해야 독서력이 생긴다. 그리고 책을 꼼꼼히 읽게 하는 것은 뭐니뭐니 해도 부모의 관심이다.

Q 만화 어떻게 제대로 보게 할까요?

올해 초등학교 3학년인 현진이는 요즘 그리스 로마 신화 만화에 푹 빠져 있다. "책으로 읽을 때는 신들의 모습과 행동을 머릿속으로만 상상해보는데 만화는 상상한 것을 그림으로 볼 수 있어서 너무 신나요"라고 말하는 현진이. 같은 만화를 보고 또 보기를 수십 번 하며 다른 책은 도통 보려 하지 않는 현진이를 보며 '저러다 계속 만화책만 보고 글이 많은 책은 재미없다고 안 보려고 하면 어쩌나?' 하는 걱정이 앞서는 게 엄마 마음이다. 현진이는 서점에 가서도 제일 먼저 만화 코너에서 만화를 꺼내들고 읽는다. 자기 학년에서 읽어야 할 책을 권해도 시큰둥해한다.

아이들에게 만화가 재미있는 이유가 뭐냐고 물으면 "그림만 봐도 내용이 술술 이해돼요" "나오는 인물들의 표정이 웃기고 재밌어요"라고 대답한다. 이해가 쉽다고 느끼는 이유는 스토리 전개가 빠르고 비약적인 데다 인물들의 행동과 표정을 또렷하게 부각시키는 만화 특유의 기법 때문이다. 인물의 내면심리를 강렬한 선이나 단순 간결한 대화글로 표현하고, 줄거리도 사건 위주로 전개되기 때문에 내용 이해가 빨라지는 것이다.

문학이라고만 할 수도 없고 미술이라고만 할 수도 없는 만화는 나름대로 하나의 독특한 예술 장르이다. 그럼에도 불구하고 만화를 독서의 방해꾼으로 여기는 것은 왜일까? 적잖은 부모들은 자녀가 만화를 읽고 있으면 "만화는 그만 보고 책 좀 읽어라"라고 말한다. 만화를 책으로 인정하지 않는 심리를 갖고 있는 것이다. 하지만 누가 뭐라 해도 만화는 책이다. 만화도 책과 같이 이야기가 짜임새 있게 전개되고, 전달하고자 하는 의미와 메시지를 담고 있다. 그러므로 만화 읽기는 당연히 독서의 하나이다.

독서와 관련하여 만화 읽기의 좋은 점은 우선 만화를 통해서도 문학의 즐거움을 느낄 수 있다는 점이다. 책읽기에 흥미를 못 느끼는 아이는 명작을 만화로 구성한 작품을 즐김으로써 읽기에 흥미를 키울 수 있다. 원작을 만화로 만들었을 때의 문제점을 지적하며 만화에 대해 부정적인 시각을 가진 사람도 있다. "그리스 로마 신화를 소설보다 만화로 먼저 보면 인물들에 대해 고정된 이미지를 갖게 되어 아이들이 자유롭게 상상하는 것을 방해하지는 않을까요?" 하고 걱정하는 사람도 많다.

그러나 만화나 영화에서 미리 본 이미지들은 글을 이해하는 데에 도움을 줄 수도 있다. 특히 읽기에 흥미가 없거나 이해력이 부족한 아이일수록 그렇다. 먼저 본 영상이 뇌의 기억창고 속에서 친근한 이미지로 남아 글을 읽을 때 작용하기 때문이다.

따라서 아이가 만화를 반복하여 읽었다면 이제는 글로 된 같은 작품을 읽혀보는 것이 좋다. 언젠가 만화로 된 삼국지 시리즈를 재미있게 읽은 초등학교 3학년 아이에게 글로 엮은 삼국지를 읽어보게 한 뒤 소감을 물어보았다. 아이의 대답은 "글로 엮은 삼국지가 훨씬 재미있어요"였다. 만약 글로 된 책을 먼저 읽은 아이라면 만화 시리즈를 읽은 뒤 무엇이 어떻게 다른지를 이야기하면서 소설과 만화의 차이를 공부할 수 있다. 그리스 로마 신화를 만화와 책으로 모두 읽은 후 똑같은 인물을 어떻게 다르게 묘사하고 있는지 알아봄으로써 매체 간의 차이를 분명히 알도록 가르칠 수도 있다.

초등학교 3, 4학년 시기에 만화는 여러 면에서 유용하다. 『삼국지』『서유기』와 같은 장편을 만화 시리즈를 통해 읽음으로써 긴 글 읽어내기에 재미를 붙일 수 있다. 또 역사와 과학, 사회 등 교과 관련 만화들을 읽어서 다양한 배경지식을 형성할 수 있다. 많은 학습용 만화들은 아이들이 어려운 개념들을 쉽게 이해하도록 설명해놓고 있다.

여기서 중요한 것은 만화건 책이건 영화건 새롭게 알게 된 정보와 이미 알고 있던 정보를 연결지어 자신의 언어로 표현해보는 것이다. 새로운 정보를 기억 속에 저장하는 과정에서 이미 알던 정보와 연결짓고 이를 재구성하여 아이가 자신의 생각으로 결론짓는 연습을 하는 것은 매우 중요하다.

물론 만화가 아이들의 독서습관 형성에 좋은 역할만 하는 것은 아니다. 심심풀이로 읽는 만화도 많기 때문이다. 재미를 위해 만화를 읽을 수도 있지만 그로 인해 읽어야 할 다른 책 읽을 시간을 많이 빼앗긴다면 문제가 된다. 그러나 지나치게 재미 위주의 만화에 빠지지 않도록 하기 위해서 '만화는 무조건 보지 말라' 는 식으로 대응하는 것은 안 된다. 가장 좋은 대안은 만화 못지않게 흥미로운 줄거리를 가진 소설이나 동화를 부모가 읽어주는 것이다. 부모가 먼저 첫 부분을 3분의 1 정도 읽어주면 대부분의 아이들은 나머지 부분을 단숨에 읽어치운다. 글이 많은 책을 읽기 싫어하는 아이들에게는 먼저 그림이 많은 책을 읽어주면서 점차 글만 나온 책도 겁내지 않고 읽을 수 있도록 부모가 징검다리 역할을 해줄 필요가 있다.

아이들에게 만화 읽기를 지도할 때 가장 중요하게 생각할 것은 '만화를 어떻게 읽을 것인가?' 이다. 마치 피할 수 없는 공기처럼 아이들 주변에는 각종 대중매체들이 널려 있다. 그리고 부모가 언제까지나 따라다니면서 좋은 것, 안 좋은 것을 가려줄 수도 없다. 결국 아이들 스스로 만화를 고를 줄 알아야 한다. 소설을 읽는 방법과 수필을 읽는 방법, 시를 읽는 방법이 다르듯이 만화를 읽는 방법도 따로 있다. 똑같은 영화를 보더라도 사람마다 영화를 이해하는 능력에 차이가 있듯이 만화도 제대로 읽는 법을 배워야 한다.

만화 읽기의 시작은 만화를 만든 사람이 누구인가를 알아보는 것에서 출발한다. 이를 위해서는 만화를 제작한 사람의 의도, 만화라는 매체가 갖고 있는 속성을 알아야 한다. 먼저 저자와 출판사가 믿을 만한가를 살펴볼 필요가 있다. 다음으로는 만화를 제대로 읽기 위한 전략들을 알아야 한다. 만화에서 인물의 성격을 표현하는 방식이나 연출기법, 그림의 크기와 색, 선의 굵기, 여백 등이 의미하는 것들을 읽어내는 것이다.

만화에 대한 전반적인 이해를 돕는 책 중에서 부모가 읽어볼 만한 책으로 스콧 맥클루드의 『만화의 이해』(시공사)가 있다. 만화라는 매체를 만화의 형식으로 잘 분석해놓은 책이다. 아이들 수준(초등 4학년 이상)에서 만화의 속성을 이해하기 쉽게 풀어놓은 책은 우리만화살리기연대모임에서 펴낸 『가자, 만화의 세계로!』(다섯수레)가 있다.

만화 읽기, 이렇게 하자

- 출판사와 저자는 누구이고 어떤 목적으로 만들었을까?
- 인물들의 감정표현을 무엇으로 보여주고 있는가?
- 칸의 크기가 주는 느낌은 어떠한가?
- 인물들의 모습은 어떠한가?
- 행동과 말을 통해 인물의 성격을 추론한다면?
- 인물들의 대사 가운데 부적절한 표현이 있다면?
- 원작과 만화의 차이점은 무엇인가?
- 이야기 속에 담긴 주제는 무엇인가?
- 독자의 호기심을 끌기 위한 자극적이고 과장된 표현은 없는가?

편독을 해요

Q 자기가 좋아하는 책만 읽으려고 해요

A 좋아하는 음식이 있듯이 책에도 자기만의 취향이 있을 수 있다. 창작동화만 보려고 하거나 과학책 혹은 역사책만 보려고 하는 경우, 또는 귀신이야기나 황당하고 코믹한 이야기만 보려는 경우, 옛날이야기만 보려고 하는 경우 등 그 현상도 다양하다. 이때 아이가 어떤 분야의 책을 좋아하는지 부모가 관심을 갖고 보아야 한다.

만약 아이가 유아나 초등 저학년일 때는 재미를 방해하지 않는 것이 좋다. 다만 부모가 읽혀야겠다고 생각하는 책이 있다면 편안하고 조용한 분위기에서 일대일로 읽어주어 책에 대한 시야를 넓혀주는 것이 중요하다. 이때 아이를 억지로 앉혀놓고 읽어주려고 하면 싫어하므로 책의 좋은 점을 말하고 안내하듯이 읽어준다.

이렇게 부모가 책을 다양하게 읽어주면서, 좋아하는 책도 읽고 싫어하는 책도 읽어보는 것이 필요함을 자연스럽게 알려줄 수 있다. 대부분의 아이는 부모가 안내해주는 책을 좋아하게 마련이다. 아이들이 책을 싫어하는 것은 그 책과 친해지지 않았기 때문이다. 처음부터 또는 선천적으로 어떤 분야의 책을 싫어하는 경우는 드물다. 누군가 그 책과 친해지도록 도와주지 않았기 때문에, 즉 잘 모르기 때문에 싫어하는 것이다. 또한 그 분야에 대한 배경지식이 부족할수록 읽어낼 자신이 없어 더욱 그 책을 멀리하게 된다. 그러므로 아이가 책을 좋아하게 만드는 일과 잘 읽어내는 능력을 같이 키워주는 노력이 모두 필요하다.

이렇게 하자

- 아이가 좋아하지 않는 분야의 책을 읽어줄 때는 책 내용 중 가장 재미있는 부분을 소리 내어 읽어준다. 예를 들어 아이가 감동할 만한 내용이나, 놀랍고 신기한 내용을 찾아 읽어준다.
- 싫어하는 분야의 책 중 아이 수준보다 낮은 책을 골라 읽어준다.
- 처음에는 가능하면 그림이 많이 나온 책을 골라 읽어준다.

Q 귀신이야기를 너무 좋아해요

"저희 애는 공포물이나 귀신이야기를 너무 좋아해요. 밤에는 무서워서 혼자 자지 않겠다고 하면서도 말이에요."

초등학교 3학년인 인혜가 서점 책꽂이에서 제일 먼저 골라 정신없이 읽는 책은 공동묘지나 흡혈귀를 소재로 한, 제목만 들어도 으스스한 공포물이다. 어머니가 읽지 못하게 해도 도서대여점이나 친구들에게서 빌려와 읽는다. 한창 호기심이 왕성한 때이니 그럴 수 있다고 생각했던 어머니도 아이가 대낮에 혼자 화장실도 안 가려고 할 정도로 귀신이야기에 빠지자 슬슬 걱정이 되었다. 무엇보다 한쪽으로 치우친 독서경향 때문에 제 시기에 읽어야 할 책들을 읽지 못한다는 것도 문제로 생각되었다. 인혜와 같은 사례는 부모들이 흔히 겪을 수 있는 상황이다.

어린이책을 연구하는 많은 심리학자들은 옛이야기 속의 괴물이나 귀신은 어린이를 억압하는 어떤 존재를 상징하고 있다고 말하기도 한다. 어린이에게 귀신은 무섭고 두려운 존재, 곧 어른들이다. 어린이들은 현실세계에서는 어른들을 이길 수 없다(어린이들은 모두 심리적으로 약자이다). 그러나 책 속에서 주인공이 괴물이나 귀신을 물리치는 장면을 보면서 통쾌함과 카타르시스를 만끽한다. 이렇게 본다면 아이들이 무서운 이야기를 즐기는 것은 어쩌면 당연한 일일지도 모른다.

그런데 어린이 심리치료가인 브루노 베텔하임은 어린이 혼자서 공포스럽고 잔인하게 괴물이 죽는 장면을 보는 것과 어른이 함께 보는 것에는 차이가 있다고 말한다. 어린이 혼자서 읽을 때는 어른을 이기는 공상(괴물을 죽이는 장면)을 비밀스럽게 혼자만 즐기는 것 같아 죄책감을 느끼게 되지만 어른이 함께 읽어주면 그러한 공상을 허용받고 공감받는다는 안도감을 느낀다는 것이다.

이 말은 공포물과 같은 책은 부모와 함께 공개리에 볼 때 아이가 심적으로 부담감을 덜 느낀다는 것을 시사한다. 자신이 읽은 무서운 이야기를 다른 사람들, 특히 부모와 나눌 때 아이들은 공포스러운 장면을 훔쳐본(?) 비밀로부터 해방된다. 만약 혼자서 읽었다 하더라도 엄마한테 다시 말해보라고 하여 무서운 기분을 덜어내는 것이 좋다. 아이 혼자서 간직하고 있으면 마치 실제 자기에게 무서운 일이 벌어질 것 같은 두려움을 가질 수도 있다.

아이들이 유난히 공포물이나 귀신이야기를 즐기는 것은 아이의 정서 상태를 보여주는 신호이기도 하다. 말하자면 내적으로 자신이 억압받는다고 느끼는 심리 환경에 처해 있다고 볼 수 있다. 힘센 어른에게 억압당하고 통제받고 있다고 느끼는 아이의 심리는 마치 귀신이 자신을 해칠 것 같다는 두려움과 불안을 내포하고 있는 것이다. 무서워하면서도 아이가 그런 책을 자꾸 읽는 것은 그것이 아이의 심리적 세계와 맞아떨어지기 때문이다.

얼마 전 학교에서 글짓기 시간에 인혜가 쓴 글이다. 제목은 '50년 후의 내 모습'이었다.

"나는 지금 외롭다. 자식들은 모두 내 곁을 떠나고 나는 암에 걸려 살아갈 날이 얼마 남지 않았다. 나는 쓸쓸하게 죽어갈 것이다. 아무도 날 찾아오지 않는다."

인혜의 글은 단순히 상상력이 지나친 것으로만 보기에는 생각할 점이 많다. 인혜가 어떤 것을 보고 그렇게 적었는지는 모르지만 주변 할머니들의 삶 중에서 특별히 비극적인 노년의 삶을 자신의 것으로 상상했다는 것은 인혜가 심리적으로 외로워하고 있음을 말해준다. 가족들이 자신의 힘든 점이나 원하는 바를 공감하지 못한다고 느끼는 것이다.

물론 귀신이나 괴물, 비극적인 이야기를 즐기는 아이 모두가 심리적 억압에 시달리거나 소외감을 느낀다고는 말할 수 없다. 어린이들 중에서도 인간 존재의 비극적 양상이나 내면의 어두운 면을 탐구하려는 취향을 가진 아이가 있을 수 있다. 그러나 아이가 유난히 공포물에 심취해 있고 특히 그로 인해 공포감을 느낀다면 아이가 혹시 심리적으로 힘들어하는 부분은 없는지 세심하게 살펴봐야 한다. 무엇보다 부모와의 관계가 건강한 상태인지 들여다보아야 한다. 아이가 심리적 안정감을 느끼도록 분위기를 조성해주고 있는지 아이의 눈높이에서 생각해볼 필요가 있는 것이다. 요즘은 지나치게 많은 과외학습 때문에 아이들이 마음 편히 놀 시간이 별로 없는데, 놀지 못하는 것 자체가 억압일 수 있음을 기억해야 한다.

심리적 환경에 대한 배려와 함께 필요한 것은 무조건 읽지 못하게 하는 것보다는 부모가 좋은 책을 함께 읽는 것이다. 안 좋은 책을 못 읽게 하는 강력한 수단은 좋은 책을 많이 경험하게 하는 것이다. 아이들은 글을 읽을 수 있는데도 부모에게 자꾸 읽어달라고 보채기 마련이다. 아이들은 부모가 책을 읽어주는 행위 자체를 사랑으로 느끼기 때문이다. 잠들기 전 머리맡에서 책을 읽어주는 엄마 아빠의 모습은 아이에게 오래도록 잊히지 않는 사랑의 추억이 된다.

적잖은 부모들이 아이가 글자를 읽을 줄 알게 되면 책을 읽어주는 것을 멈춰버린다. 아이 혼자서 읽는 습관을 길러야 한다는 생각에서이다. 그러나 아이들은 여전히 듣는 기쁨을 얻고 싶어한다. 특히 그림책은 아이에게 하나의 인격체처럼 지각되기 때문에 등장인물의 성격적 특성이나 말투, 표정, 이미지 등은 모두 아이에게 인격적으로 영향을 끼친다. 그리고 그림책의 인물이나 배경 등이 낯설수록 아이는 혼자서 읽기를 싫어한다. 낯선 사람 만나기를 두려워하는 것과 같은 이치이다.

이럴 때 부모는 독서의 안내자가 되어야 한다. 새로 산 책을 부모가 함께 읽어주어 그 책과 친숙해지도록 도와줘야 한다. 한두 번 함께 읽어 일단 책과 친해지면 아이는 혼자서 부담 없이 그 책을 즐기기 시작한다. 아이는 부모와 함께 읽으면서 자신의 내적 소외감이나 욕구를 책 속의 등장인물을 통해 드러내게 되고 부모로부터 공감을 얻는 것이다. 아이는 자기가 공감받고 있다고 느낄 때 동시에 사랑받고 있다고 느낀다. 이탈리아의 사제이자 뛰어난 교육가였던 요한 보스코는 이렇게 말했다.

"어린이를 사랑하는 것만으로는 부족합니다. 그들이 사랑받고 있다고 느끼게 해야 합니다."

Q 판타지 동화만 읽어요

 "우리 애는 판타지소설에 푹 빠져서 다른 책은 전혀 안 봐요. 그대로 둬도 괜찮을까요?"

중학교 1학년 아들을 둔 어머니가 걱정스러운 표정으로 묻는다. 아들 녀석이 판타지만화며 소설들을 잔뜩 쌓아놓고 가끔 밥 먹는 것도 잊을 만큼 빠져서 읽는다는 것이다. 얼마나 재미있기에 저러나 싶어 어머니가 읽어보니 그저 황당무계하게만 느껴지는 이야기들이었다고 한다. 한창 세계 명작이나 고전, 청소년 권장도서를 읽어야 할 시기에 공상적인 이야기에만 심취해 있는 것이 어머니로서는 여간 걱정스러운 게 아닐 것이다.

그런가 하면 초등학생 가운데는 해리포터 시리즈를 달달 외울 정도로 몇 번이고 읽은 아이들도 있다. 해리포터 이야기에 빠진 어떤 아이는 이 세상 어딘가에 마법학교가 있을지도 모르며 그런 학교가 있으면 당장 입학하고 싶다고 진지하게 말하기도 한다.

사실 판타지 문학은 그 범위가 아주 넓어서 정의를 내리기가 쉽지 않다. 판타지 문학의 가치를 높이 평가하는 사람들은 판타지 문학이야말로 인간 본성의 진실성을 형상화하여 보여주는 마음의 문학이라고 말한다. 좋은 판타지 문학은 인간의 깊숙한 내면을 통찰하게 해주는 등불과 같은 역할을 하여 현실이라는 길을 잘 걸어가도록 돕는다는 것이다. 서양의 경우 1865년에 나온 『이상한 나라의 앨리스』나 1900년에 등장한 『오즈의 마법사』와 함께 아동문학에서 판타지 문학을 중요한 장르로 다뤄왔다.

　판타지의 뿌리는 수많은 신화와 민담, 옛이야기 들이다. 아동을 대상으로 하는 책은 물론 애니메이션, 장난감 등에는 다소 변형되고 재창조된 신화와 옛이야기가 알게 모르게 스며들어 있다. 포켓몬스터와 디지몬 캐릭터들은 바로 신화 속에 등장하는 수많은 상상의 동물들을 재창조한 것들이다. 죽지 않고 계속 진화하는 캐릭터들에는 영원불멸을 바라는 옛날 사람들의 기원이 담겨 있고, 첨단의 기계문명 속에 살고 있는 현대에도 여전히 그것들은 인간의 마음을 움직이는 힘이 있다. 미야자키 하야오의 애니메이션 〈센과 치히로의 행방불명〉의 인기 뒤에는 신화라는 마력이 있는 것이다.

　그러므로 판타지동화가 단순히 황당무계한 몽상이나 현실도피적인 이야기인 것만은 아니다. 특히 유아기와 아동 초기에 읽는 옛이야기들은 책읽기에 흥미를 주는 것 이상의 가치가 있다. 많은 옛이야기는 선과 악의 투쟁에서 선이 승리한다는 평범한 진리를 보여주는데, 그것은 아이들로 하여금 악의 멸망을 확연히 깨닫게 하고 착한 사람이 되겠다는 생각을 심어주는 역할을 한다.

　또한 옛이야기는 희망의 메시지를 담고 있다. 옛이야기는 괴나리봇

짐 하나 달랑 들고 길을 떠난 고독한 주인공이라도 착한 마음만 있으면 늘 도와주는 이가 생기고 시련을 잘 겪어내어 결국은 자신만의 왕국에서 행복하게 살게 된다는 낙천적인 생각을 보여준다. 알 수 없는 미래를 향해 용감히 길을 떠난 주인공들은 '은총'에 대한 신뢰를 통해 값진 보물을 얻는데, 여기서 값진 보물이란 바로 자기 자신을 이루는 것이다. 자기 자신을 이룬다는 것은 자신의 성에서 왕이 되어 산다는 것으로, 자신의 삶을 주도적으로 이끌어간다는 의미이다. 그리하여 옛이야기들은 우리에게 자기 삶의 주인이 되는 모험을 떠나라고 말한다. 그 여정에는 고통과 시련이 있겠지만 그것들은 지혜와 겸손, 은총으로 극복될 수 있다는 강력한 희망을 품고 있다. 물론 모든 옛이야기가 그러한 것은 아니다. 옛이야기의 대부분은 여러 사람에 의해 변형되는 과정에서 사회 전반의 이데올로기나 현실적인 시각들이 스며들고 왜곡되기도 하였다.

좋은 옛이야기를 읽는 아이들은 내면에 자기 자신의 미래에 대해 긍정적인 생각을 심을 것이다. 산타 할아버지의 존재를 믿는 순수한 아이들은 자신의 인생에도 마법이 통할 거라고 믿는다. 자신의 미래를 믿는 것은 대단히 중요하다. 만약 우리가 미래를 믿지 못하면 불안하여 한 발짝도 나아가지 못할 것이다. 유아기와 아동 초기에 옛이야기를 많이 읽어주고 상상놀이를 즐기도록 도와주어야 하는 이유가 바로 여기에 있다. 어려서 어른들에게 상상의 세계를 빼앗긴 아이는 청소년기에 이르러 이를 보상받으려는 심리로 약물이나 환상에 지나치게 빠지며 현실을 도피하려는 경향이 있다고 말하는 심리학자도 있다.

초등 고학년 또는 청소년이라면 판타지의 장르적 특성을 알고 이를 어떻게 읽는 것이 잘 읽는 것인지 알아야 한다. 판타지 문학에 내포된 요소들의 상징적 의미를 읽어내는 노력이 필요한 것이다. 이를테면『반지의 제왕』에는 그리스신화와 중세 기독교의 이미지를 나타내는 인물들이 등장한다.『반지의 제왕』을 서양 판타지 문학의 총체성을 보여주는 문학의 하나로 평가하는 것은 바로 이 때문이다. 이 작품을 해리포터를 비롯한 다른 판타지 작품과 비교하거나 애니메이션, 영화 등 다른 매체와 비교해보는 것도 좋다.

부모나 교사 등 어른과의 대화는 이러한 분석적 읽기에 중요한 촉매 역할을 한다. 요즘은 책이나 영화 등을 소개하고 비평하는 교양 프로그램도 적지 않다. 널려 있는 정보 중 꼭 필요한 것을 아이와 함께 고르고 가끔은 같이 보면서 무엇을 어떻게 읽을 것인지 대화를 나눈다면 부모가 학습 도우미 역할을 톡톡히 하는 셈이다.

한편 지나치게 판타지소설이나 동화에 심취하는 경우는 아이의 심리 상태를 들여다볼 필요가 있다. 12세가 넘으면서 아이들은 노력보다는 능력에 관심을 가지면서 열등감이 싹튼다. 자신이 어떤 능력을 가진 사람인지를 깨닫게 되는데, 이런 현실을 직면하고 헤쳐나가기를 두려워하여 도피하는 심정으로 어떤 것에 광적으로 빠질 수 있다. 내일 당장 중요한 시험이 있는데도 대책 없이 인터넷 게임이나 판타지만화에 빠져 있다면 그것은 심리적 동굴 속에 숨어 있는 것과 같다. 이런 경우 아이의 성취동기를 일깨울 방법은, 지나치게 공부만으로 능력을 재어서 두려움을 가중시키기보다 즐겁게 잘할 수 있는 취미활동을 통해 노력의 가치를 깨닫게 하는 것이다. 잦은 꾸중과 잔소리는 점점 자녀를 실패자 또는 무능력자로 몰아서 낙인을 찍는 것과 다르지 않다. 부모는 아이의 두려움의 실체가 무엇인지 통찰하여 함께 문제를 해결해나가려는 자세로 사춘기를 동반해주는 여유가 필요하다.

Q 3학년인데 아직도 글을 더듬거리며 읽어요

 "저희 애는 글을 읽을 때 더듬거려요. 너무 느리게 읽는 것 같고요."

올해 초등학교 3학년인 성우는 학교 수업시간에 선생님이 교과서를 읽어보라고 할 때마다 기어들어가는 목소리로 심하게 더듬거리며 읽는다. 집에서 교과서를 많이 읽히라는 담임선생님 말대로 엄마는 매일 저녁 성우에게 읽기를 시키지만 성우의 읽기 실력이 썩 나아지는 것 같지 않아 고민이다. 무엇보다 성우는 이 시간을 너무 싫어한다. 엄마의 강요에 의해 억지로 읽다보니 이제는 재미있는 그림책을 읽으라고 해도 고개를 흔들며 싫은 내색을 하기에 이르렀다.

성우처럼 읽는 속도가 너무 느리고 더듬거리는 경우 어떤 방법으로 유창하게 읽도록 도울 수 있을까? 먼저 3학년인 성우가 왜 3학년 교과서를 유창하게 읽지 못하는지를 살펴보아야 한다. 읽기가 떨어지는 원인에는 여러 가지가 있지만, 대개는 읽을 책이 그 아이에게 너무 어렵기 때문에 읽기를 힘들어한다. 말하자면 초등학교 3학년인 성우에게 3학년 교과서는 어려운 책인 것이다.

읽을 때 더듬거리고 너무 느리다는 것은 글이 얼른 이해되지 않는다는 것을 의미한다. 잘 아는 낱말과 상황이 나오는 글은 당연히 무슨 뜻인지 알기 때문에 유창하게 읽을 수 있다. 잘 알고 있다는 것은 그만큼 많이 듣고 보았다는 것을 뜻한다. 그러므로 아이가 유창하게 글을 읽지 못하는 가장 큰 원인은 많이 보고 듣지 않았다는 데 있다.

성우는 엄마의 열성으로 만 세 살 무렵 문자를 해독하였다. 그런데 처음에는 문자를 읽을 줄 아는 재미에 열심히 읽으려고 하던 성우가 어느 때부턴가 통 읽으려고 하지 않았다. 엄마가 자꾸 글을 읽으라고 하자 귀찮아하더니 나중에는 아예 책만 보면 도망갔다. 여섯 살 무렵 학습지를 구독하면서 엄마는 성우에게 한글 쓰기를 시켰다. 그러나 한글 쓰기 역시 성우에게는 고역의 시간이 되었다.

초등학교 3학년이 된 성우가 글을 유창하게 읽지 못하는 것은 이렇듯 유아기부터 적절하지 못한 읽기 지도를 받았기 때문이다. 유아가 읽기를 잘 하려면 얼마나 많이 들어야 하는지를 성우 엄마는 간과한 것이다. 어린아이는 식구들이 하는 말과 행동을 관찰하면서 개념을 파악하는 일부터 시작한다. "엄마"라고 자꾸 말해주는 어른들에 의해 '이 사람을 엄마라고 말하는구나!' 하고 자신의 머릿속에 엄마라는 개념을 이미지로 남기는 것이다.

따라서 어릴수록 세상 경험이 중요하다. 경험이 많은 아이일수록 머릿속의 개념창고에는 다양한 개념들이 쌓이고 그 개념들은 점점 세분화되고 체계성을 갖게 된다. 처음에는 의사라는 개념만 알고 있다가 점차 병원, 간호사, 주사 등 아는 개념이 쌓이고, 나중에는 이비인후과, 산부인과, 소아과 등의 개념까지 파악할 수 있게 된다. 경험이야말로 기억을 위한 가장 강력한 특효약인 것이다.

직접경험 다음으로 중요한 것은 부모가 책을 읽어주는 것이다. 시골에 가서 '돼지'를 보았던 아이는 『아기 돼지 삼형제』에서 다른 개념의 돼지를 만난다. 『집 나가자 꿀꿀꿀』(웅진닷컴)에서는 또다른 돼지의 이미지를 만난다. '돼지 같은 인간'이라고 할 때의 '돼지'는 또 다르다. 다양한 개념들을 확보할수록 아이는 풍부한 어휘사전을 갖게 되는 것이다. 실제로 돼지를 한 번도 보지 않았고 돼지에 관한 책도 읽지 않은 아이는 '돼지'라는 단어를 읽기도 쉽지 않지만 설령 읽을 수 있다 하더라도 기억에 오래 남지 않는다. 비록 문자 해독이 늦더라도 돼지의 다양한 개념을 많이 말할 수 있는 아이가 잠재적인 읽기능력이 뛰어나다고 볼 수 있다.

또한 어휘력이 매우 중요하다. 유창하게 읽으려면 반드시 글에 나온 단어의 개념을 이해하고 있어야 한다. 모르는 단어 한두 개는 읽어가면서 앞뒤 문맥을 통해 이해하면 되지만, 한 문장에 모르는 단어가 2개 이상이 되면 이해가 얼른 안 되기 때문에 자연히 읽을 때 더듬거리게 된다. 그러므로 문자를 어느 정도 읽을 수 있게 되었다고 해서 자꾸 읽히기만 하면 아이가 금방 유창하게 읽게 되리라고 기대해서는 안 된다. 오히려 아이는 그로 인해 읽기를 싫어하게 되고 심지어 공포감을 느끼게 되어 평생 책읽기를 멀리할 수도 있다.

성우의 경우처럼 3학년인데도 읽을 때 더듬거리거나 속도가 느리다면, 우선 3학년 교과서를 소리 내어 읽혀본다. 그리고 한 문장 안에서 몇 단어나 더듬거리는지 알아본다. 더듬거린다는 것은 그 낱말의 뜻을 잘 모른다는 것을 의미한다. 구강 구조상 발음에 문제가 생겨서인 경우도 있지만 대부분은 잘 모르는 낱말이 글 속에 많아서 더듬는 것이다. 또 읽을 때 어떤 부분에서 더듬거리는지도 자세히 관찰해야 한다. 띄어 읽기를 잘 못 하는지, 다른 말로 대체하여 읽는지, 생략하거나 건너뛰어 읽지는 않는지 관찰하고 아이 자신이 그러한 사실을 스스로 알고 있는지 물어본다.

　아이가 더듬거리며 읽느라고 글의 뜻을 이해하지 못한다면 이 아이의 수준은 3학년보다 낮은 수준일 수 있다. 그럴 경우 더 낮은 학년의 책을 찾아서 읽히는 것이 좋다. 매일 30분씩 자기 수준에 맞는 책을 부모가 읽어주고 따라 읽기를 시키되, 지루해할 수 있으므로 녹음을 하여 직접 들어보게 하는 것도 좋은 방법이다. 자신이 낭독한 것을 들어보고, 스스로 교정할 수도 있기 때문이다.

　이 경우에는 친숙하고 흥미 있는 책을 매일 엄마가 큰소리로 읽어주어야 한다. 3학년보다 낮은 수준의 책을 적어도 2, 3회 반복하여 읽어주는 게 좋다. 글을 읽어주다가 모르는 단어가 나오면 그 뜻이 무엇일까 궁리해보거나 엄마가 직접 설명해주어 이해력을 높인다. 그리고 나서 내용이 익숙해지면 아이가 엄마와 번갈아가며 책을 읽는다. 같은 책을 여러 번 반복해서 듣고 나면 아이는 점차 읽기에 자신감을 갖게 된다. 무엇보다 귀에 익숙해진 단어들을 기억해낼 때 눈동자가 점점 빨리 움직이게 되어 읽기속도가 빨라진다. 이러한 과정을 꾸준히 하면 어휘력의 신장과 함께 속도도 빨라지고 발음도 정확해진다.

　아이가 글을 읽다가 틀리게 읽을 경우, 틀리게 읽었다며 중단시키고 그 자리에서 교정해주는 것은 좋은 방법이 아니다. 틀린 점을 자꾸 지적하면 아이가 읽기에 자신감을 잃고 위축될 수 있기 때문이다. 그보다 "엄마가 다시 읽을 테니까 잘 들어보렴" 하고 정확하게 들려주고 나서 따라 읽도록 지도한다.

그러나 성우처럼 엄마의 강요에 의해 책을 읽었다면 책에 대해 좋지 않은 감정을 갖고 있는 만큼 엄마와 함께 책 읽는 시간이 즐겁고 행복한 시간이 되도록 편안한 분위기를 조성하는 것이 무엇보다 선행되어야 할 일이다. 책 읽는 즐거움을 많이 느끼도록 작전을 짜는 부모의 지혜가 필요하다.

Q 읽는 속도가 너무 느려요

 읽기의 속도가 느린 원인은 여러 가지가 있다. 잘 모르는 어휘가 많아 더듬거리다보니 늦는 경우가 있고, 읽기 연습이 안 되어서 줄을 따라 읽는 것이 유창하지 못한 경우도 있다. 이럴 때에는 부모가 왼쪽에서 오른쪽으로 손가락으로 글을 짚어가면서 소리 내어 읽어주는 것을 잘 듣게 한 후 아이 혼자 읽어보게 하면 도움이 된다. 그러면 아이는 엄마가 읽어주는 소리를 들으면서 눈동자를 움직이며 스스로 읽게 된다. 이러한 과정을 같은 책으로 여러 번 반복하면 아이의 읽기속도가 점점 빨라지게 된다.

어느 정도 속도감 있게 읽으려면 근본적으로는 어휘력을 길러야 하는데, 어휘력은 많이 듣거나 사용할 때 향상되므로 아이에게 꾸준히 책을 읽어주어야 한다. 3학년인데 3학년 교과서를 능숙하게 읽지 못한다면 그 아래 학년 수준의 짧은 글을 부모가 먼저 읽어준 뒤 아이에게 큰 소리로 읽어보도록 하면 된다.

그렇다면 모든 책을 빨리 읽도록 훈련시켜야 할까? "속독훈련을 시켜야 하나요?"라고 질문하는 부모들을 자주 만난다. 그러나 속독보다는 적절한 속도로 읽는 것이 더 중요하다고 말하고 싶다. 읽을 책의 성격에 따라, 읽는 목적에 따라 속도를 조절해가면서 읽는 것이 가장 좋은 독서법이다. 무조건 모든 책을 속독할 수는 없는 노릇이다. 정보가 많은 책들은 정보를 정확히 인지하면서 읽었을 때 기억이 되고 학습이 된다. 빨리 읽다보면 꼭 알아야 할 정보들을 흘려보낼 수 있다.

물론 자기 학년에서 읽어야 할 책을 어느 정도 속도감 있게 유창히 읽어내는 능력은 꼭 훈련되어야 한다. 초등 1, 2학년 때에는 낭독을 잘해야 하지만 6학년 때에는 정해진 시간 동안 묵독한 뒤 내용을 이해하고 말할 수 있어야 한다. 말하자면 어느 정도의 속독능력이 필요하다는 말이다.

하지만 속독훈련을 열심히 받은 아이들 중에는 글을 빨리 읽긴 하는데, 주제가 무엇인지 말하지 못하는 아이들도 꽤 많다. 즉 속독이라는 말은 그저 빨리 읽어서 기본 내용을 파악할 수 있는 것만이 아니라 글을 해석하고 중심생각이 무엇인지 등을 파악하는 능력을 뜻한다.

속독훈련에 앞서 해야 할 가장 중요한 일은 어휘력을 향상시키는 것이다. 독서하는 방법, 즉 독서전략에 따라 열심히 책을 이해하고 분석하는 훈련을 통해 독서력을 높이다보면 점점 이해 속도가 빨라져 속독능력이 생기게 된다. 5학년까지 착실하게 독서방법을 익히고 책을 다양하게 읽은 아이라면 모두 책을 빨리 읽을 능력을 갖추었다는 말이다. 그러므로 자녀의 읽는 속도가 너무 느리다면 무조건 속독훈련을 시키려고 덤비기보다 독서수준을 먼저 검토한 다음 아이 수준에 맞는 책부터 잘 읽고 이해하도록 지도하여 수준을 높여가는 것이 중요하다.

Q 읽을 때 오류가 많아요

읽을 때 다른 말로 바꾸어 읽거나 마구 건너뛰는 경우, 조사를 생략하고 읽는 경우, 발음이 정확하지 못한 경우 등 읽기에 오류가 많은 것은 여러 가지 원인이 있다.

우선 성격이 급한 경우이다. 이해력이 뛰어나 읽기속도가 빠른 경우 소리 내어 읽는 것보다 눈이 더 빨라 오류가 생길 수도 있다. 반대로 읽기가 유창하지 못하여 심하게 더듬거리거나 실제로 낱말을 처음 보거나 뜻을 몰라서 잘못 읽거나 생략할 수도 있다. 읽을 때 오류가 심하면 이해에도 문제가 생긴다. 이럴 때에는 천천히 숨을 조절해가면서 읽도록 지도해야 한다.

읽을 때 낱말을 정확하게 읽지 못하고, 틀리게 읽거나 얼버무리는 것은 그 낱말을 처음 보았거나 낯설어서 순간 당황하는 경우라고 할 수 있다. 이럴 때에는 아이가 제 학년에서 잘 모르는 낱말이 얼마나 되는지 알아보고, 어휘공부를 할 필요가 있다. 또 아이가 모든 책을 그렇게 잘못 읽는지, 이야기글은 잘 읽는데 설명문에서 더듬거리는지 등을 교과별로 관찰할 필요가 있다. 유창하게 읽도록 연습을 시킨 뒤 아이가 여러 사람 앞에서 자신감 있게 읽어볼 기회를 자주 주면 좋다.

Q 읽은 내용을 조리 있게 말하지 못해요

A 짧은 글을 읽고 나서 내용을 순서대로 다시 말하지 못하는 데는 여러 이유가 있다. 우선 아이가 그 책을 한 번밖에 읽지 않아서 내용을 이해하지 못했거나 몇 번 읽었지만 이해도가 매우 낮은 게 원인이 될 수 있다.

둘째로, 읽은 내용을 기억하는 데 어려움을 겪었기 때문이다. 기억체계에서 순서대로 이야기를 기억해야 하는데, 엉뚱한 정보들을 기억했거나 기억하려고 해도 잘 모르는 말이어서 기억을 못 했을 수도 있다. 이는 기억하는 방법을 몰라서 기억을 못 했다는 말도 된다.

잘 기억하는 것은 중요한 독해전략이다. 만약 이야기글이라면 이야기에 나오는 인물은 누구이고, 언제 어디서 일어난 일인지, 주인공에게 생긴 일 가운데 가장 큰 문제나 사건은 무엇이었고 어떻게 해결되었으며, 결과는 어떻게 되었는지를 먼저 적게 한 다음 말하기를 시키면 조리 있게 말하는 연습이 될 수 있다.

읽은 내용을 잘 요약하여 말할 수 있으려면 우선 잘 들어야 하며, 들은 내용을 정리할 줄 알아야 한다. 독서전략에서 언급했던 것처럼 요약하는 훈련을 통해 조리 있게 말하는 방법을 배울 수 있다. 따라서 책을 읽은 후에 읽은 내용을 다시 말해보는 연습은 아주 중요하다.

Q 책읽기는 좋아하는데 감상문은 못 써요

A "저희 애는 책읽기는 좋아하는데 쓰기를 너무 싫어해요."
올해 초등학교 3학년인 상호는 쓰는 것을 아주 싫어한다. 독후감이나 일기는 물론이고 학교에서 쓰는 알림장조차 쓰기 귀찮아하여 쓰지 않을 정도이다. 보통 일주일에 세 번 정도 독후감이나 일기 쓰기 숙제를 내주는데, 대충 하거나 안 해가다보니 자꾸 꾸중을 듣게 되고 학교에서도 집중을 하지 않아 벌서는 일도 많다고 했다. 상호가 쓴 공책을 보니 또래에 비해 글씨가 유난히 크고 글씨체도 바르지 않았다.

먼저 독서수준검사를 통해 낭독과 묵독, 이해력, 어휘력 등을 알아본 결과 상호는 3학년 수준에서 뒤처지지 않았다. 책을 집중해서 읽은 다음 내용을 다시 떠올리는 회상력도 높은 편이었다. 그렇다면 어째서 그토록 쓰는 것을 싫어할까? 상호 어머니와의 대화를 통해 상호가 쓰기를 싫어할 만한 이유를 몇 가지 찾아볼 수 있었다.

상호는 선천적으로 왼손잡이여서 자연스레 연필도 왼손으로 잡았다. 여섯 살 무렵에 상호 어머니는 한글 쓰기를 가르치기 시작했고 당연히 오른손으로 쓰도록 고쳐주어야겠다고 생각하여 상호에게 자꾸 오른손으로 쓰게 했다는 것이다. "글자를 왼손으로 쓰면 보기도 이상하고 불편할 것 같아서요"가 그 이유였다. 상호는 오른손으로 글을 쓰긴 하지만 지금도 왼손으로 쓰기를 더 좋아한다. 강제로 오른손 쓰기를 가르친 까닭에 원래 오른손잡이가 쓴 글씨에 비해 글자 크기도 훨씬 크고 글자에 힘이 없다. 쓰는 속도도 느린 편이다.

왼손으로 글씨를 쓰는 것을 보기 싫어하거나 바꿔주어야 한다는 고정관념을 가진 어른들이 아직도 많다. 많은 물건과 시설이 오른손잡이에게 더 편리하게 제작되어서이기도 하지만 그보다 글씨 쓰기를 사고과정으로 보지 않고 단순히 '쓰기'라는 기능만을 생각하기 때문에 생기는 일이다. 하지만 글은 손으로 쓴다기보다 머릿속으로 쓴다고 보아야 한다.

　알려진 대로 왼쪽 뇌는 오른손과 연계성을 갖고 오른쪽 뇌는 왼손과 관련이 많다. 선천적으로 왼손 사용이 더 편하다는 것은 오른쪽 뇌의 발달을 촉진할 가능성이 많다는 뜻이기도 하다. 뇌를 연구하는 몇몇 학자들은 강제로 오른손잡이로 바꿀 경우 간혹 말더듬이 현상을 보일 수 있다고 말한다. 오랫동안 아이들을 가르치면서 느낀 것은 억지로 오른손으로 바꿔 쓰게 한 아동들은 쓰는 것을 싫어하거나 느리게 쓴다는 것이다. 그러니 타고난 대로 편하게 쓰도록 놔두는 것이 좋다는 것을 강조하고 싶다.

　아이들이 쓰기를 싫어하게 된 데는 어른들의 조급성과 과도한 기대, 잘못된 안내가 한몫을 한다. 아이는 책을 읽은 다음 부모와 느낌을 나누고 싶어하는데도 그것을 찬찬히 들어줄 새도 없이 무조건 어서 쓰라고 재촉하는가 하면, 무엇을 어떻게 써야 할지 방법을 알려주지 않은 채 잘 쓰기만을 바라기 때문이다.

　잘 쓰려면, 책을 반복하여 읽어서 내용을 충분히 이해한 다음 생각을 이리저리 굴려보고 음미하는 시간이 필요하다. 읽은 책의 줄거리를 떠올려서 말해보도록 하고, 인상 깊었던 장면이나 마음에 들었던 등장인물의 행동, 문제점이라고 느낀 것 등을 말하게 하여 호응을 해주며 아이와 대화를 나누는 시간이 꼭 필요한 것이다.

취학 전의 자녀라면 이야기를 들려주고 즐겁게 대화를 나눈 다음 아이가 한 말을 종이에 간단히 옮기고 "그러니까 네가 했던 말을 글로 쓰면 이렇구나" 하면서 소리 내어 다시 읽어주는 것이 좋다. 그러고 나서 아이가 원한다면 따라 적어보게 하는 것도 괜찮다.

초등학교 저학년도 쓰기에 거부감이 많은 아이라면 자신이 이야기한 것을 녹음한 다음 다시 듣게 하고 그것을 정리하게 하거나, 부모가 받아 적은 다음 그것을 따라 쓰게 하는 것이 도움이 된다. 이렇게 하면, 자신이 말한 것을 다시 떠올리면서 생각이 정리되기 때문에 말하기와 쓰기의 거리감이 줄어들고, 이렇게 열흘 정도 계속하다보면 쓰기에 어느 정도 자신감이 생긴다.

책도 싫어하고 쓰기도 싫어한다면 자기가 겪은 것을 쓰게 하거나 또래 아이들이 쓴 생활글이나 일기를 읽어주도록 한다. 그러면 "아, 저런 것도 글로 쓰는구나" 하고 느끼게 되어 쓰기에 대한 거부감이 사라진다. 정 연필잡기를 싫어한다면 컴퓨터 자판으로 글을 쓴 다음 공책에 옮겨보는 것도 해볼 만하다.

4학년이 넘어서면 서서히 글을 쓰는 방법도 배워야 한다. 글을 잘 쓰려면 책을 꼼꼼히 읽어야 하고, 무엇을 강조하여 쓸 것이며 어떻게 자기 의견을 설득력 있게 나타낼 것인가를 고민하는 훈련이 필요하다. 인물에 관한 책을 읽을 때와 소설을 읽을 때, 수필을 읽을 때, 과학책을 읽을 때의 목적이 다르고, 글쓰기에도 짜임새가 있어야 한다는 것을 알아가야 할 나이인 것이다.

　글을 쓰는 아이에게 가장 필요한 것은 격려와 칭찬이다. 아이가 쓴 글이 논리적으로 맞는지, 표현력이 좋은지를 보기 전에, 먼저 글 속에 담긴 마음을 찾아 인정해주고 격려하며 공감해주어서 쓰기를 즐기도록 하는 것이 가장 바람직한 자세이다.

Q 어휘력이 달려서 말을 유창하게 못해요

A 어휘력이 있다는 것은 우선 눈과 귀로 많이 보고 들어서 이해가 되었다는 뜻이다. 따라서 어려서부터 부모와 언어를 통해 어떻게 상호작용을 하였는가에 따라 어휘력에 차이가 난다. 그런가 하면 유아기에 반복적으로 들려준 이야기를 달달 외워서 말할 수 있게 되고 거기에 나온 어휘들을 적절하게 사용할 수 있게 됨으로써 일상의 어휘뿐 아니라 문어에서 쓰는 어휘도 알게 된다.

　책을 많이 읽었는데도 어휘력에 문제가 있는 것은 잘 모르는 어휘를 그냥 넘겨버리고 대충 읽는 습관 때문이다. 그러므로 책을 꼼꼼하게 읽으면서 모르는 낱말의 뜻을 물어보고 사전을 찾아보는 노력이 중요하다. 이와 함께 문맥을 통해 잘 모르는 어휘의 뜻을 찾는 구체적인 전략도 배울 필요가 있다.

　일반적으로 어휘력은 안다, 모른다가 아니라 어느 정도 아는가로 이해해야 한다. 우리말은 소리 내어 읽기는 쉬우나 한자어가 많아 학년이 올라갈수록 그 의미를 이해하기 힘들다. 그러므로 어려서부터 잘 모르는 낱말은 반드시 가르치고 넘어갈 필요가 있다. 글을 읽기 전에 핵심 어휘를 이해하고, 읽으면서 모르는 어휘에 밑줄을 긋게 한 다음 그 뜻을 여러 가지 방법을 통해 이해하게 해야 한다.

어휘력 향상을 위해서는 아이들이 자연스럽게 어휘를 습득할 수 있는 환경이 중요하다. 새롭게 배운 어휘나 뜻을 분명히 모른 채 어렴풋하게 알고 있는 어휘는 다양한 방법으로 반복 사용하여 정확하게 이해하도록 도와주어야 한다. 부모나 교사가 생활 속에서 꼭 익혀야 할 어휘를 의도적으로 자주 사용해서 아이가 자연스럽게 익히도록 하는 것이 가장 좋은 방법이다.

책을 읽다가 잘 모르는 어휘를 만났을 때는 어떻게 할까? 일단 소리 내서 읽어본다. 머릿속에 저장된 낱말이 소리를 내어 읽는 순간 떠오르면서 뜻을 이해할 수 있게 된다. 그런 다음 앞뒤 문장을 다시 읽으며 뜻을 찾거나 추측한다. 또 문맥을 생각하며 비슷하게 쓸 수 있는 말을 생각해본다. 다음으로 할 수 있는 방법은 낱말의 형태와 짜임을 주의 깊게 살피며 의미를 추측하는 것이다. 그래도 모르겠다면 사전을 찾아 정확한 뜻을 알아본다. 모르는 말이 나왔을 때 사전을 찾아 뜻을 알아보는 것은 학년이 올라갈수록 꼭 해야 할 일이다. 마지막으로 이렇게 해서 알게 된 어휘를 이용하여 짧은 글을 지어본다. 새로 배운 어휘를 가지고 짧은 글짓기를 해보면 자신이 뜻을 제대로 이해하고 있는지 확인할 수 있다. 낱말 뜻을 어설프게 알고서는 글을 짓기 힘들기 때문이다.